श्याम,
फिर एक बार
तुम मिल जाते!

श्याम, फिर एक बार तुम मिल जाते!

दिनकर जोशी

अनुवाद

नंदिनी मेहता

विद्या विहार, नई दिल्ली

प्रकाशक : **विद्या विहार**
19, संत विहार (पहली मंजिल) गली नं. 2, अंसारी रोड, नई दिल्ली-110
सर्वाधिकार : सुरक्षित / संस्करण : 2025 / मूल्य : चार सौ
मुद्रक : नरुला प्रिंटर्स, दिल्ली ISBN 978-93-82898-6

SHYAM, PHIR EK BAR TUM MIL JATE!

Novel by Shri Dinkar Joshi ₹ 40
Published by VIDYA VIHAR, 19, Sant Vihar (First Floor), Street No.2, Ansari Road, New Delhi-2

एक

ॐ मध्याकाश में जलते सूर्य ने पश्चिम की ओर मुँह घुमाया। उसकी रुपहली किरणें द्वारका के महलों की सुनहरी अटारियों और दुर्ग की मीनारों पर उदासी का लेप लगा गईं। दक्षिण में ऊँचा सिर किए रैवतक पर्वत खड़ा था; पर उसकी तिरछी परछाईं जमीन पर ऐसी पड़ रही थी मानो रैवतक का माथा झुक आया हो। कहीं दूर से आती समुद्र की लहरों की आवाज अंतिम साँस लेती किसी घायल के कराहने-जैसी लग रही थी। दाहिनी ओर हरे-भरे गोचर में बैठी गायों ने रथ के पहिए और अश्वों की टापों की आवाज सुनकर जरा-सी आँखें खोलीं, कान फड़फड़ाए, पूँछ फटकारी—कुछ मक्खियाँ उड़ गईं, बस। उनकी जुगाली तो कब से बंद थी! आँखों के किनारों पर काँच की बूँद-सी पानी की बूँदें जम गई थीं। बाईं तरफ का मार्ग रैवतक की परछाईं को छूता हुआ दक्षिणी क्षितिज की ओर जा रहा था। रथ से उड़ती धूल में रथ की लीकें, अश्व-खुर के निशान और पैदल पथिकों के पदचिह्न अब खो-से गए थे।

दौड़ते अश्वों की लगाम दाहिने हाथ से थामे दारुक ने रैवतक की ओर नजर उठाई। हाँफते अश्वों के मुख से सफेद फेन निकल आया। रथ की गति कुछ धीमी हुई।

''पार्थ!'' दारुक ने पीछे रथ में लगभग समाधिस्थ बैठे अर्जुन का ध्यान खींचा, ''हम रैवतक की दृष्टि-मर्यादा में आ पहुँचे हैं!''

मानो दारुक की बात सुनी ही नहीं अर्जुन ने। वह अपलक रैवतक की ओर देखता रहा। कंधे पर रखे गांडीव पर बँधी मुट्ठी अचानक पसीने से तर-ब-तर हो गई। इसी रैवतक के उधर की ढलान से उसने सुभद्रा का अपहरण किया था न! स्वयं कृष्ण ने ही तो उससे कहा था—'अर्जुन! यह मेरी छोटी बहन सुभद्रा है। तुम्हें इससे ब्याह करना हो तो इसका अपहरण कर लो। विवाह के लिए कन्या का अपहरण क्षत्रियों में निषिद्ध नहीं है।'

कृष्ण की वह आवाज मानो हवा में आज भी गूँज रही हो, इस तरह अर्जुन के कान लगे थे। क्या धर्मसम्मत है और क्या धर्मविरुद्ध—कृष्ण उसे लगातार यही सब समझाते रहे। आज…

पूरा शरीर पसीने से नहा उठा। फिर भी त्वचा में कितनी जलन थी! छत्तीस वर्ष पहले कुरुक्षेत्र के मैदान में उसके अंग जिस तरह शिथिल हो गए थे, गला सूख गया था; कुछ वैसा ही आज भी उसे लीलता जा रहा था।

''कौंतेय!'' दारुक ने फिर से अर्जुन की समाधि भंग की, ''दुर्ग की पूर्वी खाई में समुद्र का पानी भरना शुरू हो गया है। हम पश्चिम द्वार से ही भीतर जा सकेंगे।''

अर्जुन पर कोई प्रतिक्रिया नहीं हुई। क्या फर्क पड़ता है कि रथ पूर्वी द्वार से द्वारका में प्रविष्ट हुआ या पश्चिमी द्वार से! कृष्णविहीन द्वारका में कैसा प्रवेश? ऐसी तो कल्पना भी अर्जुन ने कभी नहीं की थी। पल-दो पल में जिस द्वारका में वह पाँव रखने वाला था, वहाँ अब कृष्ण नहीं थे। बलराम नहीं थे। सात्यकि नहीं था। प्रद्युम्न या अनिरुद्ध भी नहीं थे। अरे, उद्धव और अक्रूर भी नहीं थे!

ये सब नहीं हैं तो फिर यह सुनसान नगरी द्वारका कैसे है? बारह योजन फैला हुआ यह भूमिखंड तो कुशस्थली था—द्वारका नहीं। उस कुशस्थली को कृष्ण ने ही तो द्वारका बनाया। ऐसा लगता था मानो रैवतक पर्वत की उँगली थामे खड़ा हो यह भूखंड!

रैवतक की दिशा में अर्जुन की आँख फिर स्थिर हो गई। इस बार उसे सुभद्रा याद न आई। ब्रह्मलोक से किसी संगीत की लय मानो हवा में घुलती उतर रही हो। यह संगीत…?

सतयुग में राजा रैवत तथा उनकी पुत्री ने ब्रह्मा की संगीत-सभा में जो सुर सुने थे, वे ही हैं ये सुर। त्रेता तो कब का पूरा हो गया, अब द्वापर भी पूरा होने आया। कृष्ण का देहोत्सर्ग यानी एक परिपूर्ण युग का अंत! अभी क्या द्वापर के अंत काल में भी ब्रह्मलोक का यह संगीत रैवतक के शिखरों पर गूँज रहा था?

या फिर उसने जो सुना, वह कृष्ण की बाँसुरी थी?

अचानक ही अर्जुन को लगा—कैसा अभागा हूँ मैं! इतने वर्षों के साथ के बाद भी मैंने कृष्ण के होंठों से लगी बाँसुरी की आवाज नहीं सुनी। व्रजभूमि में किसी कदंब वृक्ष की डाल पर से या कालिंदी के बहते जल के पास खड़े होकर

कृष्ण ने जब बाँसुरी होंठों पर रखी होगी, तब स्वयं तो शायद···

इंद्रप्रस्थ के कृष्ण, हस्तिनापुर के कृष्ण, द्वारका के कृष्ण—अर्जुन ने इन सब कृष्णों का साहचर्य जिया था; किंतु व्रजभूमि के कृष्ण? वे तो उसकी कल्पना में ही रहे न! कुरुक्षेत्र के मैदान में उसने कृष्ण के विश्वरूप दर्शन किए थे—इस दर्शन में समग्र ब्रह्मांडों का समावेश था, यह सच है; किंतु उसमें भी उस बाँसुरी की धुन तो नहीं सुनाई दी थी न!

कैसे सुनाई देती?—अर्जुन ने सोचा, शंखध्वनि और रणभेरियों की आवाजों के बीच यदि बाँसुरी सुनी जा सकती तो यह महाविनाश हुआ ही क्यों होता? और यदि इस महाविनाश को रोका जा सका होता तो···तो छत्तीस वर्ष बाद यह यादवी कलह भी न हुआ होता। माता गांधारी ने वृष्णिवंश के विनाश का जो शाप दिया था, उसीका तो यह परिणाम है!

"धनंजय!" दारुक ने तीसरी बार अर्जुन का ध्यान खींचा, "ये अश्व भी अब मानो द्वारका में पाँव धरने को तैयार नहीं हैं। देखिए···देखिए···"

दारुक की बात सही थी। दारुक के आज्ञाकारी अश्व जाने आज क्यों दारुक की अवज्ञा कर रहे थे। तेजी से हिनहिनाते दोनों अश्वों ने अगले चारों पाँव हवा में उछाले। रथ जरा पीछे को झुक गया तो अर्जुन ने रथ का सहारा लेकर स्वयं को सँभाला।

"दारुक! कृष्णविहीन द्वारका में मैं भी पग कैसे धरूँ? मैं उस भवन की ओर देखूँ कैसे, जहाँ कृष्ण रहते थे? दारुक···दारुक, तुम रथ लौटा ले चलो, भाई!" अर्जुन ने आँसुओं से भीगे ये शब्द कहे तो सही, पर वे बाहर फूटे नहीं, क्योंकि आज उसके रथ की लगाम कृष्ण के हाथ में नहीं थी। वहाँ तो आज दारुक बैठा था।

'ये पितामह, ये आचार्य, ये भाई, ये पुत्र-पौत्र, दामाद, स्वजन—इन सबसे मैं नहीं लड़ूँगा। मुझसे इन सब पर प्रहार नहीं हो सकेगा···' ऐसा कहकर, अठारह अक्षौहिणी सेना के ठीक मध्य में गांडीव को एक ओर धरकर पस्त हो जाना बहुत आसान था—क्योंकि तब रथ की लगाम कृष्ण के हाथों में थी। कृष्ण थे उसे सँभालने के लिए। तब अर्जुन को कहाँ कोई फिक्र थी!

किंतु आज? सबकुछ कितना बदल गया था! तब अर्जुन के सारथि थे कृष्ण; आज कृष्ण का सारथि अर्जुन का रथ हाँक रहा है। कृष्ण को जिसने कई बार यहाँ-वहाँ पहुँचाया होगा, वही दारुक अब अर्जुन को कहीं नहीं पहुँचा सकता। अपने भीतर उमड़ते प्रचंड विषाद-सागर को अर्जुन ने भीतर ही दबा

लिया। विषाद का प्राकट्य अब किसी बड़े दर्शन का योग नहीं बन सकता, क्योंकि अब कृष्ण कहाँ हैं उसे एक नई ऊँचाई देने के लिए, नया अर्थ भरने के लिए? अब तो यह विषाद, जिसे कृष्ण ने 'क्लैव्यं' कहकर फटकारा था, कापुरुष-वृत्ति का सर्जक ही बन जाता। उसी कापुरुष-वृत्ति ने अर्जुन को फिर घेर लिया है, इसका अंदाज भी यदि कृष्ण को हो जाए तो...

अर्जुन अचानक सावधान हो गया। चेहरे पर विषाद की गहरी लकीर के बीच लज्जा की रेखाएँ उभर आईं। वीरत्वविहीन अर्जुन के रथ की लगाम कृष्ण तो कभी नहीं थामेंगे। कापुरुष अर्जुन कृष्ण को कभी नहीं सुहाएगा।

"दारुक!" अर्जुन पहली बार बोला, "अश्वों के पास शब्द नहीं हैं, भाई, किंतु उनमें भाव भी नहीं होंगे, ऐसा तो नहीं है न! रथ को तनिक रोको, दारुक, और अश्वों की पीठ सहलाकर उन्हें सांत्वना दो।"

दारुक ने रथ रोक दिया। दोनों अश्व फिर जरा हिनहिनाए। दारुक ने नीचे उतरकर दोनों की पीठ पर हाथ रखे। उनकी नर्म त्वचा एकबारगी थरथराई। दारुक ने धीरे-धीरे उनकी पीठ थपथपाई। उनके गले में बाँहें डालकर उनके बदन से अपना सिर टिका दिया। दारुक की ऐसी दशा देखकर मानो शर्मिंदगी से अश्वों की आँखें भीग गईं। अर्जुन अनिमिष नयनों से यह देखता रहा।

'तात!' दारुक मानो अश्वों के कान में यह कह रहा था, 'कृष्ण स्वयं महाकाल के निर्णय को पलट नहीं सके, इसलिए महाकाल के अधीन हुए। अब वही महाकाल हमसे कुछ शेष कर्म करवाना चाहता है। उनका निमित्त बनने से हम पीठ तो नहीं दिखा सकते, वत्स। चलो, महाकाल की उँगली का अनुसरण करें...'

अश्व जैसे सब समझ गए हों, इस तरह हिनहिनाए। कुछ दूर बैठी गायें पूँछ मरोड़ती खड़ी हो गईं और उनकी आँखों में जमे, चमकते बिंदु तरल बनकर गोचर की हरी दूब पर टपक पड़े।

दारुक ने फिर से लगाम सँभाली। रथ जरा पश्चिम की ओर मुड़ा। दुर्ग का पश्चिमी द्वार खुला ही था। रथ अब परकोटे पर तैनात संतरियों की नजर में आ चुका था। उन्होंने परकोटे पर टँगे एक वाद्य पर हलकी-सी थाप मारी और उसकी गूँज से वातावरण भर-सा गया। नीचे खड़े संतरियों ने भी सावधान होकर नजर दौड़ाई। दारुक के तेजचिह्न से शोभित ध्वज की फड़फड़ाहट, रथ की घर्घर से भी अधिक तेज लग रही थी। रथ नजदीक आया। नीचे झुक

संतरियों ने दारुक और अर्जुन को पहचाना। हथियार नीचे झुकाकर उन्होंने रथ और रथी दोनों का मूक स्वागत किया। अश्व हिनहिनाए। दारुक ने गरदन मोड़कर अर्जुन को देखा। अर्जुन शून्य नयनों से पतझड़ के वृक्ष जैसी द्वारका को आँखों में भर रहा था।

यही तो द्वारका नगरी थी, जिसके भवनों के गवाक्षों और अटारियों पर अशोक और आम्रपर्णों के ताजा बंदनवार हमेशा सजे रहते थे। कोई भी आँगन ऐसा नहीं होता था, जिसे अगली सुबह ताजा रंगोली से सजाया न गया हो। उद्यानों में पुष्प, पर्ण और लताओं को सींचने के कारण गीली हुई धरती, अपनी मादक सोंधी सुगंध से महमहाती रहती थी। आज तो वे सब जैसे सुदूर अतीत की धूमिल यादों-से लग रहे थे। कई दिनों पूर्व बँधे तोरण पीले होकर कहीं-कहीं लटक रहे थे, कहीं पत्ते झड़ गए थे और मरे साँप-सी रस्सियाँ ही लटकती नजर आती थीं।

प्रांगण की यज्ञवेदियों में राख के ढेर पड़े थे। कहीं-कहीं किसी वयोवृद्ध द्वारकावासी द्वारा डाली आहुति का धुआँ उठ रहा था। रंगोलीविहीन आँगनों में कभी की चमकती रंगोली के धुँधले चिह्न दीख रहे थे। कृष्ण, बलराम, सात्यकि और वसुदेव के निवास के सुवर्ण गुंबज ढलती साँझ के प्रकाश को वापस ठेलने की नाकाम-सी कोशिश कर रहे थे। कभी जिन राजमार्गों पर जीवन छलकता था, आज उनके दोनों तरफ खड़े स्त्री-पुरुषों की भीड़ बस असहाय नजरों से अर्जुन की ओर देखती और इस तरह गरदन झुका लेती, मानो उसकी सारी चेतना चुक गई हो। उतरे हुए चेहरे, धँसी आँखें और कुल छवि ऐसी मानो महीनों से स्नान न किया हो, न वस्त्र बदले हों।

''दारुक!'' अर्जुन के होंठ फड़फड़ाए, ''यह...यह सच में द्वारका ही है न, भाई, या तू भूल से मुझे किसी दूसरी नगरी में ले आया?''

''पार्थ!'' दारुक ने पीछे देखे बगैर ही कहा, ''आत्मा के महाप्रयाण के बाद शेष बचा शरीर! जीवित बचे लोगों के लिए तो यही परिचित आकार है...''

दारुक के शब्द जाने कहाँ विलीन हो गए। अर्जुन के कानों में एक चिर-परिचित गंभीर आवाज गूँज-सी पड़ी—'शस्त्र जिसे छेदते नहीं, अग्नि जिसे जलाती नहीं, पवन जिसे सुखा सकता नहीं और पानी जिसे भिगो सकता नहीं—यह आत्मा अविनाशी है, अर्जुन!'

कौन बोला?...किसकी आवाज थी?...छत्तीस वर्ष पहले कृष्ण ने ही तो अर्जुन से यह कहा था। जब उसके हाथ से गांडीव छूट गया था तब पसीने से

तर-ब-तर पार्थ को कृष्ण ने ही तो आत्मा के अमरत्व की यह बात समझाई थी। अब आज यह अमरत्व?…

किंतु कृष्ण की आत्मा कैसी? वे तो आत्मा से भी परे कोई परमतत्त्व थे। आत्मा अर्जुन की हो सकती है, दारुक की हो सकती है, रथ खींचनेवाले इन अश्वों की हो सकती है; किंतु कृष्ण! वे मात्र आत्मा नहीं थे न! वह परमतत्त्व भी अब अदृश्य हो गया था और अदृश्य होने से ठीक पहले की साँझ उन्होंने दारुक को आज्ञा दी थी—'दारुक, तू हस्तिनापुर जाकर अर्जुन को यह खबर देना और उसे यहाँ ले आना। मेरे बाद द्वारका को सँभालने का काम पार्थ को सौंपना, भाई। पिता वसुदेव और माता देवकी दोनों को मेरा प्रणाम कहना, वत्स।'

दारुक ने कृष्ण की आज्ञा सुनी और द्वारका की ओर से अपनी नजरें फेर लीं। आज उसी आज्ञा का पालन करके वह लौट रहा था। जिस द्वारका को वह छोड़कर गया था, वह द्वारका यह नहीं थी। उसके रथ में पीछे अर्जुन ही बैठा था, किंतु द्वारका किसी शापित नगरी-सी जड़ हो गई थी।

"दारुक!" अर्जुन ने कहा, "रथ को सबसे पहले तात वसुदेव के निवास पर लेना।"

दारुक ने चुपचाप रथ को वसुदेव के भवन की ओर मोड़ दिया। सुनसान नगर की अटारियों, गवाक्षों और आँगनों में बहुत से नगरवासी खड़े थे। किंतु ऐसी स्तब्धता छाई हुई थी कि साँस की आवाज भी गूँजती लगती थी।

महल के संतरियों ने शस्त्र नीचे कर दिए और सिर झुका दिया। दारुक ने रथ रोका कि उससे पहले ही घोड़ों ने मानो सारथि और रथी दोनों की इच्छा जान ली और अपने आप ही खड़े हो गए। अर्जुन को नीचे उतरना था, पर वह गांडीव का सहारा लेता हुआ खड़ा ही रहा। अब कुछ ही देर में वह वसुदेव से मिलेगा—अतिवृद्ध और आप्तजन; और फिर माता देवकी—जिसे जन्म देकर तुरंत ही त्याग दिया था—त्यागना पड़ा था—वह पुत्र, वह युगपुरुष पुत्र, जीवन की इस अंतवेला में इन्हें छोड़ गया। इस विराट् पुरुष के उन अभागे पिता को अब अर्जुन प्रणाम करेगा तब…

'कृष्ण! कृष्ण!!' अर्जुन मानो चीख उठा—'महायुद्ध के अंतिम दिन आपने जिस रथ से मुझे पहले उतारा, उस रथ से आप ही प्रथम उतर गए होते तो…तो यह कठिन घड़ी आज मेरे सामने न होती। शस्त्रास्त्रों के कारण पहले से ही धधक रहा रथ तब पलक झपकते ही भस्म हो गया था। मैं भी उस ज्वाला के साथ ही भस्म हो गया होता तो यह कलेजे के टुकड़े-टुकड़े कर देनेवाली वेदना,

यह दमघोंटू घड़ी तो न आई होती…'

किंतु…वह घड़ी तो आ चुकी थी।

दो

वृद्धावस्था के पार भी यदि कोई अवस्था हो तो वसुदेव और देवकी उस अवस्था को छू रहे थे या कि उस अवस्था ने उन्हें पूरी तरह समेट लिया था। द्वारका की सीमा तो इन्होंने मानो युगों से लाँघी नहीं। अंगों के जर्जरित पिंजड़े में सँजोया जीव अभी श्वास ले रहा था; वह हृदय अभी स्पंदित था, जिसमें किनारों तक छलकती कालिंदी के मध्य से, मूसलाधार वर्षा में शिशु कृष्ण को माथे पर रखकर, मथुरा से गोकुल की यात्रा की याद घुमड़ती थी। कंस के हाथों आठ-आठ संतानों का शिला पर पटका जाना—वह भयानक पाशविक दृश्य इस जर्जर अवस्था में भी धुँधला नहीं हुआ था।

घोड़ों की टाप सुनकर वसुदेव की धँसी आँखें जरा सतेज हुईं। क्या नहीं देखा था इन आँखों ने!…और देखने लायक अब बचा भी क्या था? पुत्र, पौत्र, प्रपौत्र, भाई, भतीजे, भानजे—कोई भी तो नहीं बचा था इनमें! स्वयं कृष्ण और बलराम भी उन्हें पीछे छोड़कर जा चुके थे। बचा था एकमात्र वज्र—पौत्र अनिरुद्ध का नन्हा, नासमझ किशोर पुत्र!

प्रभास क्षेत्र में मचे यादवी कलह की बात स्वयं कृष्ण ने आकर पिता से कही थी, 'तात! दाऊ बलराम समुद्र-तट पर समाधिस्थ अवस्था में प्रयाण की पूर्व तैयारी कर चुके हैं। माता गांधारी का शाप यथार्थ हुआ है। अंधक, वृष्णि, भोजक—तमाम यादवकुल कर्माधीन हो गए हैं। यह द्वारका अब मेरा निवासस्थान नहीं रहा, तात!…मुझे बिदा दीजिए, द्वारका में अब मुझसे नहीं रहा जाएगा।'

वसुदेव ने अंतिम बार पुत्र का मस्तक सूँघा, काँपते हाथों से उसका चेहरा सहलाया। देवकी ने चरणों पर झुके पुत्र की पीठ सहलाई। वे सब कर्म के अधीन थे—महाकाल द्वारा निर्धारित कर्म!

'तू तो धर्मज्ञ है, पुत्र!' पिता ने एक ही प्रश्न किया था, 'बता, क्या मैं ही अभागा हूँ, जो वेदकाल के उस ऋषि को भगवान् ने जो वरदान दिया था, उससे वंचित रहा?'

'कौन-सा वरदान, तात?' कृष्ण ने पिता की ओर देखा।

'मेरे बाद आए हुए मुझसे पहले कभी न जाएँ, यही वरदान तो वेदकालीन ऋषि ने माँगा था! मैं इस वरदान से एकदम प्रारंभ से ही वंचित रहा हूँ। आज

इसकी जैसी कचोट उठ रही है, वैसी अनुभूति पहले कभी नहीं हुई थी, कृष्ण!' वसुदेव का कंठ अवरुद्ध हो आया। किंचित् स्वस्थ होकर उन्होंने पुत्र के मस्तक को हलके से चूम लिया, फिर आँखें बंद कर लीं। निमिष-भर बाद आँखें खोलीं तो कृष्ण खंड में कहीं थे नहीं।

अर्जुन जब वसुदेव के खंड में प्रविष्ट हुआ, वसुदेव की नजर दरवाजे पर ही लगी हुई थी। जब से दारुक हस्तिनापुर गया था, तब से ही वसुदेव और देवकी ने इस खंड का कारावास स्वेच्छा से स्वीकार कर लिया था। अर्जुन की प्रतीक्षा वसुदेव तीव्रता से कर रहे थे। कृष्ण ने ही चलते समय कहा था, 'अर्जुन यहाँ आएगा, तात! शेष यादव वंशजों की योग्य व्यवस्था वही करेगा, तात! आप अर्जुन में ही अब कृष्ण को देखें।'

वसुदेव तथा देवकी—सामने थे दोनों! अर्जुन द्वार पर जरा ठिठक गया। उसकी आँखें जड़-सी हो गईं। जरावस्था को स्वाभाविकता से स्वीकारने की समझ तो उसने कब की पा ली थी। वह स्वयं भी इसी प्रकृतिक्रम में वृद्ध हो चुका था, कृष्ण भी कहाँ जवान रहे थे! किंतु यह अवस्था! यह रोम-रोम से टपकती वृद्धता! यह साक्षात्कार तो बिलकुल नया था। वसुदेव और देवकी इतने वृद्ध तो पहले कभी नहीं लगे थे। अर्जुन अचानक ही वर्तमान में लौटा। झट आगे बढ़कर उसने वसुदेव-देवकी के चरणों में सिर झुका दिया।

"तात···" आगे वह कुछ बोल नहीं सका।

"कौन?···अर्जुन?···आ पहुँचे, पुत्र?" वसुदेव ने उसके माथे पर अपना काँपता हाथ रखा, "कृष्ण को अपने साथ नहीं लाए?···और बलराम कहाँ हैं? प्रद्युम्न, अनिरुद्ध, सात्यकि—कोई भी तो नहीं दीखता!"

अर्जुन काँप उठा। उसने द्वार पर खड़े दारुक की ओर देखा। दारुक वहाँ से हट गया।

"तात!" वसुदेव के चरणों के पास आसन पर बैठते हुए अर्जुन बोला, "स्वस्थ हो जाइए! अब हम कृष्ण को एक रूप या एक स्थान पर नहीं देखेंगे। लेकिन उससे क्या, कृष्ण तो हमारे अस्तित्व के प्रत्येक अंश में, हमारे साथ ही जीवित हैं, तात!" और फिर देवकी की ओर मुखातिब होकर बोला, "माँ! आप कृष्ण की जननी···"

"हाँ बेटा! किंतु मैं कैसी अभागी जननी!"

"कृष्ण की जननी अभागी कैसे, माँ?"

"दुनिया की किस माँ ने अपनी कोख से जनमे बच्चे को अपनी छाती से

लगाकर पहला स्तनपान कराने से पहले ही उसे पराए घर में पलने के लिए भेज दिया होगा, पार्थ? ऐसी कौन होगी, बेटा! जिस जननी की छाती से उसका बच्चा कभी लिपटा न हो, वह जननी…" देवकी की आवाज उसका साथ न दे सकी।

"माँ, सुना है कि आपका पुत्र माता यशोदा की गोद में जिस लाड़ से पला है…"

"तो फिर पार्थ, मैं देवकी के बदले यशोदा क्यों न हुई?…मैंने तो कृष्ण को उसकी अतिशय प्रिय माखन-मिस्री अपने हाथों नहीं खिलाई न! अपने लाल को गोद में लिटाकर, उसकी पीठ थपथपाकर उसे सुलाने का सौभाग्य मुझे तो नहीं मिला न!" देवकी रो पड़ी।

"ऐसा न कहें, माँ," अर्जुन ने सांत्वना दी, "कृष्ण जैसे युगपुरुष की आप जननी हैं, आपके हाथ ही माखन-मिस्री खाने के लिए कृष्ण को दोबारा लौटकर आना पड़ेगा, माँ!"

"अर्जुन!" कुछ स्वस्थ होने पर देवकी बोली, "एक बार मैंने कृष्ण को अपने हाथों माखन-मिस्री खिलाने की जिद कर ली। हस्तिनापुर, इंद्रप्रस्थ, मथुरा, प्राग्ज्योतिषपुर और समस्त आर्यावर्त्त में हर कहीं परिभ्रमण करनेवाले मेरे इस पुत्र को द्वारका में शांति से बैठने का समय बहुत कम मिलता था। कभी स्थिरता में उसे पाया तो मैंने आग्रह करके उसे अपने इसी आवास पर अपने हाथों बनाई रसोई खाने बुलाया था। उसके माखन-मिस्री प्रेम के बारे में बहुत-बहुत सुना था रे, इसलिए मैंने उसकी वह खास चीज परोसी…"

"फिर…फिर…क्या हुआ, माँ?" अर्जुन विकलता से फूट पड़ा।

"यहीं, इसी खंड में, उस तरफ देख, पुत्र…" देवकी ने अपनी काँपती उँगली उठाई, "यहाँ, उसे यहाँ बिठाकर मैंने उसके सामने भोजन का थाल धरा…" देवकी को अपनी हिचकी रोकने में थोड़ा वक्त लगा, "थाल की ओर देखता रहा वह और फिर, फिर उसकी आँखों में मैंने आँसू देखे। माखन-मिस्री को उसने छुआ भी नहीं और अपना माथा झुका लिया!"

"यह आप क्या कह रही हैं। कृष्ण की आँख में आँसू?" अर्जुन स्तब्ध रह गया।

"हाँ!" देवकी बोली, "मैंने उसका माथा सहलाते हुए पूछा—'पुत्र! तेरी इस अभागी माँ के हाथों ऐसा क्या अपराध हुआ है कि उसके परोसे अपने प्रिय मिष्टान्न को खाने के बदले तू रो रहा है?'…और जानते हो, कौंतेय, कृष्ण ने क्या कहा? बोला—'माँ! गोकुल छोड़कर जब मैं मथुरा के लिए चला था तब

माता यशोदा को मैंने वचन दिया था कि माँ, मैं फिर लौटकर तुम्हारे पास आऊँगा···और जब तक तेरे पास नहीं पहुँच जाऊँगा, अपनी प्रिय माखन-मिस्री नहीं खाऊँगा। माँ, एक तरफ माता यशोदा को दिया वह वचन है और दूसरी तरफ तुम्हारे हाथों परोसा यह प्रेम···माँ, तुम ही कहो, दो-दो माताओं का पुत्र मैं—यह कैसे धर्मसंकट में फँस गया हूँ!' ''

"फिर? फिर कृष्ण ने क्या किया, माँ?" अर्जुन ने एकदम बालसुलभ उत्सुकता से पूछा।

"कृष्ण ने वही किया जो उसे करना चाहिए था। मेरा प्रेम तो मेरे स्वार्थ में से उभरा था। यशोदा को दिया वचन स्वार्थ में से नहीं, त्याग में से प्रकट हुआ था। त्याग का प्रेम हमेशा ऊँचा होता है।" इतना कहते-कहते देवकी मानो एकदम निचुड़ गई। तकिये पर निढाल-सी हो गई। "अब···अब अपने हाथों मैं अपने लाल को कभी माखन-मिस्री नहीं खिला सकूँगी, अर्जुन, कभी नहीं। कृष्ण यदि कहीं मिले तो उससे कहना, पुत्र, कि देवकी तेरी प्रतीक्षा कर रही है।"

अर्जुन स्तब्ध हो गया। उसका दिल बैठ-सा गया। ऐसा लगने लगा जैसे देवकी के शब्द सब ओर से टकराकर गूँज रहे हों—देवकी तेरी प्रतीक्षा कर रही है···देवकी तेरी प्रतीक्षा···

अर्जुन ने वसुदेव की ओर देखा। वसुदेव की आँखें भीगी हैं या कोरी, यह जानना कठिन था; क्योंकि वे तो किसी गह्वर में समा चुकी थीं। देवकी और अर्जुन की इस पूरी बातचीत का एक भी शब्द उन्होंने सुना या नहीं, उनके चेहरे से अंदाज लगाना मुश्किल था।

"तात···!" उसने धीरे से उन्हें पुकारा।

"अर्जुन!" वसुदेव एकबारगी ही जागे हों, इस तरह बोले। उनकी नजर कहीं दूर, अतीत में खोई हुई थी—"कंस के कारावास से जिस दिन हमें मुक्त करके कृष्ण ने पहली बार मेरी चरण-वंदना की, पुत्र, वह क्षण मैं आज भी भूला नहीं हूँ। कितनी-कितनी देर तक तो दिल यह मानने को तैयार ही नहीं हुआ था कि जिस अतिशय नाजुक शिशु को, उस मेघाच्छादित बरसती रात को, मैं चोर की तरह लुकता-छिपता गोकुल में छोड़ आया था, वही शिशु कंस की हत्या करके मेरे चरणों में सिर झुकाए खड़ा है। और वह कृष्ण था!···पूरे चौदह वर्ष बाद मैं कृष्ण को देख रहा था, पूरे चौदह वर्ष···और कैसे थे वे चौदह वर्ष!···"

अब अर्जुन के लिए यह झेलना बहुत भारी पड़ रहा था। उसने बात मोड़

दी, "तात! कारावास के वे कठिन दिन तो कब के बीत चुके न! उसके बाद तो कृष्ण ने आपको मथुरा के गणतंत्र और द्वारका राज्य के पितामह के पद पर ला बिठाया···"

"हाँ! धनंजय, तुम ठीक कहते हो; पर कारावास से मुक्ति जिसने दी, पुत्र, उसीने अब यह नया कारावास भी तो दे दिया।"

"मैं समझा नहीं!" अर्जुन उलझन में पड़ गया।

म्लान हँसी वसुदेव के चेहरे पर उभरी। अर्जुन देखता रहा। इस क्षण भी चेहरे पर मुसकान!

"कारावास के चौदह वर्ष प्रतीक्षा के वर्ष थे, पुत्र!" वसुदेव बोले, "कृष्ण गोकुल में पल रहा है और उसीसे लगी यह आशा भी पल रही थी कि वह मथुरा को कंस के क्रूर शासन से मुक्त कराएगा। पूतना की मृत्यु, धेनुकासुर का वध—ये सब हमारे कानों तक पहुँचते थे और लगता था, कृष्ण एक दिन तो जरूर यहाँ भी आ पहुँचेगा। बाहर साँय-साँय बहती हवा, कारावास के बाहर खड़खड़ाते वृक्ष-पर्ण···सच मानो, हमारी साँस तेज हो जाती थी, आहट सुनाई देने लगती थी—बस, आ पहुँचा, कृष्ण आ ही पहुँचा! कभी आधी रात का डंका बजता और लगता, द्वार पर कहीं कृष्ण तो दस्तक नहीं दे रहा?···"

"तात···" अर्जुन के होंठ काँपे।

"हाँ! मथुरा के उस कारावास में प्रतीक्षा थी। कारावास के दिन बीत जाएँगे, इसका विश्वास था न! नारद ने ही तो कहा था, अर्जुन, कि कृष्ण आएँगे। देवकी का आठवाँ पुत्र मथुरा को मुक्त करेगा। किंतु···किंतु···अब अर्जुन, अब तो नारद के किसी शब्द का भी साथ नहीं। कृष्णविहीन उस कारागार में कृष्ण की प्रतीक्षा ही हमारा जीवन था···अब वह प्रतीक्षा भी तो नहीं रही। अर्जुन, यह कारावास जो हम आज भोग रहे हैं, यह कंस के कारावास से भी अधिक पीड़ादायक, कहीं अधिक वेदनामय है···"

"बस करिए तात, बस करिए, अब और नहीं सुन सकूँगा मैं! मेरा हृदय फट जाएगा, तात!"

"पार्थ," वसुदेव धीमे से बोले, "अब जब कृष्ण की प्रतीक्षा ही नहीं रही तो इस नए कारावास से मुक्ति पाने का एकमात्र मार्ग···" वसुदेव तनिक अटक गए, "उस दिन मैं स्वयं, कृष्ण का पिता मैं कृष्ण को कारावास से बाहर पहुँचा आया था। सच कहूँ तो कृष्ण को हमने माता-पिता से वंचित कर दिया था। अब कृष्ण ने हमें पुत्र-वंचित करके मानो कानों में कह दिया है—तात! उन वर्षों

में मैंने जो व्यथा भोगी, उसका थोड़ा अनुभव आप दोनों भी तो करें! अर्जुन···अर्जुन···बेटा···" वसुदेव एकदम से फूट पड़े। अर्जुन के लिए अब वहाँ खड़े रहना असंभव ही था। वह एकदम हट चला—"अनुज्ञा दीजिए, पिता। देवी रुक्मिणी और सत्यभामा के आवास में भी हो आऊँ। रात का पहला पहर प्रारंभ हो गया है···"

"ठीक है, वत्स, जाओ, रुक्मिणी और सत्यभामा को भी आश्वासन देना। और···और," वसुदेव बोले, "प्रातःकाल की पहली किरण के साथ ही यहाँ आ जाना, भाई!"

"प्रातःकाल? कोई खास प्रयोजन?"

"प्रयोजन?" वसुदेव बुझी हँसी हँसे, "जिस कारावास से अब मुक्ति की कोई प्रतीक्षा नहीं, उस कारावास से मुक्ति पाने का क्षण अब करीब आ रहा है···"

"अर्थात्?"

"कल ब्राह्ममुहूर्त में मैं योगसमाधि लूँगा, अर्जुन! इस देह के पंचमहाभूत बहुत टिके। अब इन पंचमहाभूतों को सद्‍गति पाने दो!"

"तात!"

"मेरी पार्थिव देह की अंत्येष्टि करने के बाद तुम प्रभासक्षेत्र जाना, पुत्र! और यदि हिरण-कपिला के संगम तट पर कहीं कृष्ण मिल जाए तो उससे कहना कि पिता वसुदेव···"

"और माता देवकी भी···" देवकी बीच में ही बोली।

"स्वर्ग के कारावास में भी तुम्हारी प्रतीक्षा कर रहे हैं, पुत्र! कहना कि जिस स्थान पर कृष्ण न हो, वह स्थान उसके माता-पिता के लिए स्वर्ग नहीं, कारागृह ही है! हम कृष्ण की प्रतीक्षा करेंगे···युग-युगांतरों तक···"

बस, जो बड़ी मुश्किल से थाम रखे थे, वे आँसू एकदम फूट पड़े। रोना नहीं था, पर अर्जुन रो पड़ा।

तीन

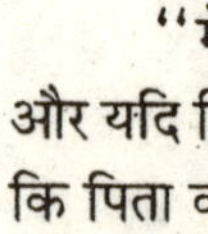

वसुदेव के महल से निकलकर अर्जुन जब कृष्ण के अंतःपुर में पहुँचा, रात्रि का अंधकार छा गया था। यहाँ-वहाँ मध्यम जलते दीपक और काँपती मशालों के प्रकाश में द्वारका की परछाईं भयानक लग रही थी। अंतःपुर के द्वार पर भी जलती मशालें थीं और उनके

बीच खड़े थे संतरी। सिर झुकाकर उन्होंने अभिवादन किया। अर्जुन भीतर दाखिल हुआ।

कृष्ण के इस अंत:पुर का एक भी कोना अर्जुन से अनजान नहीं था। सत्यभामा और रुक्मिणी के इस आवास में अर्जुन अनेक बार तो आ चुका था। लेकिन आज का यह आगमन, यह अंत:पुर···सब आज एकदम ही अलग थे। उद्यान उजाड़-से पड़े थे। कई दिनों से किसीने वहाँ जलसिंचन भी नहीं किया था। जगह-जगह सूखे पत्तों का ढेर लगा था—हवा के अतिरिक्त अब उन्हें कोई बुहारता भी नहीं था।

महल की सीढ़ियों के पास अर्जुन ठिठक गया। इतने ऊपर चढ़ूँ तो कैसे! हिमालय के दुर्गम पहाड़ों में किरातों के साथ युद्ध करते हुए जिन ऊँचाइयों पर चढ़ते हुए उसे ऊँचाई का कोई भान ही नहीं हुआ था—ये सीढ़ियाँ आज उनसे भी ऊँची और दुरूह लग रही थीं। लेकिन यहाँ खड़ा भी तो नहीं रह सकता! अर्जुन ने मन को कड़ा किया और कदमों को जमाते हुए सीढ़ियों पर चढ़ने लगा। अंदर प्रकाश था, किंतु जैसे किसीको दिखाने के लिए नहीं। दालान के एक स्तंभ से टिककर खड़ी वे दोनों रानियाँ मानो अंधकार में विलीन हो रही थीं। सीढ़ियाँ चढ़ते अर्जुन को दोनों ने देखा, दोनों ने अर्जुन के मन की व्यथा समझी और अचानक ही अर्जुन की अवस्था उन दोनों की आँखों से बहने लगी।

"आ गए, धनंजय!" जरा आगे बढ़कर रुक्मिणी ने अर्जुन को सँभाला, "दारुक ने बताया था कि तुम आ गए हो···तब से हम तुम्हारी प्रतीक्षा कर रही हैं।"

"मेरा वंदन स्वीकार करो, देवी!" अर्जुन ने प्रथम रुक्मिणी को और फिर सत्यभामा को प्रणाम किया।

"यशस्वी हो, भाई!" रुक्मिणी ने आशीर्वाद दिया।

"यह कैसा आशीर्वाद है, देवी! यशस्वी होने लायक अब क्या काम बचा है? जहाँ कृष्ण न हों, वहाँ यश कैसा?" अर्जुन बोला।

"हाँ, कृष्ण बिना कैसा यश!" रुक्मिणी बोली, "अर्जुन, यादवकुल को ही नहीं, समग्र आर्यावर्त्त को किसी महापातक ने जकड़ लिया है! क्या पता, यह किसके पाप की सजा है?" रुक्मिणी रो पड़ी।

"बहन!" रोती रुक्मिणी को सहारा देती और अपने आँसू पोंछती सत्यभामा बीच में ही बोल पड़ी, "मैंने···मैंने ही तो वह पीड़ा दी थी कृष्ण को। हाँ, मैं ही अपराधिनी···पर कृष्ण···बताओ तो जरा, मेरे इस पाप का दंड पूरी द्वारका को क्यों···ऐसा क्यों?"

"यह, यह आप क्या कह रही हैं, सत्यभामा?" अर्जुन उलझन में पड़ गया, "आप, आप कृष्ण की अपराधिनी! यह कैसे संभव है?"

"हाँ, अर्जुन! मैंने ही···मैंने ही स्त्री-सहज ईर्ष्या के वश होकर कृष्ण को दुखी किया था। मेरे उसी दुष्कृत्य का दंड हम सब भुगत रहे हैं।" सत्यभामा बोली, "कृष्ण मेरे दुष्कर्म की सजा सिर्फ मुझे देते···समस्त यादवकुल और द्वारका नगरी को इस प्रकार आप त्याग कैसे सके?" उससे खड़ा न रहा गया। सत्यभामा निढाल होकर नीचे गिर-सी पड़ी। रुक्मिणी आश्चर्य से देखती रही। उसने धीरे-धीरे सत्यभामा का माथा सहलाया।

"बहन!" रुक्मिणी बोली, "तुम कुछ ज्यादा ही विकल हो उठी हो!"

"यह विकलता तो अंतहीन है, बहन! अर्जुन···जो शूल चुभ रहा है मेरे हृदय में, जिस बात का भार मैं अब उठा नहीं पा रही—मेरे उस पाप का स्वीकार कर मुझे थोड़ी राहत लेने दो, अर्जुन··· ।" सत्यभामा बिलखने लगी। रुक्मिणी के हाथ देर तक उसे सहलाते रहे। अर्जुन यंत्रवत् सत्यभामा के पाँवों के पास बैठा रहा···बस, शून्य में ताकता!

"मैं ठीक कह रही हूँ···हाँ, एकदम ठीक। मैंने···मैंने ही कृष्ण को दुःख दिया···और दुखी श्याम ने मुँह फेर लिया। बहन रुक्मिणी···वीर गुडाकेश! उस दिन···उस दिन···" सत्यभामा की आँखें ऊपर, कहीं बहुत ऊपर, आकाश के अँधेरे में गहरी पैठ गईं।

त्रिलोक के परिव्राजक देवर्षि नारद का आगमन सदैव अचानक-अनसोचा होता है। नारद का यही क्रम था। एक सुबह कृष्ण नित्य कर्म से निबटकर अपने आवास में बैठे ही थे कि तभी नारद की वीणा की झंकार सुनाई दी। कृष्ण ने खड़े होकर देवर्षि का सत्कार किया, योग्य आसन दिया। चरण प्रक्षालन किया और फिर नारद से कुछ नीचे आसन पर बैठकर उन्हें प्रणाम किया—"देवर्षि! द्वारका की इस भूमि को बहुत दिनों बाद आपने पावन किया!"

"अच्युत!" नारद ने कहा, "हिमालय के परिभ्रमण में दिन कहाँ बीत गए, स्मरण ही न रहा। अभी-अभी कैलास पर्वत की यात्रा से लौट ही रहा हूँ।"

"हमारे अहोभाग्य, नारद!" कृष्ण ने कहा, "कैलास यात्रा का प्रसाद पाकर हम भी धन्य हो जाएँगे।"

"कृष्ण!" अपने उपवस्त्र के एक छोर से एक बड़ा, एकदम ताजा पुष्प निकालकर कृष्ण को देते हुए नारद ने कहा, "यह ब्रह्मकमल है। कैलास पर्वत

पर, मानसरोवर के पावन जल में से तोड़कर, भगवान् शंकर के चरणकमलों में अर्पित यह पुष्प ऐसा ही ताजा रहेगा।''

कृष्ण, रुक्मिणी और उपस्थित सबके सब नारद के हाथों में दमकते इस अद्‌भुत पुष्प को देखते रह गए। कृष्ण ने नारद के हाथ से वह ब्रह्मकमल लिया, माथे से लगाया और अपनी बाईं ओर बैठी रुक्मिणी को पुष्प बढ़ाते हुए कहा, ''रुक्मिणी! यह पुष्प तुम्हारी घनी केशराशि में शोभायमान होगा! भगवान् शंकर का यह आशीर्वाद सदैव अपने मस्तक पर धारण करना!''

रुक्मिणी तो विभोर हो उठी। उसने आशीर्वाद-सा उसे ग्रहण किया और अपने केशों में गूँथ लिया।

''सच! इस पुष्प के कारण तुम कितनी खिल उठी हो, देवी! ऐसा लगता है जैसे कोई यक्षकन्या वनविहार के लिए निकल पड़ना ही चाहती हो।'' कृष्ण मुसकराए।

रुक्मिणी शरमा गई। देवर्षि नारद इस प्रसन्न और निष्कलुष दांपत्य को मुसकराते हुए देखते रहे। बहुत देर तक धर्मचर्चा, गोष्ठी आदि के बाद सब अपने-अपने आवासों को गए।

नारद का दिया वह पवित्र ब्रह्मकमल कृष्ण ने स्वयं रुक्मिणी को दिया और उसे केशराशि में गूँथने को कहा। इतना ही नहीं, इस कमल के कारण रुक्मिणी यक्षकन्या जैसी खिलती हुई लगी। सत्यभामा ने यह सब सुना और एक रोष उसके भीतर उबल आया। कृष्ण का जो प्रेम अब तक उसे अखंड मिलता रहा था, उसने सत्यभामा को एकदम आश्वस्त कर दिया था कि राजसभा में और दुनिया-भर में भले ही रुक्मिणी पटरानी हो, कृष्ण के प्रेम-संसार की पटरानी तो वही है—केवल सत्यभामा। इस भरोसे को आज तक धक्का पहुँचने जैसा कभी कुछ हुआ ही न था। आज पहली बार कृष्ण ने सबके सामने रुक्मिणी के प्रति अपना सर्वाधिक प्रेम जताया...स्वीकार किया। ब्रह्मकमल जैसा लगभग दुर्लभ पुष्प कृष्ण ने सत्यभामा को नहीं, रुक्मिणी को दिया!

ऐसा तो पहले कभी नहीं हुआ था! सत्यभामा को लगा, आज तक कृष्ण ने उसके साथ धोखा तो नहीं किया? कृष्ण के ऊपरी व्यवहार को प्रेम समझकर वह ठगी तो नहीं गई? जितने दिन इस भ्रम में बीते, उतने तो बीते, लेकिन अब तो उसे बात साफ करनी ही होगी। प्रेम के व्यवहार में कालिमा नहीं चलती।

कृष्ण उस दिन जब सत्यभामा के महल में आए तो देखते हैं कि सत्यभामा महल के ठेठ अंदर के खंड के एक कोने में पड़ी रो रही थी। क्यों?...कृष्ण के

लिए ऐसा दृश्य कल्पनातीत था। उसने सारे आभूषण उतार धरे थे और एकदम विकल थी।

"सत्यभामा!" कृष्ण ने प्रेम से पुकारा, "आज यह सब क्या हो रहा है!…ऐसा यह दर्शन, और यह रुदन; ऐसी क्या बात हुई, प्रिये, कि तुम्हारी आँखों से आँसू बह रहे हैं?"

"मेरा भ्रम आज दूर हो गया, स्वामी!" सत्यभामा ने हिचकिचाकर कहा, "जिंदगी में पहली बार मुझे मालूम हुआ कि मैं धोखे में जी रही थी! मेरी वंचना हुई…!"

"कैसी बातें करती हो, देवी! तुम्हें धोखा देनेवाले को, तुम्हारी वंचना करनेवाले को मैं पाताल से भी पकड़ लाऊँगा, और तुम जो चाहोगी वहीं दंड दूँगा।"

"नहीं कृष्ण, नहीं, उसे पकड़ने के लिए आपको कष्ट करने की जरूरत नहीं है। मैं और किसीके हाथों नहीं, स्वयं अपने सर्वस्व के हाथों, अपने कृष्ण के हाथों छली गई हूँ।"

"अरे, यह तो तुम बड़ी गहन समस्या उत्पन्न कर रही हो, सत्यभामा! मैंने…कृष्ण ने तो कभी किसीको धोखा दिया ही नहीं, और फिर तुम तो मेरी प्रिय सखी…"

"अब रहने दीजिए! इन शब्दों ने ही मुझे आज तक छला है," सत्यभामा ने साफ-साफ कह ही तो दिया, "मैं तो ऐसा मानती थी कि कृष्ण की सबसे निकट कोई प्रिया है तो वह मैं ही हूँ…"

"यह सत्य है, देवी! कृष्ण तुम्हारे निकट ही है…"

"लेकिन माधव, यदि ऐसा होता तो ब्रह्मकमल आपने यक्षकन्या जैसी रुक्मिणी को न दिया होता…" सत्यभामा ने बिच्छू जैसी डंक मारनेवाली बात कह दी।

कृष्ण समझ गए। उनके श्याम चेहरे पर और गहरी श्यामलता छा गई। सत्यभामा ने यह क्या कहा? रुक्मिणी के प्रति उसके अंतर में ऐसी ईर्ष्या कहाँ से आई?…कृष्ण के सान्निध्य में रहनेवाली सत्यभामा के मन में ऐसी मलिनता किस रास्ते आ गई?

कृष्ण के उस गहन उदास चेहरे को सत्यभामा मौन देखती रही, और उसे लगने लगा कि कृष्ण के अंतर का रहस्य खुल गया है, उसने कृष्ण को पकड़ लिया है। विजय का संतोष सत्यभामा के चेहरे पर छलक उठा।

"सत्यभामा!" कृष्ण खड़े हुए। पत्नी के कंधे को तनिक छूकर बोले, "तुमने···तुमने ऐसा माना! कमल का एक पुष्प अंतर की अगाध गहराई को यों गँदला कर सकता है, यह तो मुझे सपने में भी खयाल नहीं था। होता तो देवर्षि नारद के दिए प्रसाद को मैं फिर से शिव-चरणों में ही समर्पित कर देता।"

सत्यभामा के नेत्र अपलक हो गए। कृष्ण के चेहरे पर ऐसी व्यथा तो कभी नहीं देखी थी। कृष्ण फिर चुप हो ही गए, अधिक कुछ न बोले। सत्यभामा हतप्रभ-सी भटक गई—कहीं अनजाने में उससे कृष्ण के प्रति अन्याय तो नहीं हो गया!···ऐसा भाव कृष्ण के चेहरे पर कभी देखा नहीं। कृष्ण के चरण पकड़कर क्षमा माँग ले, किंतु स्त्री-सहज अभिमान ने उसे रोक दिया। कृष्ण को वैसे ही खड़े छोड़कर वह दूसरे खंड में चली गई।

"अर्जुन!" घड़ी-भर बाद सत्यभामा ने व्योम में कहीं खो गई अपनी आँखें वापस घुमाईं। इस बार उसका स्वर बिलकुल बदला हुआ था—"अर्जुन, उस रोज मैं चूक गई तो आज तक एक हार का भाव मुझे मथता है। अपने अहं को झटककर, मैंने तभी कृष्ण के चरणों पर मस्तक रखकर क्षमा माँग ली होती तो शायद ऐसी दारुण व्यथा से मुझे गुजरना न पड़ता।" और फिर अचानक ही सत्यभामा ने रुक्मिणी की ओर मुड़कर उसके चरणों में अपना मस्तक धर दिया, "मुझे क्षमा करना, दीदी! कृष्ण को जो दुःख मैंने दिया, उसमें कहीं आप पर भी तो कलुष लगाया था। मेरे उस कुकर्म का ही है यह फल···"

"सत्यभामा!" अर्जुन ने अत्यंत करुणार्द्र होकर कहा, "कृष्ण मानवीय व्यथाओं से परे थे, देवी, आप स्वयं को अपराधी मानकर नाहक व्यथित हो रही हैं···"

"हाँ, बहन!" रुक्मिणी ने भी समझाया।

"व्यथा बाहर से नहीं आती, अर्जुन! यह तो कहीं अंदर से प्रकट होती है···खैर!" सत्यभामा बोली, "मेरी एक प्रार्थना स्वीकारोगे, भाई?"

"आज्ञा करें, देवी! कृष्ण की अर्धांगिनी ऐसी दीन नहीं होती···"

"शायद कृष्ण आपको कहीं प्रभासक्षेत्र में मिल जाएँ···"

"सत्यभामा!"

"हाँ, अब वे द्वारका तो कभी नहीं लौटेंगे। उनके दर्शन तो अब इन नयनों से कभी न होंगे—क्योंकि यह देह अपराधी है; किंतु आपको शायद कृष्ण मिल ही जाएँ।"

अर्जुन और रुक्मिणी कुछ न बोले।

"…यदि कृष्ण मिलें तो उनसे कहना, अर्जुन, सत्यभामा दोषी है। उसने आपको दुखी किया। उस पाप की उसे चाहे जितनी कठोर सजा दें, किंतु इस समग्र कुल को और इस पूरी नगरी को ऐसी सजा क्यों? इसे क्यों छोड़ गए? इतनी-सी बात एक बार कृष्ण तक पहुँचा सको तो…" कहते-कहते सत्यभामा रुक्मिणी से लिपटकर एकदम बिलख उठी, और साथ ही रुक्मिणी भी।

और अर्जुन के लिए शून्य में खो जाने के अतिरिक्त कुछ न बचा था!

चार

रात के दूसरे प्रहर की समाप्ति का डंका अभी बजा ही था। उसकी गूँज वातावरण में थरथरा रही थी। दुर्ग को घेरती खाई में समुद्र का पानी भरते-भरते लगभग पूरा भर गया था और उसमें उठती लहरों के थपेड़े रात की स्तब्धता के दरवाजे पर मानो दस्तक दे रहे थे।

रात्रि की इस निस्तब्धता से भी गहरी निस्तब्धता थी कृष्ण के आवास में। कुछ मशालें, कुछ प्रमुख कक्षों में जलते दीपक, बस, इनके सिवा सबकुछ एकदम शांत! द्वार पर संतरी इस तरह खड़े थे मानो निर्जीव पुतले हों। धुँधले चंद्र-प्रकाश में उनकी परछाईं भी तिरछी होकर कुछ रहस्य ही बना रही थी।

अर्जुन गवाक्ष के पास खड़ा बाहर देख रहा था—दूधगंगा के नक्षत्र मानो समस्त ब्रह्मांड को निरपेक्ष हो निरख रहे थे। कृष्ण अब इस धरती पर नहीं हैं, प्रकृति का मानो इससे कोई सरोकार नहीं था। कृष्ण नहीं थे, तब भी तो ये नक्षत्र यों ही मूक संवाद करते होंगे; कृष्ण थे, तब भी यह मौन संवाद अनवरत चल रहा था—और अब, जब कृष्ण नहीं हैं, इस दूधगंगा को कुछ पड़ी नहीं है! शायद इन नक्षत्रों ने ऐसी असंख्य पृथ्वियों पर, अनंत काल से व्याप्त होनेवाली ऐसी शून्यताओं को आत्मसात् कर जीना सीख लिया है! कदाचित् द्वापर के इस महापुरुष जैसे अनेक महापुरुष दूसरे युगों में भी उदित हुए होंगे, और फिर नियति-चक्र के अधीन होते गए होंगे…इन नक्षत्रों ने वह सारा उदय-अस्त देखा है—और देखते-देखते जड़ हो गए हैं!

और तभी एक तेज शलाका आकाश को बेध गई। एक प्रचंड उल्का क्षण-मात्र को सुलगी और सारे आकाश को भासमान करती हुई विलीन हो गई। अँधेरा निगल गया उसे! प्रकृति का क्रम ही तो है यह! अर्जुन की आँखें उस उल्का की खोज में फिर पूरे आकाश में घूमती रहीं।

हस्तिनापुर से द्वारका तक की थकान-भरी यात्रा के बाद भी आज अर्जुन की आँखों में नींद कहाँ थी!

अब तो एक ही प्रहर शेष था। पिता वसुदेव योगसमाधि लेने को हैं। माँ देवकी भी समाधिस्थ पति के पीछे बिदा लेंगी, इसमें कोई संशय नहीं। उनका संदेशा पहुँचाने के लिए उसे कृष्ण को ढूँढ़ना पड़ेगा; सत्यभामा का संदेशा पहुँचाने के लिए भी उसे कृष्ण तक पहुँचना पड़ेगा। पिता वसुदेव, माता देवकी, प्राणप्रिया रुक्मिणी और सत्यभामा—सबको ही तो पूरा विश्वास था—चाहे जैसे भी हो, अर्जुन उनके हृदय की बात कृष्ण तक अवश्य पहुँचाएगा! अर्जुन के सिवा यह कार्य कोई नहीं कर सकता! कृष्ण की बिदाई तो इस पार्थिक सृष्टि से हुई न! अर्जुन तो इससे कुछ आगे है—कृष्ण के बिलकुल साथ-साथ! एकदम निकट!

किंतु ये सारे स्वजन कैसी भयानक छलना में जी रहे थे। अब अर्जुन की ही कहीं कृष्ण से भेंट होनी है क्या! एक मर्यादा तो अर्जुन की भी है! लेकिन वह अपनी यह मर्यादा कहे किससे? स्वयं से? क्योंकि जो अंतिम घड़ियाँ गिन रहे हैं, उनकी आस्था की अंतिम डोर तोड़कर भला क्या मिलेगा उसे!

एक विचार-जाल में उलझा अर्जुन उस विशाल कक्ष में अकेला ही खड़ा था—अकेला ही रहा।

यह वही कक्ष था, जहाँ कृष्ण के संग उसने अनेक मधुर दिन बिताए थे। इसी कक्ष में यहाँ-वहाँ बैठकर कृष्ण ने कितनी ही बार अर्जुन से कितनी सारी बातें की थीं। अब वे दिन और वे बातें…

कक्ष के एक कोने में पत्थर का एक बड़ा-सा आसन धरा था—मानो बड़ी-सी चौकी रखी हो। उसी आसन पर कृष्ण का सुदर्शन चक्र धरा रहता था। अब वह वहाँ नहीं था। दारुक कह रहा था—

'सव्यसाची! उस सुदर्शन चक्र को प्रभासक्षेत्र में सारे नभमंडल में व्याप्त होकर फिर अदृश्य होते सब यादवों ने देखा था!' सुदर्शन के इस तरह अदृश्य हो जाने का संकेत नहीं समझे यादव, किंतु काल?…उसने तो उन्हें वश में किया ही…

विश्व की प्रचंड-से-प्रचंड शक्ति कृष्ण के हाथ से सुदर्शन चक्र नहीं छीन सकती थी। उसे तो स्वयं कृष्ण ने ही बिदा का संकेत दिया होगा! यादवों ने और दारुक ने जो बात नहीं समझी, अर्जुन उसे स्पष्ट देख रहा था!

'…और धनंजय!' दारुक ने आगे जानकारी दी, 'समुद्र-तट पर समाधिस्थ बलराम की देह से स्वयं शेषनाग प्रकट हुए—और वह नाग भी कुछ पल बाद

समुद्र की लहरों पर आरूढ़ होकर जलमग्न हो गया…समाधिस्थ बलराम का पार्थिव देह ऐसा तेजस्वी लग रहा था…'

अर्जुन की आँखों के आगे वह सारा दृश्य खड़ा हो गया जैसे बलराम की देह से निकलकर प्रचंड शेषनाग संपूर्ण प्रभासक्षेत्र में, समस्त समुद्र और असीम आकाश पर छा रहा हो।

किंतु—किंतु इन सबके बीच कृष्ण कहाँ हैं ? अभी भी प्रभासक्षेत्र में कहीं समाधिस्थ होंगे या फिर देहविलय के पश्चात् उनके पंचमहाभूत…

अर्जुन काँप उठा!

सुदर्शनविहीन वह रिक्त स्थान अर्जुन अधिक देर तक देख न सका, उसने आँखें फेर लीं। उधर एक चौकी पर कृष्ण का अतिप्रिय पांचजन्य पड़ा था। इसे तो कृष्ण सदा साथ रखते थे… । और अब इसे ही छोड़कर चले गए ?…इन सबका अर्थ तो स्पष्ट है! अब कृष्ण कभी किसीको नहीं मिलेंगे! देहधारी कृष्ण अब विदेह हो चुके न!

तीसरे पहर का डंका बजा। ब्राह्ममुहूर्त होने को है। अर्जुन ने क्षण-भर के लिए पद्मासन लगाकर ब्रह्मस्मरण किया। स्नानादि से निबटकर यज्ञवेदी में आहुति डाली और तभी, पूर्व दिशा के अंधकार को चीरती हुई पहली सुनहरी किरण ने चेहरा उठाया। अर्जुन ने बाहर झाँककर देखा—अभी मुँहअँधेरे शायद दारुक न भी आया हो! किंतु…

किंतु अर्जुन का संशय गलत निकला। दारुक अर्जुन की प्रतीक्षा में खड़ा था।

"दारुक!" अर्जुन ने आश्चर्य से पुकारा।

"जी!…रथ तैयार है!" दारुक ने समीप आकर कहा, "पिता वसुदेव की योगसमाधि की बात द्वारका में फैल गई है। सारे नगरवासी पिताश्री के महल में पहुँच ही रहे होंगे…"

अर्जुन ने उत्तर न दिया। उसने जो सुना, उसका एक ही अर्थ उसे सूझा—'मैं पिता वसुदेव के अंतिम दर्शन तो कर सकूँगा!' उसने दारुक से कहा, "जल्दी ले चलो रथ पिता के महल तक! पिता समाधि लें, उससे पहले उनकी आँखों के अमृतरस से एक बार तो अपनी प्यास बुझा लूँ…फिर तो…" गहरी साँसों ने उसकी बात पूरी की।

अर्जुन जब वसुदेव के भवन में पहुँचा, तब तक वसुदेव की आत्मा

ब्रह्म में विलीन होने को व्याकुल पार्थिव देह की किसी ब्रह्मनाड़ी में गहरी पैठ चुकी थी।

वे वसुदेव अब कहाँ थे, जिन्हें अर्जुन ने अभी ही तो···पिछली साँझ को देखा था! आज कितने तेजस्वी और स्थिर दीखते थे पिता वसुदेव! नंगी धरती पर व्याघ्र चर्म बिछाकर, पद्मासन लगाए वे सीधे बैठे थे। आँखें बंद थीं। ओठों पर कुछ बुदबुदाहट थी। माँ देवकी पूर्ण स्वस्थ भाव से, युगों के संबंधों को मानो क्षण-भर में निःसार मानकर तटस्थता से पति की बाईं ओर बैठी थीं! इन दो-तीन प्रहरों में तो जैसे दोनों की देह एकदम ही बदल गई थी।

पदचाप से भी कहीं शांति भंग न हो जाए, इस तरह अर्जुन वसुदेव के सम्मुख बैठ गया। किंतु अब वसुदेव आँखें खोलकर कुछ देखने वाले कहाँ थे!···ओठों की हलचल भी कम होती जा रही थी।

थोड़ी देर में ही रुक्मिणी, सत्यभामा, बालक वज्र और असंख्य नगरवासी उस भवन में जमा हो गए। मनुष्य के अस्तित्व की निशानी श्वासोच्छ्वास के सिवा वहाँ और कोई आवाज नहीं थी—गहन-गंभीर निस्तब्धता! सबकी आँखें वसुदेव पर लगी थीं।

अचानक उनके ओठों का हिलना थम गया। विशाल खंड तथा बाहर एकत्र बेहिसाब भीड़ ने ओंकार की एक गहन गूँज सुनी। यह ध्वनि कहाँ से उठी? सब लोग इधर-उधर देखने लगे—एक-दूसरे की तरफ! किसीकी कुछ समझ में आए, इससे पहले फिर एक बार ओंकार गूँज उठा!···अब सबकी आँखें वसुदेव पर टिकी थीं। एक नहीं, अचानक मानो असंख्य ओंकारों का निनाद हो उठा। सब आश्चर्यचकित और अभिभूत हो गए! वसुदेव के रोम-रोम से ओंकार का धीर-गंभीर स्वर फूट रहा था। एक सुर के बदले सहस्रों सुर एक साथ वातावरण में लहरा रहे थे।

और फिर अचानक ही सब रुक गया। ओंकार के स्वर धीरे-धीरे डूबते-उतराते शांत हो गए। वसुदेव का सीधा तना शरीर देवकी के कंधों पर लुढ़क गया। सब मूक-से थे। सबके कंठ से निष्प्रयास ओंकार का गंभीर समूह-स्वर फूटा; जैसे आवाज हवा में तैर रही हो।

मंत्राविष्ट पुरजनों के बीच सर्वप्रथम अर्जुन ही स्वस्थ हुआ। कंधे पर लुढ़की पति की निश्चेष्ट देह से बिलकुल बेखबर माता देवकी जड़वत् थीं। अर्जुन ही पास आया। हाथ भी काँप रहे थे। ओठों पर भी कुछ था कि थरथरा रहा था। लेकिन जो करना था, उससे निस्तार कहाँ था! पास आकर पिता वसुदेव

के शरीर को उसने धरती पर लिटाया।

अब तक तो सब तरफ लोग-ही-लोग थे—नगरवासी महल, उद्यान, राजमार्ग सबमें पट गए थे। अर्जुन ने इस समूह को देखा—शून्य ही तो नजर आया! लेकिन लोग थे बहुत सारे, पर पिता वसुदेव को कंधा देकर श्मशान तक ले जाने के लिए चार यादव कहीं नहीं दीखे। समस्त वृष्णिवंश नष्ट जो हो गया था! कृष्ण और बलराम जैसे विराट् पुत्रों के पिता का अग्नि-संस्कार करने के लिए उनके कुल का कोई नहीं बचा था! बचा था, एकमात्र बालक वज्र! अनिरुद्ध के इस नन्हे किशोर पुत्र को संग लेकर अर्जुन पिता वसुदेव की अंतिम यात्रा की तैयारी करने लगा।

सूर्य की कोमल किरणों ने इधर धरती को पूरी तरह चूमा और उधर उनकी ही साक्षी में अग्नि ने वसुदेव का पार्थिव देह पंचमहाभूतों में विलीन कर दिया। इन्हीं पंचभूतों में पति के साथ माता देवकी ने भी स्वयं को विलीन कर लिया। लग रहा था, मानो हवा को भी सुध नहीं कि लोगों की आँखें पोंछे। वह भी सहमी-सी, ठिठकी-सी खड़ी थी। और सूर्य-किरणें मानो चिता के उत्ताप से बचने के लिए आगे-आगे दौड़ी जा रही थीं।

अर्जुन ने सबकुछ किया। सब ओर ध्यान दिया। बस, अर्जुन ही तो था। सबकुछ निबट गया तो अर्जुन ने दारुक को बुलाया—"दारुक! राज्यपरंपरा खंडित नहीं होनी चाहिए न! इसलिए द्वारका के राज्यसिंहासन पर यादव कुल के एकमात्र शेष वंशज…"

"क्षमा करें, कौंतेय!" दारुक ने बीच में ही टोका, "पिता वसुदेव की इच्छा थी कि द्वारका का शासन आप ही सँभालें। कृष्ण की आज्ञानुसार जब मैं हस्तिनापुर के लिए चला, तब स्वयं महाराज वसुदेव ने ऐसी ही इच्छा व्यक्त की थी…"

"हाँ, अर्जुन!" रुक्मिणी और सत्यभामा दोनों रानियों ने दारुक का अनुमोदन किया, "वज्र अभी बालक है।"

"देवी, मुझे क्षमा करें," अर्जुन ने स्पष्ट इनकार किया, "कृष्णविहीन इस द्वारका में मैं एक-एक क्षण कैसे काट रहा हूँ, मैं क्या बताऊँ!…मेरे लिए यह असंभव है, देवी! मुझे…मैं क्षमा चाहता हूँ—आज्ञा दीजिए! प्रभासक्षेत्र में अंत्येष्टि के अभाव में बिखरे पड़े यादव वीरों की पार्थिव देहों को अर्घ्य देने में अब मैं और विलंब नहीं कर सकता! वहाँ भी तो मुझे ही…"

"यदि ऐसी ही बात है तो, भाई," रुक्मिणी ने कहा, "कृष्णविहीन इस प्रेतनगरी जैसी द्वारका में रहना हमारे लिए भी तो असंभव ही है...हम किसे कहें, अर्जुन? हमें भी अपने साथ ही हस्तिनापुर ले चलो, अर्जुन!"

"सच, इस नगरी से, इस धरती से अपना संबंध अब पूरा हुआ! सारे संबंध जिस प्रकार नियति के अधीन, सीमाओं में बँधे होते हैं, उसी प्रकार इस धरती के साथ हमारा लेन-देन भी समाप्ति की रेखा छू रहा है..." दुखी सत्यभामा बोल पड़ी।

"दारुक!" अर्जुन ने सम्मति दी, "माता रुक्मिणी और सत्यभामा की इच्छा ही यदि पुरजनों की इच्छा हो, तो आप सब शीघ्र तैयारी करें। नगर के वृद्धों से ठीक से पूछकर उनकी अनुमति भी ले लें। आज से सातवें दिन हम सब हस्तिनापुर की ओर प्रयाण करेंगे।"

सातवें दिन?—सात दिन क्यों? दारुक की समझ में नहीं आया—अर्जुन ने सात दिन की अवधि क्यों रखी? "अब तो एक-एक क्षण असह्य लगता है, पार्थ! जितना शीघ्र हो सके, इस नगरी को छोड़ दें हम..."

"भूल गए, दारुक?" अर्जुन ने उसे याद दिलाया, "अभी प्रभासक्षेत्र की धरती पर कृष्ण को खोजना बाकी है। कृष्ण का परमतत्त्व मुक्त हुआ, पर उनकी मानुषी देह हमारे अर्घ्यदान बिना कैसे सार्थक होगी?...हम आज ही यहाँ से चलेंगे, दारुक! तीसरा प्रहर समाप्त होते-होते तुम नगरजनों और वृद्धों से आगे के लिए उनकी इच्छा जान लो। चौथे प्रहर हम चलेंगे प्रभासक्षेत्र की दिशा में—"

दारुक ने देखा तो देखता ही रहा—अर्जुन सबकी सोच सकता था!

"जैसी आज्ञा, तात!" कहते हुए वह खड़ा हो गया।

एक प्रहर बाद सूर्य-किरणें जब तिरछी होकर रैवतक पर्वत की छाया को धरती पर फैला रही थीं, अर्जुन का रथ प्रभासक्षेत्र की दिशा में आगे बढ़ रहा था। अर्जुन एक अज्ञात की खोज में जा रहा था और द्वारकावासी हस्तिनापुर-यात्रा की तैयारी में लगे थे।

पाँच

ॐ भव्यता विस्तार और कद के अधीन नहीं होती, इसका साक्षात् उदाहरण था वह शिवमंदिर! शिव-चरणों का प्रक्षालन करने के लिए ज्वार के समय समुद्र की लहरें मंदिर के प्रांगण तक मानो दौड़ी आती थीं। प्रभासक्षेत्र यहाँ से अब दो-तीन योजन ही रह गया था।

मंदिर की ध्वजा दीखते ही दारुक ने रथ रोक दिया।

''गुडाकेश!'' उसने मुड़कर अर्जुन को सावधान किया, ''अब यहाँ से भगवान् पिनाकिन के कैवल्यधाम की सीमा आरंभ होती है। यहाँ अश्वों को छोड़ न दें?''

रैवतक की चोटी जब से दृष्टि-ओझल हुई, अर्जुन एक शब्द भी नहीं बोला था। दो-तीन बार दारुक ने प्रयत्न जरूर किया कि उसकी मौन-समाधि टूटे, किंतु वहाँ से कोई आवाज नहीं उठी—उसकी आँखें तो क्षितिज को छूती हुई चारों दिशाओं को नाप रही थीं—क्या वहाँ कुछ है? कृष्ण के बारे में कोई तो संकेत मिल जाए···कहीं ऐसा कोई चिह्न, जो कृष्ण के पास पहुँचा दे—कुछ तो हो, जिससे वह कह सके—वसुदेव-देवकी-सत्यभामा के संदेश! कितनी बातें दूसरों की कहनी हैं, लेकिन अपनी?···वह फिर कहीं खो गया—कृष्ण कदाचित् मिल जाएँ तो उनसे कहने के लिए स्वयं उसके पास क्या है?···कृष्ण शायद पूछें भी—'अर्जुन, दूसरों के संदेश तो तू ले आया, किंतु तेरा क्या? तुझे कुछ नहीं कहना?'

कृष्ण के इस संभावित प्रश्न का वह क्या उत्तर देगा? क्या उसे कुछ नहीं कहना?···लेकिन उसे तो बहुत कुछ कहना था। कितनी-कितनी बातें थीं कृष्ण के लिए; किंतु आज कुछ याद क्यों नहीं आ रहा? कोई भी तो ऐसी बात नहीं, जो उसने पहले कृष्ण से कह न रखी हो।

कृष्ण का कोई पदचिह्न?···कोई निशानी?···उसकी आँखों की पकड़ में कुछ भी तो नहीं आ रहा था, या फिर धूल में उभर रहे प्रत्येक पदचिह्न में उसे कृष्ण ही दीख रहे थे। वृक्षों के पत्तों को सहलाकर बहती हवा में एक सुर थरथरा रहा था—अर्जुन को लग रहा था, यह कृष्ण की बाँसुरी का ही तो सुर है—काँपता हुआ-सा—तो कृष्ण कहाँ हैं?···

किंतु अब रथ को आगे ले जाना ठीक नहीं। भगवान् पिनाकिन के धाम में तो पैदल ही जाना चाहिए। अर्जुन रथ से नीचे उतरा।

''पृथापुत्र!'' दारुक ने शिव-मंदिर के प्रांगण में, समुद्र-तट से कुछ ऊँचे स्थान की ओर अँगुली से निर्देश करते हुए कहा—''यह वही स्थान है, जहाँ से दाऊ हलधर की आत्मा शेषनाग का स्वरूप धारण कर प्रकट हुई थी और क्षितिज के उस कोने से समुद्र में विलीन हो गई थी।''

स्तब्ध खड़ा रह गया अर्जुन! कंधे से गांडीव खिसका या उसने उतारकर नीचे लिया, पता नहीं; पर उसने उस स्थान की मर्यादा का आदर किया, सिर

झुका। दाऊ ने जहाँ समाधिस्थ होकर पार्थिव देह का त्याग किया था, वहाँ उनकी भस्मी और उनके अस्थिफूल अभी भी ज्यों-के-त्यों पड़े थे।

"दारुक! यह भस्म और ये अस्थिफूल··· ?" अर्जुन ने दारुक से पूछा।

"कृष्ण ने यहीं दाऊ बलराम के पंचमहाभूतों को बिदा किया था। ये अवशेष अभी अर्घ्यदान से वंचित हैं, पांडव!" दारुक ने कहा।

समग्र आर्यावर्त्त में जिसकी बराबरी का कोई नहीं था, वैसे प्रचंड समर्थ महावीर बलराम के पार्थिव अवशेषों को अर्घ्य देनेवाला भी अब कोई नहीं। जल की एकाध अंजलि द्वारा इस भस्म और अस्थि का तर्पण करनेवाला कोई पुत्र या कोई वंशज बचा ही नहीं!···

अर्जुन धीरे-धीरे समुद्र किनारे तक गया। लहरों ने धीरे-धीरे उसके घुटने छुए। राजचिह्न, गांडीव इत्यादि किनारे दारुक के पास थे। सब उसे सौंपकर अर्जुन ने समुद्र में स्नान किया। भीगी देह से, पश्चिमाभिमुख होकर, उसने संध्या की, और फिर दाऊ हलधर के पार्थिव अवशेषों पर जलांजलि दी। भस्म और अस्थिफूलों पर शीतल जलधार बही, और वे सब बहे। बस, अब बलराम स्मृति मात्र रह गए।

"दारुक!" अर्जुन ने संध्या-अर्घ्य-अंजलि के पश्चात् कहा, "भाई, रात को यहीं रह जाएँ तो? यह शिव-मंदिर···कुछ अजीब से भाव उठते हैं मन में। एक आंतरिक शांति देनेवाला स्थान है। प्रातःकाल हम पुण्यसलिला हिरण और कपिला के तट पर अपनी यात्रा आरंभ करेंगे, कदाचित् कहीं कृष्ण का कोई संकेत मिल भी जाए।"

दारुक को अर्जुन की बात जँची।

शिव-मंदिर के पुजारी ने बस अभी ही आरती समाप्त की होगी, ऐसा लग रहा था। मंदिर के गर्भद्वार से ताजा फूलों और धूप की सुगंध उठ रही थी। भगवान् शिव की पूजा-अर्चना के पश्चात् दारुक के बिछाए आसन पर अर्जुन लेट गया।

"दारुक!" कुछ देर बाद अर्जुन ने पूछा, "एक बात मेरी समझ में नहीं आ रही। द्वारका नगरी में तो कृष्ण और स्वयं बलराम ने भी मदिरापान को निषिद्ध माना था! यादव सुरापान न करें, इसके लिए कृष्ण कृतनिश्चयी थे। फिर यहाँ यह सब क्यों हो गया, भाई?"

दारुक ने गहरी साँस लेते हुए आकाश की ओर देखा, जहाँ नक्षत्र-पुंज टिमटिमा रहे थे।

"शासन के नियमों से सामाजिक स्वास्थ्य की रक्षा नहीं हो सकती। कृष्ण

ने द्वारका के नगरवासियों को—तमाम यादवों को मदिरापान से अलिप्त रहने की शासकीय आज्ञा तो की थी, किंतु यादवों ने इस नियम को आंतरिक अनुशासन के रूप में स्वीकार नहीं किया था। छोटे-बड़े सारे यादव चोरी-छुपे सुरापान करते रहे थे। कृष्ण-बलराम के प्रति गहरे आदर के बाद भी, सुरापान के प्रश्न को लेकर एक प्रकार की दूरी, कुछ मतभेद-सा खड़ा हो गया था। कृष्ण ने यह सब देखा-समझा था। कदाचित् उन्होंने सोचा, अनुशासन की मर्यादा में सबको जबर्दस्ती बाँधने की अपेक्षा, द्वारका के बाहर किसी उत्सव के निमित्त सबको थोड़े मुक्त-विहार की सुविधा मिले तो···, तो नियम को आत्मानुशासन में बदलना सरल हो जाए शायद···''

अर्जुन को दारुक की बात में सार लगा। यादव, अरे स्वयं बलराम भी सुराप्रिय थे! मदिरा का कृष्ण ने जैसा विरोध किया, वह यादवों को रुचनेवाला नहीं था। कृष्ण का आदर और मदिरा की खातिर उनसे बचना, ऐसी स्थिति बनती थी···मदिरा तो आखिर मदिरा ही थी!

''कौंतेय!'' दारुक ने आगे कहा, ''सात्यकि ने जब सर्वप्रथम कृतवर्मा पर प्रहार किया, तब सारे यादव मदिरा के नशे में धुत थे। एकमात्र कृष्ण स्वस्थ रहे—सब देखते रहे। कृतवर्मा की मृत्यु के पश्चात् सात्यकि ने जूठे बरतनों से यादवों पर प्रहार किया। महाभारत के महायुद्ध में जो वीर महारथी शस्त्रों के सारे वार झेल चुके थे, वे वीर ही यहाँ कुत्ते-बिल्ली की भाँति एक-दूसरे को दाँतों से काट-काटकर मरे!''

''और···और कृष्ण यह देखते रहे, दारुक?'' अर्जुन ने पूछा।

''यादवों की ऐसी दुर्दशा कृष्ण ने तो कदाचित् पहले ही देख ली होगी, धनंजय! यहाँ प्रभासक्षेत्र में जब सब यादव एकत्रित हुए तब कुछ सोचकर ही तो कृष्ण ने उद्धव को अपने साथ नहीं रखा। उन्होंने उद्धव से कहा, ''उद्धव! बंधु! तुम तीर्थयात्रा के लिए निकल पड़ो! अब तुम्हारे लिए यहाँ कुछ नहीं!''

''कृष्ण आर्षद्रष्टा थे!'' अर्जुन धीरे से बोल उठा। उसे तो याद था कुरुक्षेत्र का मैदान, वह विराट् विश्वरूप-दर्शन! अठारह अक्षौहिणी सेना को सूर्य, चंद्र, नभोमंडल—यहाँ तक कि समस्त ब्रह्मांड को इस विराट् में विलीन होते देखकर अभिभूत अर्जुन से स्वयं कृष्ण ने कहा था—यह समस्त संहार तो निश्चित है, पार्थ! मैं स्वयं इसका काल हूँ! तू तो निमित्त मात्र है! तू निमित्त न भी बने तब भी इन सबका विनाश पूर्व निर्धारित है!···

''और इस तरह जब प्रद्युम्न भी मारा गया···'' दारुक को वह दारुण घड़ी

याद आई—रात्रि का अँधेरा गहरा गया था। दूर-दूर के जंगलों से सियारों के रोने की आवाज़ आ रही थी। आकाश में अचानक कोई तारा टूटता और एक किरण शलाका-सी आकाश को चीर जाती।

"तब क्या हुआ, दारुक? कृष्ण क्या प्रद्युम्न का अपने ही आत्मजनों द्वारा मारा जाना उसी भाव से देखते रहे? मूक प्रेक्षक बनकर?" अर्जुन से पूछे बिना रहा न गया।

"न!...नहीं, धनंजय, अब तक इस निरर्थक संहार को निर्निमेष नेत्रों से देखनेवाले कृष्ण ने अपना दाहिना हाथ बढ़ाया और भूमि पर उगी एरक घास मुट्ठी में भरकर नोच ली। फिर उन एरक-तृणों को झगड़ते यादवों पर फेंका। ये मुट्ठी-भर तृण एकाएक मूसल बन गए और युद्धोन्मत्त यादवों पर बरस पड़े। यह अचानक हमला ही तो था! वे संतुलन खो चुके थे, और ऐसे में वह सांघातिक मार—यादव एरकों की मार से धराशायी हो गए।" दारुक ने आँखें देखी संहार-लीला का वर्णन सुनाया।

राजसूय यज्ञ के समय इंद्रप्रस्थ में सुदर्शन चक्र से शिशुपाल का शिरच्छेद करनेवाले कृष्ण की मूर्ति अर्जुन के सामने खड़ी हो गई! और फिर वे कृष्ण...महाभारत के नवें दिन, जब वह स्वयं भीष्म के विरुद्ध तुमुल युद्ध नहीं कर पा रहा था, महारुद्र के अवतार समान पितामह सबकुछ छिन्न-भिन्न किए दे रहे थे, तब भी तो एक कृष्ण दिखाई दिए थे—रथ का चक्का उठाकर पितामह पर दौड़ते कृष्ण, स्वयं को बासुदेव कहलानेवाले पौंड्रक को अकेले ही मारकर, उसकी अस्थियों से महाशक्तिशाली शंख—पौंड्र के सर्जक कृष्ण...वे कृष्ण जब संहार की तीव्र भावना से अकुलाकर स्वजनों पर एरक-तृण फेंक रहे होंगे तब कैसे लगते होंगे—इसकी कल्पना से ही अर्जुन काँप उठा।

कदाचित्, कदाचित् जैसाकि कृष्ण कहते थे, देहधारी कृष्ण का यही निर्धारित पथ होगा...उस विराट् रूपदर्शन में कहीं-न-कहीं एरक-तृणों की मुट्ठी यादवों पर फेंक-फेंककर इस संहार को पूर्णता तक पहुँचानेवाले कृष्ण भी तो समाए होंगे।

अर्जुन ने आँखें बंद कर लीं। खुली आँखों के सामने जो सृष्टि दीखती थी, उसे सह पाना उसके लिए कठिनतर होता जा रहा था।

जब आँख खुली, प्रातः समीर प्रकृति को हौले-हौले सहलाकर जगा रहा था। ब्रह्मस्मरण और स्नानादि निबटाकर अर्जुन ने शिव-मंदिर के प्रांगण में ही प्रातःसंध्या

की और यज्ञवेदी में आहुति डाली। दारुक ने अश्वों की पीठ थपथपाई। सूर्य की प्रथम किरण ने ज्यों ही समुद्र-क्षितिज से बाहर पाँव रखा, रथ हिरण और कपिला नदी के तट पर कृष्ण की खोज में निकल पड़ा।

पगडंडी के दोनों ओर अछोर विस्तार था। अर्जुन की आँखें उसे समेटने में लगी थीं। पूरा प्रदेश रमणीय था। ऐसी रमणीयता, ऐसी फैलती सुगंध कि मदिरा के बिना ही मदहोश हो जाए कोई। सुबह-सवेरे गोधन को गोचर की दिशा में ले जाते कुछ गोपाल भी अब दृष्टिगोचर हो रहे थे। कहीं-कहीं पनिहारिनों के वृंद नजर आए। किसी मंदिर के गर्भद्वार से आरती या घड़ियाल का घंटानाद वातावरण में गूँज रहा था। कहीं बड़ी गहराई से उठी प्रार्थना की पुकार तैर रही थी; मानो सृष्टि के उस छोर से इस छोर को बाँधने का प्रयत्न किया जा रहा हो।

"राजपुत्र!" दारुक ने सुबह की नीरवता भंग करते हुए कहा, "यहाँ से दो रास्ते हैं—दाहिना मार्ग हिरण-कपिला के संगम पर जाता है। सुना है कि इस संगम स्थान पर लुप्त होकर सरस्वती पाताल में बहती है। बाईं तरफ का मार्ग प्राचीना पवित्र तीर्थ का है। जब यादवों का संपूर्ण नाश हो गया तब प्राची के उस पवित्र पीपल के वृक्ष के पास बैठकर कृष्ण ने अर्घ्यदान दिया था।"

दूर से नजर आते हुए उस पीपल के वृक्ष को अर्जुन शून्य नयनों से देखता रहा। फिर एक बार कृष्ण, आँखों के सामने अठारह अक्षौहिणी सेना के बीच उसके रथ की लगाम पकड़कर खड़े कृष्ण—तब कृष्ण ने ही तो कहा था, 'अर्जुन! वृक्षों में मैं अश्वत्थ हूँ।'

और यहाँ स्वयं अश्वत्थ...

अश्वत्थ वृक्ष के आसपास ही कहीं कृष्ण का संकेत मिलना संभव है।

"रथ को यहीं रोक दो, दारुक!" अर्जुन ने आदेश दिया, "हिरण-कपिला के संगम पर, किसी अश्वत्थ वृक्ष ने कदाचित् कृष्ण को कहीं सहेजा हो।"

दारुक ने लगाम खींची, रथ रुक गया। अर्जुन नीचे उतरा।

दिन का पूर्ण प्रकाश फैल चुका था।

अचानक अर्जुन की आँखें सजग हो गईं। जमीन पर कहीं-कहीं अस्थियाँ पड़ी थीं। मांस के लोथड़े बिखरे थे। उसकी नजर तेजी से दौड़ रही थी—और चारों ओर बिखरे क्रूर विनाश को देख रही थी।

"दारुक..." अर्जुन बोल न सका।

"हाँ, कौंतेय!" दारुक ने निरपेक्ष भाव से जवाब दिया, "इन्हीं में कहीं सात्यकि, कृतवर्मा, प्रद्युम्न, अनिरुद्ध—ये सब भी होंगे। इन्हीं में कहीं···ये अधखाए हुए, पशु-पक्षियों द्वारा चूँथे हुए···ये अंग उन्हीं वीरों के हैं, पार्थ, जिन्होंने आर्यावर्त्त के इतिहास को एक नए मोड़ तक पहुँचाया···"

अर्जुन ने आँखें झुका लीं। सामने जो था, उसे वह देख न सका। दारुक जो कह रहा था, उसमें वह बोले भी तो क्या! मार्ग में जगह-जगह बिखरे, छिन्न-भिन्न अंगों को लाँघते हुए कैसी तो जुगुप्सा जागी···अर्जुन किसी तरह आगे बढ़ा।

"रुकिए···! रुकिए···!!" मार्ग के किनारे की अत्यंत घनी झाड़ी में से अचानक एक आवाज उभरी, और सहज प्रक्रिया में अर्जुन का हाथ अनायास गांडीव पर भिंच गया। और फिर जैसे कुछ चेत कर उसने अपना हाथ तुरंत ही वापस खींच भी लिया। दारुक खड़ा ही रह गया। झाड़-झंखाड़-लताओं को दोनों हाथों से हटाता एक आदमी दौड़ता हुआ मार्ग के मध्य में आ खड़ा हुआ। उसके सिर के बाल पक्षी के घोंसले की भाँति रूखे और उलझे हुए थे। कमर के नीचे एक फटा-फुराना वस्त्र लिपटा था—बाकी सारे अंग खुले थे। आँखें गहरे विषाद में डूबीं, पर अतिरिक्त भय से चौड़ी और विस्फारित हुई जा रही थीं। विक्षिप्त-सा लग रहा था वह।

"आप···आप···आप ही अर्जुन हैं न?" उसने झपटकर पूछा।

अर्जुन तो उसे देखता ही रहा। फिर अचानक रथ से नीचे उतर पड़ा। "हाँ, भाई, मेरा ही नाम अर्जुन है। किंतु तुम···तुम कौन हो? और मुझे जानते कैसे हो?···मुझसे क्या काम है तुम्हें? लगता है जैसे मेरी प्रतीक्षा ही कर रहे हो यहाँ?" अर्जुन इतने सवाल क्यों पूछे जा रहा था, पता नहीं। कोई भीतर की आकुलता थी।

वह आदमी अर्जुन के चरणों में सीधा गिर ही तो पड़ा, और फिर एक करुण रुदन उभरते-उभरते जोर की चीख में बदल गया।

"मेरा नाम जरा है। मैंने···मैंने···हाँ, अर्जुन, मैंने कृष्ण की हत्या की है! मैंने···कृष्ण की हत्या की है···मैंने···!"

"क्या कहा? तूने···तूने, कृष्ण की···" 'हत्या' शब्द अर्जुन के ओठों से बाहर न निकला। उसके ओठ जकड़ गए। आँखें लाल हो गईं। गांडीव पर उसकी मुट्ठी कस गई। जैसे कुछ था, जो भीतर उबल रहा था और अर्जुन उसे सँभाल नहीं पा रहा था। पाँवों में पड़े उस मनुष्य के रूखे बालों को

पकड़कर उसने उसे इतनी जोर से ऊपर खींचा…

छः

दारुक आपादमस्तक काँप उठा।

अर्जुन का शरीर ताँबे की तरह तप गया। तपता गया। उसके अंग इस तरह काँप रहे थे मानो कोई भीतरी तूफान वह दबा रहा हो। आँखें धधकते अंगारे उगल रही थीं। समस्त आर्यावर्त्त, सारे रथी-महारथी ही नहीं, सारथि भी अर्जुन की ऐसी स्थिति का परिणाम पहचानते थे। जब भी ऐसा हुआ, विनाश ही हुआ। दारुक ने भी समझ लिया कि जरा के जीवन की घड़ियाँ पूरी हुईं, और प्रतीति के इसी क्षण में दारुक के भीतर एक बोध भी कौंधा।

"महाबलि!" वह अर्जुन के निकट आया। उससे यों सटकर खड़ा हो गया कि अर्जुन को तनिक भी हलचल करने के लिए पहले दारुक को हटाना पड़े, "अविनय के लिए क्षमाप्रार्थी हूँ, पार्थ! किंतु, किंतु पितामह भीष्म, आचार्य द्रोण, महारथी कर्ण और किरात रूपधारी स्वयं शिव—इन सबको गांडीव की टंकार से ललकारनेवाले पांडुपुत्र ने, अपने शरणागत एक अनजान मनुष्य को कुत्ते की मौत मारा, यह घटना उन प्रतापी पूर्वजों को ही नहीं, आनेवाली अनेक पीढ़ियों को लज्जित करेगी!"

"दारुक!" अर्जुन के बलिष्ठ हाथों में भींचा हुआ जरा का मस्तक कुछ मुक्त हुआ। जरा फिर उसके चरणों में गिर पड़ा। यह आदमी कह रहा था, उसने कृष्ण की हत्या की है!…कृष्ण की हत्या? कैसे हो सकती है? कंस, जरासंध, कालयवन, पौंड्र, शिशुपाल—अरे, कालियानाग और कुवलयापीड भी जो न कर सके, वही काम यह नीच कैसे कर सका?

"भूल गए, धनंजय!" अर्जुन को कहीं डूबा देखकर दारुक ने सावधानी से जरा को कुछ दूर हटा दिया, "श्रीकृष्ण स्वयं यादव थे और यादव कुल का तो माता गांधारी ने छत्तीस वर्ष पहले ही हनन कर डाला था।"

अर्जुन को याद आया—विश्वरूप दर्शन में स्वयं कृष्ण, देहधारी कृष्ण कहीं इस जरा के हाथों देहमुक्त होते दिखे होंगे। यह तो नियति का लेख है। जरा क्या कृष्ण को मारेगा! वह तो निमित्त है! नियति के इस निमित्त का नाश करना—ओह, कैसा घिनौना कार्य उसके हाथों हो जाता!

"जरा!" अर्जुन की आवाज संयत हो चुकी थी। खुद पर उसने लगाम

कस ली थी। कंधे पर हाथ रखते हुए उसने कहा, ''जरा, अब तुम भयमुक्त हो, बंधु! कहो, तुम्हें क्या कहना है?''

जरा ने मुँह उठाकर अर्जुन की ओर देखा। आँखों में झरते अंगारे अब तक बुझ गए थे। जमीन पर बैठे-बैठे ही उसने कहा, ''राजन्! मैं अपराधी हूँ! शिकारी हूँ, अतः पशु-पक्षियों का शिकार करके गुजारा चलाता हूँ। प्रातःकाल के धुँधलके में इस पीपल वृक्ष के नीचे लेटे हुए कृष्ण को मैंने कोई...'' इतना कहते हुए उसका गला रुँध गया। सिर झुक गया। उसने फिर जैसे भीतर से आवाज खींची, ''कोई जंगली प्राणी सोया है, ऐसा समझकर मैंने दूर से बाण चलाया...''

''जरा...!'' इस बार अर्जुन की चीख निकल गई। उसका सारा अस्तित्व जैसे डगमगा गया। उसने आँखें मूँद लीं। उसका रोआँ-रोआँ खड़ा हो गया। फिर आवाज में एक कर्कशता उभर आई थी, ''क्या?...तूने कृष्ण को कोई जंगली प्राणी मानकर तीर चलाया?...और तेरा वह तीर, वह कृष्ण को लगा?''

''जी, महाराज!'' जरा के पास एक सीधी स्वीकृति के अलावा रास्ता भी क्या था! ''मैंने तीर चलाया, और महाराज, मेरा तीर कृष्ण के दाहिने पाँव के तलवे में जा धँसा। वह जानलेवा तीर...उसी क्षण, उसी क्षण...'' जरा की आवाज फिर साथ छोड़ गई। एक खुले रुदन ने ही उसका साथ दिया।

वह क्षण, वह बात मानो उसकी आँखों में जम गई थी। अर्जुन और दारुक के कान जरा के शब्द कहाँ सुन रहे थे! वे जरा की आँखों में बर्फ की शिला-से जम गए उस दृश्य को अपनी आँखों देख-से रहे थे।

पीपल के वृक्ष से टिककर विश्राम करना चाहते थे कृष्ण। अभी दो प्रहर पहले ही तो समुद्र-तट पर बड़े भाई दाऊ बलराम ने ध्यानस्थ अवस्था में देह-त्याग किया था। वह सब आँखों के सामने नाच रहा था। दाऊ गए तो वृष्णिवंश के एकमात्र प्रतिनिधि वे स्वयं ही तो बचे! वैसे द्वारका में अतिवृद्ध पिता वसुदेव थे और बालक वज्र था; लेकिन पिता भी अब कितने दिन?...

बड़े भाई की पार्थिव देह अग्नि को समर्पित करके कृष्ण पुनः प्रभासक्षेत्र की ओर चल पड़े—रात ढल चुकी थी। मार्ग में केवल अंधकार ही नहीं था—उस अंधकार के बीच बिखरे थे पुत्रों, पौत्रों, प्रपौत्रों, साथियों, पूजनीय और अन्य कुटुंबजनों के छिन्न-विच्छिन्न अंग-उपांग। हिंसक पशु-पक्षियों द्वारा चूँथे देहों के भग्नावशेष। दो अंधकारों के बीच से सँभलकर, नितांत विरक्त भाव से कृष्ण चले जा रहे थे। पगडंडी पर और उसके आसपास बिखरे युद्धावशेष और कुछ

नहा, सूखे पर्ण बिछे हों मानो, इतनी स्वाभाविकता से कृष्ण हिरण-कपिला के संगम तट तक चलते चले गये—एक लंबी अविराम यात्रा। और फिर आया विशाल पीपल का वृक्ष! यहाँ पहुँचकर वे थम गए। रात अभी बाकी थी। तनिक रुक लूँ? बस, साँस के सम होने तक। और वे वृक्ष के तने से टिककर बैठ गए। अनंत ब्रह्मांड में मन खो गया। परब्रह्म की आराधना में उन्होंने आँखें मूँद लीं।

और आँखें बंद हुईं तो सामने नाच उठा कुरुक्षेत्र! अठारह दिनों में अठारह अक्षौहिणी सेना भस्म हो गई थी! साथ ही इनके भस्मसात् हुई थी यादव सेना। कुरुकुल का यह महासंहार धर्मयुद्ध था! यह संहार तो 'विनाशाय दुष्कृताम्' और 'धर्म संस्थापनार्थाय' था! किंतु अभी इस पवित्र प्रभासक्षेत्र में, हिरण-कपिला के संगम तट पर जो भयानक विनाश हुआ, ऐसा विनाश क्यों?

कृष्ण आँखें खोलकर तनिक मुसकराए। यादव वीर परस्पर शस्त्रों से लड़े। शस्त्र फेंककर हाथापाई की! जूठे बरतनों से एक-दूसरे पर वार किए! कुत्ते-बिल्ली की तरह दाँतों से और फिर कुपित, व्यथित कृष्ण के हाथों फेंके मुट्ठी-भर एरक-तृणों के स्पर्श मात्र से धराशायी हुए!

ब्राह्ममुहूर्त का शांत, शीतल वातावरण था। नभ में प्रात:काल के पदचिह्न उभर रहे थे। कृष्ण ने बायाँ पाँव मोड़कर, उसके घुटने पर अपना दाहिना पाँव टिकाया। अचानक ही माता गांधारी का स्मरण हो आया। उन्होंने आँखें मूँद लीं। सब जानते हुए भी सब कितना अनजाना लग रहा था!

हवा में एक सरसराहट-सी हुई। एक तीक्ष्ण, तरल-सा स्पर्श हुआ कृष्ण के दाहिने पाँव के तलवे में।

क्या था? कृष्ण ने आँखें खोलीं—पाँव के तलवे से लहू की धार बह चली थी। एक तीक्ष्ण तीर पाँव में धँसा था।

नहीं, कृष्ण तनिक भी हिले-डुले नहीं। उन्होंने तीर को खींचकर निकालने का प्रयत्न भी नहीं किया। बस, जैसे दूर से लहू की धार को देख रहे हों—एकदम तटस्थ। यह भी थोड़ी देर बस, फिर प्रभात के फैले प्रकाश में धुँधलाते नभ के तारों को टकटकी लगाकर निरखने लगे। परब्रह्म का अवतरण हो रहा था कहीं से।

सूखे पत्ते खड़के। दूर की किसी झाड़ी से शिकार की घात में बैठे बहेलिए ने क्लांत कृष्ण पर तीर चलाया था। और अब दौड़ता आ रहा था कि शिकार को सँभाल ले···और तब उसने जो देखा—खिलते प्रभात के प्रकाश में उसने जो देखा—''कृष्ण···!'' वह चीत्कार उठा।

माथे पर सोहता मोरपंख, कटि-प्रदेश पर बँधा पीतांबर और अँधेरे में भी दीप्तिमंत मुख—कृष्ण को चीन्हने में चूक कैसी! तिस पर यादवी कलह अभी की ताजा घटना थी। जरा के होश-हवास उड़ गए। अत्यंत व्याकुल हो गया वह। "ओह, मैंने...मैंने यह क्या कर डाला?" दौड़ ही तो पड़ा वह। "सबसे पहले तो वह बाण निकालूँ जो मैंने..."

दौड़कर उसने कृष्ण के पाँव से तीर खींचने के लिए हाथ बढ़ाया। कृष्ण उसकी व्यग्रता को निमिष-भर ताकते रहे, फिर निषेध में दाहिना हाथ उठाया।

जरा ठिठक गया—"क्यों, नाथ, क्यों?"

"रहने दो, भाई! माता गांधारी के वचन में व्यवधान बनने का व्यर्थ प्रयत्न मत करो!" बड़ी धीरता से वे बोले।

"मैंने महापातक किया है! मुझे क्षमा करो, नाथ! मैंने...मैंने आपको जंगली प्राणी समझकर आप पर तीर चलाया। यह मैंने क्या किया, नाथ!" जरा भूमि पर लोटकर करुण क्रंदन करने लगा।

"उठो, वत्स!" करुणार्द्र स्वर में कृष्ण बोले "तुम्हारा नाम क्या है?"

"मेरा नाम?...जरा!"

"जरा!...ठीक!" कृष्ण का मधुर हास्य छलका। तलवे से बहकर रक्तधारा भूमि पर काफी दूर चली गई थी। "जरा, तुम्हारा नाम सार्थक है, तात! 'जरा' कभी किसीको नहीं छोड़ती! अमरत्व के अभिशाप ने जिसे घेरा हो, उसे भी महाकाल जरा समेट ही लेता है न! जरा, तू तो निमित्त मात्र है, वत्स!"

उसने कुछ समझा? नहीं समझा? पर वह अपलक देखता रहा। कृष्ण के स्वगत शब्द भले अधिक समझ न आए हों, पर वे तैरते रहे। वह स्वयं तो जरा बहेलिया है—शिकारी—महाकाल उसके द्वारा सबको कैसे समेटे?

"जरावस्था, यही तो प्रकृतिक्रम है, वत्स!" कृष्ण बोले, "तेरा तीर चलने में दो प्रहर का विलंब क्यों हुआ, यही प्रश्न शेष रह जाता है!" कहते-कहते कृष्ण फिर हँस पड़े।

जरा कहे तो क्या! उसके पास करुण क्रंदन और व्यथा के सिवा कुछ था ही नहीं।

"जरा!" कृष्ण क्षणार्थ मौन के बाद बोले, "देह में रक्त सीमित होता है। यह सीमित चेतना तो अब क्षण-दो क्षण में नष्ट हो जाएगी, भाई..."

"मुझे...मुझे प्रायश्चित्त करने दीजिए, प्रभु! मैं अब जी न सकूँगा, मुझे भी अपने साथ..."

''शांत हो जाओ, भाई!'' कृष्ण ने कहा, ''तुम्हारे लिए अभी कुछ कार्य शेष है। मेरा, मेरा एक काम नहीं कर दोगे, मित्र?''

''आज्ञा, भगवन्!''

''अब मेरी···कृष्ण की आत्मा स्वधाम जाएगी,'' कृष्ण ने कहा, ''इस पार्थिव देह को इसी अवस्था में रहने देना। अर्जुन यहाँ आएगा। तुम उसे यह समाचार देना। और···और अर्जुन से कहना···'' कृष्ण रुक गए। उनकी आँखें चमकने लगीं। अपने दाहिने तलवे पर उनकी दृष्टि जम गई। वहाँ बहनेवाली रक्तधारा अब मंद हो चली थी। अपना दाहिना हाथ बढ़ाकर कृष्ण ने उस तलवे का स्पर्श किया। एक युग के पश्चात् मानो उनकी आँखों के सामने गोकुल आ खड़ा हुआ। व्रजभूमि के कालिंदी का प्रवाह सजीव हुआ।

राधा की आँख से टपके आँसू यहीं, ठीक इसी जगह, दाहिने पाँव के तलवे पर गिरे थे। बिदा की वह वेला—कृष्ण के चरणों में सिर रखकर राधा फफक उठी थी। और फिर आँसू, उसकी आँखों से कृष्ण के तलवों तक जैसे एक थरथराता तार था—आँसुओं का।

राधा से फिर कभी कृष्ण मिले नहीं।

''जरा···!'' कृष्ण ने बात पूरी की—''अर्जुन से कहना, गोकुल में···गोकुल में राधा को संदेशा भेजे कि कृष्ण की प्रतीक्षा अब व्यर्थ है। बस, इतना ही···अर्जुन से कहना, कृष्ण की बिदाई की बात गोकुल में राधा के कानों तक पहुँचाए, किंतु कृष्ण ने जरा के बाण को निमित्त बनाकर अपना यह जीवन समेट लिया है, यह बात राधा से न कहना, बस, वत्स! कल्याणमस्तु!''

''भगवन्, भगवन्···'' हिरण-कपिला दोनों मानो जरा की आँखों से बहने लगीं! ''मैंने महापाप किया है। पाप का इतना भयावह बोझ लेकर मैं जी नहीं सकूँगा। मुझे श्राप दीजिए। मुझे मृत्युदंड दीजिए। मुझे नरक दीजिए। मुझे···''

''कल्याणमस्तु!'' फिर कृष्ण एक बार बोले। स्वर पूर्ववत् स्वस्थ था, किंतु अधिक क्षीण! ''पाप आचरण नहीं, भावना है! आचरण कर्मप्रेरित निमित्त है—भावना ही आत्मप्रेरित है। तू भावनामुक्त है, वत्स। तुझे पाप स्पर्श नहीं करेगा···'' बोलते-बोलते कृष्ण ने आँखें मूँद लीं। उनके ओठों पर वही भुवनमोहिनी मुसकान विलसित हुई। तनिक ऊँचा उठा हाथ नीचे खिसक आया। फिर हवा में अचानक एक मधुर आलाप प्रकट हुआ। हिरण-कपिला के नीर

स्थिर हो गए। वातावरण की शीतलता अनोखी सुगंध से भर उठी थी। अदृश्य पुष्पों का मुलायम स्पर्श हुआ।

अभी तक व्यग्र और अत्यंत विह्वल जरा में कहीं से एकाएक प्राण संचरित हुए। उसने अनुभव किया कि वह तो विमुक्त है—फूलों की भाँति भारहीन! पाप का तनिक स्पर्श भी उसे न था! कृष्ण के शरीर से टपकता लहू लाल नहीं था, काला नहीं था! वह तो मेघधनुष था, मोरपंख था! मेघधनुष और मोरपंख के सागर के बीच उसने बाँसुरी का सुर सुना!...और फिर वह सुर धीरे-धीरे अतल-अनंत की यात्रा पर बढ़ता गया हो, इस तरह क्षीण होता गया। जरा ने अनुभव किया—वह दिव्य सुर सुन नहीं रहा है, देख रहा है; कान नहीं, आँखें बोल रही हैं।

बाँसुरी के सुर थम गए। हिरण-कपिला का नीर पुनः बहने लगा। हवा में अब मात्र शीतलता रही, सुगंध अलोप हो गई।

जरा चीत्कार कर उठा।

"कृष्ण! कृष्ण!!"

और फिर, क्षण-भर पहले जो कृष्ण के नाम से पहचाना जाता था, उस अचेत देह के सामने जरा लुढ़क गया। चोला ही तो था—मुख की मुसकान वैसी-की-वैसी, अगम्य, किंतु मुखरित थी। एक महायुग के अस्त के दर्शन का परम सौभाग्य मिला एक शूद्र को। एक हत्यारे को समर्पित करके कृष्ण ने समेट ली अपनी जीवन-लीला। और वह सिमटता क्षण निमिष मात्र में ब्रह्मांड में समा गया।

"राजन्!" अपना विवरण समाप्त करके फूट-फूटकर रोते जरा ने पहली बार अपना मुँह उठाकर अर्जुन की ओर देखा। आँसू की बाढ़ को पार करके पहुँची नजर स्तब्ध रह गई। अर्जुन के मुख पर छाई थी अथाह शून्यता, और आँखें बिलकुल कोरी, शुष्क, सूखी भी और सूनी भी।

प्रभात की सूर्य किरणों के प्रकाश में कुछ ही अंतर पर खड़ा था विशाल अश्वत्थ वृक्ष!

"परंतप!" दारुक ने अर्जुन के कानों के पास मुँह ले जाकर कुछ ऊँची आवाज में कहा, "कृष्ण की पार्थिव देह अश्वत्थ के सहारे पार्थ की प्रतीक्षा कर रही है—शेष कर्म निबटाए बिना देह-धर्म समाप्त नहीं होता।"

पर अर्जुन था कहाँ कि दारुक के शब्द सुनता! पीपल के वृक्ष की ओर

स्थिर दृष्टि और अविचल कदम···वह आगे जा रहा था, धीरे-धीरे उसी तरफ, धीरे-धीरे···और फिर वह पहुँच गया, एकदम सामने—निष्प्राण काया, चेहरे पर वही दैवी मुसकान, वैसी ही चैतन्यमयी। सूर्य की किरणें वृक्षपर्णों के बीच से छन-छनकर इस मुसकान पर बरस-सी रही थीं। अर्जुन को लगा, कृष्ण के होंठ हिल रहे हैं।

'···मैं अजनमा हूँ। निर्विकार स्वरूप में, प्राणिमात्र में व्याप्त हूँ, तथापि प्रकृतिक्रम से जन्म की माया धारण करता हूँ, अर्जुन!'

कौन बोला? किसके शब्द थे ये?···

शंखनाद और रणभेरियों के बीच—मृत्यु के महाप्रलय के बीच—अठारह अक्षौहिणी सेना के प्रचंड कोलाहल के बीच, छत्तीस वर्ष पहले उसके रथ की लगाम पकड़े-पकड़े कृष्ण ने जो कहा था, वह वाक्य अभी यहाँ कैसे सुनाई दिया? किसने दोहराया?

अर्जुन ने हाथ जोड़े···कृष्ण के चरणों में घुटने टेक दिए। उसके व्याकुल चेहरे पर स्थिरता छा गई।

सिर झुकाकर हौले से बोला, "अच्युत! फिर एक बार मैं मोहग्रस्त न हो जाऊँ, ऐसी कृपा की आपने! मैं धन्य हो गया, मधुसूदन। आप तो यहीं हैं, यहीं हैं···यहीं···"

सात

रथों, अश्वों, बैलगाड़ियों और पालकियों से घिरा एक मानव-समूह बिना आवाज के, धीरे-धीरे उत्तर दिशा की ओर बढ़ रहा था। रैवतक पर्वत को पीछे छोड़कर, सुराष्ट्र, पांचाल, आनर्त और मरुभूमि—एक-एक प्रदेश जैसे एक-एक दृश्य की तरह सामने आते और पीछे सरक जाते। समूह के आगे-आगे जो रथ चल रहा था, उसमें अर्जुन बैठा था। द्वारका छोड़े कई दिन बीत चुके थे और अब सप्तसिंधु के हरे-भरे प्रदेश का प्रवास अधिक लंबा नहीं था। शतद्रु के जल में नहाकर अगले दिन ही सबने थकान उतारी थी और अब पुण्यसलिला भागीरथी का तट निकट ही था।

कृष्ण के पार्थिव पंचमहाभूतों की अंतिम क्रिया के पश्चात् अर्जुन द्वारका लौटा। संपूर्ण द्वारका किसी प्रेतनगरी-सी भयंकर लग रही थी। अर्जुन की प्रतीक्षा में नगरवासी दुर्ग के द्वार के बाहर ही, इस तरह झुंड-के-झुंड खड़े थे मानो सब

सावधान हों कि हस्तिनापुर जाने में कहीं उनके कारण विलंब न हो जाए। रथ, अश्व और बैलगाड़ियों का वह जमावड़ा एक शिविर जैसा ही तो नजर आ रहा था। अर्जुन का रथ जैसे ही रैवतक की तलहटी में प्रविष्ट हुआ, कई वृद्ध और प्रमुख नगरजनों ने आगे बढ़कर अर्जुन से कहा—

"हे पांडवश्रेष्ठ! हमें यहाँ से ले चलो—अविलंब। कहीं ऐसी दिशा में ले चलो जहाँ कृष्णविहीन द्वारका हमारी नजरों में न आए। अब इस नगरी को देखना हम बरदाश्त नहीं कर सकते। आप जिस दिन से गए, उस दिन से हमने नगर के भीतर जाना छोड़ दिया है। बस, यहीं इस दुर्ग के बाहर खड़े आपकी प्रतीक्षा कर रहे हैं।"

यही तो वह भय था, जिसने अर्जुन को भी ग्रस लिया था! द्वारका में, कृष्णविहीन द्वारका में पाँव कैसे धरूँ? उन कँगूरों को देखते ही कहीं साँस तो नहीं थम जाएगी, जिनके नीचे अब कृष्ण नहीं हैं!···आज फिर वही दंश कुछ दूसरी तरह से कोंच रहा था—कृष्ण की पार्थिव देह का इन्हीं हाथों संस्कार करने के बाद द्वारका कैसे जाऊँ?

लेकिन, द्वारका ने फिर अर्जुन को सँभाला। समस्त आबालवृद्ध, स्त्रियाँ···नगर ही पूरा अर्जुन की व्यथा बाँटने सामने खड़ा था—व्यथा बँटी तो अर्जुन जरा हलका हुआ। कृष्ण ने सच ही तो कहा था, 'मैं तो निराकार स्वरूप में, प्राणिमात्र में व्याप्त हूँ, गुडाकेश!' अश्व, गाय, बैल, सब मौन वाणी में यही कह रहे थे, 'हम द्वारका में पाँव नहीं रखेंगे, धनंजय! चलो, हमें हस्तिनापुर ले चलो!' रुक्मिणी, सत्यभामा और तमाम यादव स्त्रियाँ भी पुरजनों के साथ दुःख में डूबी, अर्जुन की प्रतीक्षा कर रही थीं। दुर्ग के सारे द्वार खुले थे। समुद्र की लहरें दुर्ग के खंदकों में भरे पानी को अब निराधार, अरक्षित नगरी के खुले दरवाजों से उछालकर मार्गों पर धकेल रही थीं।

अर्जुन ने समुद्र की ओर देखा। उद्देश्यहीन उछलती तरंगों में आज कुछ विशेष ही अर्थ दिखाई दे रहा था—मानो कृष्ण नहीं रहे तो सभी ने अपनी मर्यादाएँ छोड़ दी हों। तभी तो ऐसा लग रहा था कि कृष्ण की उपस्थिति में द्वारका का चरण-प्रक्षालन करनेवाली यह जलराशि, कृष्ण की अनुपस्थिति में द्वारका के महलों पर चढ़ाई कर रही है! अर्जुन कुछ क्षण इन अमर्यादित लहरों को निहारता रहा, फिर पीठ फेरकर उसने उत्तर दिशा में प्रयाण किया।

पाँव चल रहे थे, रथ और गाड़ियों के चक्र गतिमान थे। अश्वों की हिनहिनाहट और रथों की घरघराहट—बस, ये ही थे जो प्रकृति की चेतनता के

प्रमाण थे; बाकी तो मानो अपनी समग्र चेतना को द्वारका के खंदकों में विसर्जित करके एक समूह-से आगे बढ़े जा रहे थे। सप्तसिंधु के रमणीय प्रदेश का सौंदर्य देखने के लिए किसीकी आँखें नहीं ठहरती थीं। शतद्रु तथा द्रषद्वती नदियों के मध्यभाग के पास से चलते हुए सबकी आँखें पूर्व क्षितिज पर टिकी हुई थीं—अब भागीरथी दूर नहीं! और भागीरथी के पार, हस्तिनापुर था ही कितनी दूर! हस्तिनापुर के प्रदेश में पाँव रखने की घड़ी समीप आ रही थी।

"कौंतेय!" अचानक अग्रिम रथ के अश्वों के नथुने फूल गए और उन्होंने दोनों अगले पाँव धरती पर जमा दिए। दारुक ने लगाम खींची। उसकी आवाज काँप रही थी, "अश्व आगे बढ़ने से इनकार कर रहे हैं…"

अर्जुन एकदम सावधान हो गया। उसका हाथ गांडीव पर पहुँच गया। उसने चारों दिशाओं में देखा। रथ रुक गया था। पीछे तमाम रथों, अश्वों का सिलसिला अचानक ही थम गया! मार्ग के दोनों ओर चलते सशस्त्र सवार भी अर्जुन का तेवर देखकर सतर्क हो गए।

पश्चिम दिशा में थी एक ऊँची-सी ढलान। वहीं पर अचानक ही जोरों की हलचल हुई। उत्तुंग शिलाओं की ओर से एक साथ असंख्य शस्त्रसज्जित पुरुषों का झुंड देखते-देखते मार्ग के मध्य में आकर खड़ा हो गया। कुछ शस्त्रधारी मार्ग के दोनों ओर ऊँचाई पर खड़े हो गए।

"मैं आभीर सेनापति कुर्कट तुम सबको आदेश देता हूँ कि अपनी सारी संपत्ति, जवान स्त्रियाँ और कुलीन अश्व हमारे सैनिकों को सौंप दो। क्षण-भर भी विलंब किया तो अपने प्राणों से हाथ धो बैठोगे!" अग्रस्थान पर खड़े एक हट्टे-कट्टे, तगड़े पुरुष ने धनुष की प्रत्यंचा की टंकार पर भयानक आवाज में घोषणा की।

"कुर्कट!" अर्जुन क्रोध से काँपने लगा, "अपनी और अपने साथियों की मृत्यु निकट ही समझ! महाभारत संग्राम के विजेता सव्यसाची अर्जुन के तीक्ष्ण बाण अभी ही तुझे और तेरे साथियों को यमलोक पहुँचा देंगे…"

"अर्जुन!" कुर्कट ने अट्टहास किया, "हाँ, मैंने भी सुना तो है कि कोई एक महायुद्ध हुआ था कई वर्ष पहले। किंतु जानते हो, उस युद्ध में आभीर कहीं नहीं थे; कुर्कट नहीं था। चलो, अच्छा हुआ उस युद्ध का एक अवशेष तो नजर आया!"

अर्जुन कैसे सहता यह? झपटकर उसने गांडीव उठाया, प्रत्यंचा पर हाथ रखा। किंतु तब तक कुर्कट के सैनिक अर्जुन के अस्तित्व को तृणवत् तुच्छ

समझकर यादव सैनिकों पर टूट पड़े थे। उन्होंने यादव रथ, अश्व, बैलगाड़ियाँ—सबको पलभर में छिन्न-भिन्न कर दिया।

"दारुक…" अर्जुन चीत्कार कर उठा, "दारुक, गांडीव आज इतना बोझिल कैसे हो गया? मेरे तूणीर के बाण…"

गांडीव से अर्जुन बड़ी कठिनाई से दो-चार बाण चला सका, और वे सब भी किसी अनाड़ी धनुर्धारी के बाणों की भाँति हवा में ही टूट-बिखर गए। अर्जुन के गात्र शिथिल हो गए, और स्थिति पहचानकर, कुर्कट ने आगे बढ़कर अर्जुन के रथ के अश्वों के कान पकड़ लिये।

"अर्जुन! यह कुरुक्षेत्र नहीं है! महाभारत का संग्राम अपनी प्रत्यंचा के जोर से जीतने की शेखी बघारनेवाले, यह क्या हाल है तेरा? कैसी दयनीय दशा है?…देखो अर्जुन, तनिक उस दिशा में दृष्टि डालो…" कुर्कट ने उसका ध्यान खींचा।

अर्जुन ने फिर स्वयं को सँभाला, सावधान किया; लेकिन गांडीव उसकी हथेली में स्थिर रहता ही नहीं था। उसी व्याकुलता में उसने पुनः दो-तीन बाण कुर्कट पर छोड़े। कोई बाण लक्ष्य तक न पहुँचा। यादव स्त्रियों का चीत्कार तेजतर होता जा रहा था। यादव सैनिक किसी प्रतिकार के बिना शरणागत हो गए थे और अर्जुन तो जैसे सारी युद्धविद्या भूलकर, हतप्रभ खड़ा-का-खड़ा रह गया था।

कुर्कट ने पुनः अट्टहास किया।

अर्जुन ने असहाय यादव-समूह की ओर दृष्टि डाली। कुर्कट के सैनिकों ने अश्व, धन सब हथिया लिये थे।

"दारुक, दारुक…" अर्जुन आर्तनाद कर उठा। उसने कुर्कट के मस्तक पर प्रहार करने के लिए गांडीव को दोनों हाथों में पकड़कर हवा में उठाया। लेकिन प्रहार तो दूर, गांडीव ही उसके हाथ से फिसलता हुआ रथ में गिर पड़ा। और इस झटके से वह स्वयं भी लड़खड़ा गया। ऐसा तो पहले कभी नहीं हुआ था। अर्जुन और गांडीवविहीन? यह क्या हो रहा है! यही गांडीव था, जो उसके इशारे पर फूल-सा हलका हो जाता था और वह उसे मनचाहा घुमाता-तानता था; पर आज…

"धनंजय!" दारुक ने अर्जुन को सावधान किया, "यह द्विधा व्यर्थ है, तात! तनिक देखिए उधर—यादव स्त्रियाँ आपको, सव्यसाची, गांडीवधारी अर्जुन को परास्त होता देख अरि की विजय का स्वागत कर रही हैं…"

"अर्थात्?" अर्जुन ने मुड़कर देखा, वह स्तब्ध रह गया। अपनी जिस आंतरिक विवशता से वह व्यथित था, उससे कहीं ज्यादा व्यथित करनेवाला करुण दृश्य उसकी आँखों के सामने था—यादव स्त्रियाँ स्वेच्छा से ही कुर्कट के आभीरों के संग जा रही थीं!

"देख लिया न, अर्जुन!" कुर्कट रथ के अश्वों की पीठ पर मुक्का मारते हुए बोला, "ये स्त्रियाँ हैं, जो सदैव विजय को ही वरण करती हैं! तेरे बाणों की व्यर्थता ने इन्हें तेरी व्यर्थता बतला दी है! देखो अर्जुन, स्त्री और संपत्ति का सर्जन विजेता के लिए ही हुआ है; पराजित और कायर पुरुष उनकी रक्षा नहीं कर सकते। इसलिए ये स्त्रियाँ स्वयं विजेता के गले की वरमाला बनने को…"

"नराधम कुर्कट, चुप रह!" अर्जुन ने अंतिम प्रयास किया, "जिन स्त्रियों का तू अपमान कर रहा है, वे स्त्रियाँ यदुनंदन कृष्ण और हलधर बलराम…"

अर्जुन अपना वाक्य पूरा करता कि उससे पहले ही कुर्कट ने अपना शंख फूँका। शंखनाद से दिशाएँ गूँज उठीं।

"देवी सत्यभामा!" बोलते-बोलते अर्जुन रथ से कूदकर दौड़ पड़ा। लेकिन उसके पाँव लड़खड़ाए और स्वयं को संयत करते-करते भी वह लुढ़क गया।

"डरो नहीं, अर्जुन!" कुर्कट ने व्यंग्य से हँसते हुए कहा, "इन वृद्ध स्त्रियों को मेरे सैनिक हाथ भी नहीं लगाएँगे। तेरे सैनिक तो सब मर चुके हैं…हमारा लक्ष्य पूरा हुआ है, जवान स्त्रियाँ और धन-संपत्ति के सिवाय कुछ भी मेरे काम का नहीं। संपत्ति मैंने जीत ली है और युवतियाँ स्वेच्छा से ही विजेता की प्रियपात्र बनने की होड़ में लगी हैं—तू देख ही रहा है।"

कुर्कट की बात बड़ी कटु थी, वाणी बड़ी कर्कश थी; किंतु उसका सत्य? उससे तो इनकार नहीं किया जा सकता था। यादव युवतियाँ हँसती-खिलखिलाती स्वयं ही आभीर सैनिकों के हाथ पकड़कर जा रही थीं।

"दारुक…" अर्जुन आँखें खुली न रख सका, "कृष्ण-बलराम के यादव कुल की ये कुलीन स्त्रियाँ…"

"अब कृष्ण-बलराम नहीं हैं, कौंतेय!" दारुक निराश होकर बोला।

कुछ देर में अर्जुन ने आँखें खोलीं। कुर्कट और आभीर सैनिक ढलान चढ़ रहे थे। यादव-समूह छिन्न-विच्छिन्न हो चुका था। अधिकांश सैनिक तो आभीरों के

हाथों मारे गए थे, कुछ मृतप्राय पड़े थे।

"दारुक!" अर्जुन धीरे से बोला, "महाभारत का युद्ध किसने जीता था?"

उसकी उदास दृष्टि गांडीव पर टिक गई।

दारुक निरुत्तर रहा—उसकी आँखों में झलक आए आँसू भले कुछ कह रहे हों। कृष्ण की पार्थिव देह देखकर उसे जैसा आघात लगा था, आज वह उससे भी कहीं अधिक मर्माहत था।

गरजता हुआ एक प्रचंड महाघोष उठा, अर्जुन के कानों से टकराया और उसे चेतन कर गया!

'...हे परंतप! यह भीष्म, यह द्रोण, यह जयद्रथ और यह कर्ण—इन सबका हनन मैं कर चुका हूँ। ये मृत हैं। शोक किए बिना तू इनके हनन में निमित्त मात्र बन, पार्थ...' यह किसने कहा था?...कब?...किससे?...जैसे आँखों पर से परदे गिरे।

कृष्ण ने ही उसे महाभारत में विजय दिलाई थी। और अब कृष्ण नहीं थे। महाभारत का विजयी वीर अर्जुन तो निमित्त मात्र था। भीष्म, द्रोण, जयद्रथ और कर्ण—इन सबको किसने मारा था? अर्जुन ने? कैसा भ्रम था!

"दारुक," अर्जुन धीरे-धीरे बोला, "कृष्णरहित अर्जुन का सामर्थ्य देख रहे हो? प्राणरहित पार्थिव देह-भर समझो इसे! विचित्र है, भाई, कि यह बात समझने के बाद भी समझ में नहीं आती..."

"क्या नहीं समझ में आता, पार्थ?"

"यादव स्त्रियाँ स्वेच्छा से इन असंस्कृत, जंगली आभीरों के संग कैसे चली गईं?"

"धनंजय!" दारुक ने कहा, "हम जिनकी रक्षा नहीं कर सके, वे अन्यत्र सुरक्षा खोज लें, यह तो प्रकृति का नियम है! कुर्कट विजेता था और स्त्रियाँ सदैव विजेता को वरमाला पहनाकर अपनी सुरक्षा की व्यवस्था कर लें, यह तो स्वाभाविक ही है, धनंजय!"

अर्जुन शांत हो गया।

बचे-खुचे सैनिकों और अन्य पुरुषों की सहायता से अस्त-व्यस्त रसाले को ठीकठाक करके अर्जुन ने पुनः यात्रा आरंभ की। आधा ही रह गया था उनका समूह! चेतना तो पहले ही चुक गई थी। अब तो मानो मरे साँप को असंख्य चींटियाँ घसीट रही हों, बस इतना ही स्पंदन शेष था। वे कहाँ जा रहे हैं, जैसे

उन्हें स्वयं ही पता न हो।

सूर्य ढलने लगा था। दोपहर से लगातार चल रही यात्रा जैसे संज्ञा-शून्य, बस चली ही जा रही थी। मूक पशुओं के पाँव जब लड़खड़ाने लगे, तब जाकर कुछ चैतन्य का आभास हुआ।

दूर से भागीरथी का तट नजर आया। उसके धवल जल पर लोटती अस्त होते सूर्य की किरणें जैसे सुवर्ण जालियों का परदा बुन रही हों। और इस जाली के पार, सुवर्णमय प्रकाश से आलोकित और आच्छादित एक मनुष्य गंगाजल के अर्घ्य से संध्या कर रहा था।

''महाबली!'' दारुक ने पुकारा।

''नहीं दारुक, नहीं, अब यह संबोधन अर्थहीन है! अर्जुन की दुर्दशा तो तुमने अपनी आँखों से देख ली है न!'' अर्जुन ने निराशा से कहा।

दारुक मौन रहा, फिर पूछ गया, ''यहीं रात बिताने का प्रबंध करें?''

अर्जुन रथ से नीचे उतरा। दारुक व्यवस्था में लग गया। गंगातट पर संध्या-वंदन करनेवाले साधु का इस हलचल की ओर ध्यान गया तो उसकी आँखें चमक उठीं। मंत्रोच्चार समाप्त कर वह अर्जुन के पास आया—

''पृथापुत्र!'' अर्जुन के बिलकुल निकट आकर उसने बेध्यान अर्जुन को पुकारा।

अचकचा गया अर्जुन।

''उद्धव! आप···आप यहाँ?'' आश्चर्य जैसे आकार लेकर अर्जुन के मुँह से बाहर आया।

''हाँ, अर्जुन,'' उद्धव ने कहा, ''कृष्ण ने मुझे तीर्थयात्रा के लिए भेजा था। द्वारका का कोई समाचार?'' और तभी खुले मैदान में जैसे-तैसे पड़ाव डालते हुए जनसमूह पर उसकी दृष्टि पड़ी। अचानक ही उसका स्वर बदल गया। चिंता उभर आई। पूछा, ''यह···यह, मैं यह क्या देख रहा हूँ, पार्थ? द्वारका के ये नगरवासी?···''

''उद्धव?'' अर्जुन ने धीरे से कहा, ''अब द्वारका नहीं है—अब द्वारका कहीं नहीं रही, उद्धव! अब हम द्वारका को कहीं, कभी नहीं देख सकेंगे···''

उद्धव ने आँखें मूँद लीं। उसके होंठ कुछ बुदबुदाए। प्रकृति को प्रणाम कर रहा हो, इस तरह उसने हाथ जोड़े, सिर झुकाया।

''मात्र द्वारका ही नहीं, समस्त द्वापर युग महाकाल की अंजुलि में समा

गया, अर्जुन!'' उद्धव बोला, ''अनंत सूर्य अस्तगत हुए…''

रात की चादर ने सप्तसिंधु को पूरी तरह लपेट लिया।

आठ

तनिक भी विचलित हुए बिना उद्धव ने अर्जुन के मुख से यह कष्टदायी कथा ध्यानस्थ होकर सुनी। रात बहुत बीत चुकी थी। थके-हारे, परास्त यादव मानो अंधकार का एक हिस्सा बनकर भागीरथी के तट पर जहाँ-तहाँ पड़े थे। बचे हुए अश्व और बैल भी उसी अंधकार में अपनी थकान मिटा रहे थे। अपनी बात पूरी की अर्जुन ने और फिर सामने गंगा के प्रवाह की ओर देखा! प्रवाह ने तो मानो अर्जुन का एक शब्द भी नहीं सुना—वह बहा जा रहा था। अर्जुन ने उद्धव की ओर देखा। धुँधले चंद्र-प्रकाश में उद्धव का चेहरा भी गंगा के प्रवाह की भाँति ही…

''उद्धव!'' व्याकुल होकर अर्जुन बोला, ''यह दारुण वृत्तांत सुनकर भी आपको कुछ कष्ट नहीं हो रहा?''

उद्धव हँसे।

अर्जुन और अधिक व्याकुल हो उठा।

''आप…आप हँस रहे हैं, उद्धव?…आपको क्या हो गया है?''

''मुझे कुछ नहीं हुआ है, अर्जुन।'' उद्धव ने अपनी लंबी चुप्पी तोड़ी, ''भाई, हमारी आँखों से गंगा का यह प्रवाह मात्र ही दिखाई देता है। कृष्ण की आँखों को गंगा का आदि और अंत दोनों साफ दिखाई देते थे।''

''गंगा का अंत?''

''हाँ, पृथापुत्र!…यह गंगा भी तो एक दिन यहाँ नहीं थी। सगर-पुत्रों को मोक्ष दिलाने के लिए भगीरथ इसे स्वर्ग से यहाँ लाया; कल स्वर्ग का कोई दूसरा भगीरथ इसे वापस ले जाए तो उसमें कैसा आश्चर्य, तात? यह सप्तसिंधु, यह भागीरथी, वह हिमालय—ये सब कभी-न-कभी तो अवश्य महाकाल के गर्त में लुप्त हो जाएँगे। कदाचित् वह समय हजारों वर्ष पश्चात् आए—किंतु समय को वर्षों में नापनेवाले हम कौन होते हैं। हिमालय की विशालता या प्रवाह को हम कब और कहाँ नाप सके हैं। उसी प्रकार महाकाल…''

''उद्धव!''

''हाँ, तात!'' उद्धव की नजरें आकाश की ओर उठीं, ''यादव प्रभासक्षेत्र की यात्रा पर जब निकले, उसकी पूर्वसंध्या कृष्ण ने मुझसे जो कुछ कहा था,

उसका संकेत तक मैं नहीं समझ सका था—आज मैं समझ रहा हूँ।''

''कृष्ण ने क्या कहा था, उद्धव?'' अर्जुन की आवाज में उत्कंठा थी।

''कृष्ण ने ही तो कहा था...'' उद्धव के नेत्र अपलक हो गए।

''उद्धव! भाई, कल रात निद्रावस्था में मुझे चूहे के दंश का अनुभव हुआ...'' कृष्ण ने उद्धव को बुलाकर इतने धीरे से कहा मानो कान में कह रहे हों।

''यह आप क्या कह रहे हैं, मधुसूदन!'' कृष्ण की बात सुनते ही उद्धव अस्वस्थ हो गए थे, ''निद्रावस्था में भी चूहे जैसा क्षुद्र जंतु आपको दंश दे...''

''महाकाल के साम्राज्य में कोई जीव क्षुद्र नहीं, उद्धव! मात्र काल ही समर्थ है—अन्य सारे जीवमात्र निमित्त हैं!'' कृष्ण गंभीर हो गए। बोले, ''भूल गए भाई, माता गांधारी के शाप की अवधि आ रही है...महायुद्ध के छत्तीस वर्ष बाद वृष्णिवंश...''

कृष्ण ने वाक्य अधूरा ही छोड़ दिया; किंतु उद्धव उसे पूरी तरह समझ गए। वे एक ही शब्द बोल सके, ''कृष्ण!''

''चूहे का दंश!...उद्धव, यह काल का संकेत है!...'' कृष्ण ने कहा, ''इस संकेत को स्वीकार करके जो महाकाल के चरणों में बैठ जाए, उसे महाकाल स्पर्श नहीं करता। जो उसे न पहचाने, ऐसे नासमझ को महाकाल ब्रह्मांड के क्षितिजों में समा देता है और जो समझने पर भी उसको स्वीकार नहीं करता उस मूढ़ को तो महाकाल लोक या परलोक कहीं भी टिकने नहीं देता...''

उद्धव ने चाहा, कृष्ण बोलते रहें, बोलते ही रहें तो कितना अच्छा!

''यादव सुराप्रिय हैं, उद्धव! स्वयं बलराम को भी यहाँ द्वारका में मद्यपान का निषेध अप्रिय हो रहा है। सब चोरों की तरह छिपकर, चुपचाप सुरापान करते हैं। मैं यह सब जानता हूँ। जिस क्षण यादवों को ज्ञान हो जाएगा कि उनका यह चौर्यकर्म मैं जानता हूँ और फिर भी कुछ करता नहीं, उसी क्षण मर्यादा लुप्त हो जाएगी, उसके बाद ये यादव कृष्ण के सम्मुख सुरापान करेंगे; मैं उसे अनदेखा नहीं कर सकूँगा, उद्धव, वह मेरे लिए बहुत भारी पड़ेगा!''

''आप...आप उन्हें रोकते क्यों नहीं, वासुदेव?'' उद्धव ने बालसुलभ सरलता से पूछा।

''अब उन्हें रोकने का प्रयत्न करना व्यर्थ है, उद्धव!'' कृष्ण बोले, ''वह रोकना तो महाकाल के संकेत का अतिक्रमण होगा।''

फिर कुछ रुककर कृष्ण ने कहा, ''इन सब यादवों को लेकर मैं तथा बड़े

भैया बलराम प्रभासक्षेत्र जाएँगे। मद्यनिषेध तो द्वारका में है, प्रभासक्षेत्र में नहीं।''

''अर्थात्... ?''

''नहीं समझे, उद्धव?'' कृष्ण की मोहक मुसकान फैल गई, ''यहाँ की नियंत्रित वृत्तियाँ वहाँ अनियंत्रित हो जाएँगी। वहाँ उसका अमर्यादित रूप प्रकट होगा। विवेक-बुद्धि खो जाएगी...और...और बुद्धिनाश से ही माता गांधारी के वचन यथार्थ होंगे...''

''कृष्ण...कृष्ण, इस सर्वनाश को जानकर भी...''

''हाँ, जानकर भी! जानकर भी हम रोक नहीं सकते, यही तो महाकाल की महानता है?'' कृष्ण का वही मोहक, मधुर हास्य! ''उद्धव! जिनके कार्य समाप्त हो गए हों, उन्हें ही महाकाल छूता है! कृष्ण, बलराम और सब यादवों के युगकर्म अब समाप्त हो गए हैं...लेकिन उद्धव, तेरे लिए, मात्र तेरे लिए अभी एक कर्म शेष है...''

स्तब्ध रह गए उद्धव!

समस्त वृष्णिवंश के कर्म समाप्त होने के बाद भी उद्धव के लिए भला कौन-सा कर्म शेष रह गया? वे कृष्ण के चेहरे में कुछ खोजने लगे।

''वह कर्म यथासमय तुझे ज्ञात होगा...'' कृष्ण का स्वर अचानक ही कुछ बदल गया; मानो दूर कोई आदेश दे रहा हो, ''तू कल सुबह यहाँ से तीर्थयात्रा के लिए निकल पड़ना, भाई। प्रभासक्षेत्र का भावी तेरे लिए नहीं...''

''वासुदेव! गोविंद!!'' उद्धव गद्गद हो गए—''तीर्थयात्रा में मैं आपको कैसे देख सकूँगा?''

''तात!'' कृष्ण ने कहा, ''शरीर के गुण-दोषों से आत्मा का लोप नहीं होता। अब तू आकाश में उस आत्मा के दर्शन करना।''

उद्धव निरुत्तर हो गए, इसलिए मौन हो गए।

''ओह, यही तो है कदाचित् वह शेष कर्म...'' उद्धव आगे शब्दों में जो भी कहते, कह नहीं पाए। अर्जुन जरूर उद्धव से सुनकर द्वारका की उस संध्या को प्रत्यक्ष देखने लगा था। उसकी आँखों में चमक आ गई। वह बोल पड़ा, ''आप गोकुल आइए, उद्धव! कृष्ण का संदेशा राधा को पहुँचाना है...''

जरा की कही बात अर्जुन भूला नहीं था; उद्धव की बातें सुनते-सुनते वह बात फिर ताजा हो गई। कदाचित् इसी कार्य के लिए कृष्ण ने उद्धव को यादवी से उबार लिया हो। राधा को यह दारुण समाचार देने के लिए उद्धव से अधिक

सुयोग्य पात्र दूसरा कौन हो सकता है!

राधा!—अर्जुन नाम तो ले गया, पर भीतर क्या कुछ झंकृत हो उठा!

अर्जुन ने देखा—उद्धव भी कुछ विचलित हो उठे।

उद्धव की आँखों के सामने अब भागीरथी का नीर नहीं था। कृष्ण, द्वारका या अर्जुन भी नहीं थे। उनकी आँखों के सामने तो कलकल निनादित कालिंदी थी, कदंबवृक्ष और गोवर्धन पर्वत थे, गोधन और रास रचती गोप-कन्याएँ थीं; और वह एक गोप-कन्या?…

राधा को कैसे कह सकूँगा मैं कि अब कालिंदी का जल और कदंब का वृक्ष दोनों अचेत हो गए हैं?

"…और उद्धव! कृष्ण ने यह भी कहा है कि…" अर्जुन ने संदेशा पूरा किया, "कृष्ण का देह विलय जिस प्रकार हुआ, उसका कोई वर्णन राधा के आगे न करें। मात्र इतना कि कृष्ण की देह विलय हो गई…विलय, बस, और कोई बात नहीं…"

उद्धव को याद आया, एक कौंध-सी—कंस ने जब किशोर कृष्ण को मथुरा बुलाया था, तब जो अक्रूर के साथ गोकुल छोड़कर कृष्ण गए तो फिर कभी गोकुल लौट न सके। सबकुछ छूट गया, व्रजभूमि फिर तो सदा ही दूर रही। मथुरा, द्वारका, इंद्रप्रस्थ, हस्तिनापुर, प्रागज्योतिषपुर—कितने-कितने स्थानों पर कृष्ण जाते-आते रहे। बस, एकमात्र व्रजभूमि ही थी जो उनसे सदैव वंचित रही!

राधा…

व्रजभूमि की यह गोप-कन्या कदाचित् अभी भी कृष्ण की प्रतीक्षा करती होगी। अपने श्याम के स्वागत के लिए कदाचित् अभी भी मथुरा की दिशा में टकटकी लगाए बैठी होगी।

'अब तुम्हारी यह टकटकी टँगी ही रहने वाली है, राधा!' उद्धव बुदबुदाए, किंतु तत्क्षण उन्होंने अपने होंठ मजबूती से भींच लिये—क्यों, कृष्ण ने अपने देहोत्सर्ग की पूरी कथा से राधा को क्यों नहीं अवगत कराना चाहा? और…और कृष्ण जैसे युगपुरुष के अंतर में भी राधा को यह संदेशा पहुँचाने की ऐसी मानवीय लालसा प्रकट क्यों हुई होगी? फिर उद्धव अचानक चौंक उठे।

कृष्ण के विषय में मानो सतर्क हो गए। यह सब क्या सोच रहा हूँ मैं। कृष्ण के बारे में सवाल कैसा? तनिक लज्जित भी हुए वे। क्या कृष्ण की कोई

बात कभी किसीकी समझ में पूरी आई है ? कदाचित् राधा ही मेरे मन की उलझन सुलझा सके।

"ठीक है, कृष्ण के इस अंतिम कर्म को पूरा करने का निमित्त मैं बनूँगा!" उद्धव ने कहा, "मैं गोकुल जाऊँगा। व्रजभूमि के कण-कण से कहूँगा—अब कृष्ण का अस्तित्व इन सारे कणों में व्याप्त हो गया है!" फिर उनका स्वर बदला। अचानक उद्धव के कान खड़े हो गए, "धनंजय! गंगा के प्रवाह पर तैरती कोई आवाज सुनी तुमने ?"

अर्जुन सावधान हो गया। प्रवाह की कलकल ध्वनि के सिवा सब अशब्द था। पर कुछ था, जो मात्र उद्धव ही सुन पा रहे थे।

'...अग्नि अप्रकट हो तो भी उसका अस्तित्व नष्ट नहीं होता, उद्धव! दु:ख का प्रधान कारण आसक्ति है...'

कृष्ण ने ही तो यह बात उससे कही थी तीर्थयात्रा पर निकलने के समय। कृष्ण की ही यह बात वह व्रजभूमि के हर कण से कहेगा। कितनी सरल है यह बात!

"अर्जुन!" शब्दों के संस्पर्श मात्र से उद्धव की आवाज बदल गई। अब वह पूर्ण स्वस्थ हो गया था। व्याकुलता की घड़ी पार हो गई थी, "कल प्रात:काल हमारे मार्ग अलग-अलग हो जाएँगे। हम फिर से युगकर्मों के अधीन हो जाएँ, इससे पहले मुझे तुमसे एक बात कहनी है..."

अर्जुन उद्धव की बात सुनता रहा।

"आभीर सेनापति कुर्कट जैसे शूद्र और जंगली के हाथों परास्त होने के बाद..." उद्धव अटक गया।

"कहो, उद्धव! निस्संकोच कहो। इस पराजय को मैं अभी भी समझ नहीं पा रहा हूँ।"

"इसीलिए तो कह रहा हूँ, पार्थ! उस पराजय के क्षणों में तुमने जो देखा—यादव स्त्रियों ने स्वेच्छा से तुम्हारा संरक्षण अस्वीकार किया, कुर्कट के समक्ष तुम और तुम्हारा गांडीव दोनों बौने सिद्ध हुए—यह सब भी कृष्ण ने जैसा कहा था, वैसा ही महाकाल का संकेत है, अर्जुन! इस संकेत को समझकर अब..." उद्धव फिर अटके।

"क्या, अब क्या, उद्धव ?..."

"अब जीवनयात्रा के शेष वर्ष परब्रह्म को समर्पित करके, शरीर को उसके बाह्यधर्म संपन्न करने देने चाहिए, अर्जुन! अधिक तो कदाचित् तुम्हें

युधिष्ठिर ही समझा सकेंगे···'' उद्धव ने नजर हटाकर बात पूरी की।

उद्धव की बात का मर्म समझने के प्रयत्न में अर्जुन ने भी नजर हटा ली। आँखें मूँद लीं। उन मुँदी आँखों में निद्रादेवी कब पधारीं, उसे पता ही न चला।

किंतु उद्धव की आँखों में नींद नहीं थी।

स्मृति-तंतुओं के सहारे गोकुल के जिस बालक कृष्ण का रूप उद्धव याद किया करते थे, उसी रूप ने तो उद्धव को बाँध रखा था। कालिय-मर्दन, धेनुकासुर-बकासुर का वध, गोवर्धनधारी कृष्ण—ये सब जब घटे, उद्धव कृष्ण के साथ थे। कृष्ण का कोई पहलू अपरिचित नहीं था उद्धव के लिए। अंत में जब वह द्वारका छोड़कर तीर्थयात्रा के लिए निकला, तब भी कृष्ण ने उसके समक्ष ज्ञान-मंजूषा खोलकर रख दी थी और जो परमवाणी···

···फिर भी कृष्ण के विषय में उद्धव कहाँ कुछ जानते थे! जीवनलीला समेटने के अंतिम क्षण में कृष्ण ने राधा को याद किया—जिस राधा से कृष्ण गोकुल छोड़ने के बाद फिर कभी नहीं मिले, जिस राधा का कृष्ण ने कभी कोई उल्लेख किसीके सामने नहीं किया, वह राधा, कृष्ण के हृदय में वह राधा इस हद तक बसी थी—आज उद्धव को कितना रोमांच हो रहा था यह जानकर! वह मुग्ध हो गया था कृष्ण के इस रूप पर।

कृष्ण तो अतिमानव थे, महामानव थे—उद्धव ने मन-ही-मन सोचा, होंगे, पर इस समय कृष्ण का यह मानवी रूप—यह अत्यंत रमणीय लग रहा था। कृष्ण का नाम रटती राधा, दूसरी गोपियाँ—उद्धव ने सबको देखा था। किंतु राधा की रटन करते कृष्ण का दर्शन?···यह सौभाग्य तो उस जरा बहेलिये को ही मिला न! इसकी एक टीस उद्धव के मन में जागी। जरा के बारे में उद्धव के मन में अहोभाव प्रकट हुआ···उस क्षण कृष्ण की आँखों के सामने जो अंतिम दृश्य प्रत्यक्ष हुआ होगा, उसमें मात्र राधा ही रही होगी? या फिर समग्र व्रजभूमि होगी?···और यदि व्रजभूमि होगी तो उस दृश्य में स्वयं वह भी कहीं जरूर होगा। अतीत के इस स्मरण के संग-संग अपनी जीवनलीला को समेटते कृष्ण का चेहरा कैसा देदीप्यमान, कितना दर्शनीय होगा—इसकी कल्पना में ही उद्धव का मन कहीं खो गया।

उन्होंने पूर्व दिशा में आँखें उठाईं। किरणें फूटने को ही थीं। थके-सोए यादव यात्रियों में अभी कोई हलचल न थी। अर्जुन उद्धव के पास ही बेसुध था। उद्धव उसका चेहरा देखते रहे। उनके हृदय में अर्जुन के लिए करुणा जागी। कुछ

देर पहले उन्होंने अर्जुन को महाकाल का संकेत पहचान लेने की जो बात कही थी वह…

उद्धव के मन में फिर एक रेखा खिंचने लगी—राधा को संदेशा पहुँचाने का यह शेष कर्म कदाचित् उनके बाद भी भावी का संकेत हो! उन्होंने फिर विचार किया—यह कर्म पूरा हो उसके बाद?…जैसा कृष्ण कहते थे, मैं भी वैसे ही स्वयं को महाकाल के चरणों में सौंपकर…संकेत सबके लिए है…महाकाल का संकेत!…

बस, जैसे निर्णय स्थिर हो गया, बाधाएँ गिर गईं।

हाथ में कमंडलु लेकर उद्धव उठ खड़े हुए। गंगा के प्रवाह पर दृष्टिपात करके उन्होंने ब्रह्मस्मरण किया और प्रात:विधि के लिए चल पड़े।

अर्जुन ने जब आँखें खोलीं, तब उद्धव गंगा के प्रवाह में कमर तक जल के बीच खड़े-खड़े प्राची-किरणों को प्रणाम कर रहे थे।

नौ

ॐ

हस्तिनापुर में महाराज युधिष्ठिर के भव्य प्रासाद के श्वेत संगमरमरों को सहलाकर, सूर्य-किरणें राजमार्ग पर पुन: लौटीं—संगमरमर की सफेदी अब परछाईं-सी धुँधली हो रही थी, और राजमार्ग पर एक रथ था—अर्जुन था।

सदा गांडीवधारी अर्जुन को देखने की अभ्यस्त पुरजनों की आँखें, आज गांडीवविहीन अर्जुन को देखकर अपने आप नीची हो गईं। कंधे पर गांडीव का निशान था और पीठ पर अक्षय तूणीर का चिह्न भी साफ-साफ दीखता था। किंतु इस तरह नि:शस्त्र अर्जुन! उसका ऐसा रूप तो पुरजनों ने कभी देखा नहीं था। राजमहल के द्वारपालों ने अपने शस्त्र झुकाकर अर्जुन का यथोचित स्वागत किया—अर्जुन ने उन्हें देखा भी या नहीं, अनुमान लगाना संभव नहीं था। वह अपने महल से होकर आ रहा था। उसने अपना गांडीव, राजचिह्न सब वहीं छोड़ दिया था और महाराज युधिष्ठिर को प्रणाम करने यहाँ आया था।

प्रासाद में सबकुछ तो वैसा ही था—यथास्थान, यथोचित! कहीं कुछ बदला नहीं था। गुंबजों पर फहराती ध्वजाएँ तथा गवाक्षों से बँधे बंदनवार हस्तिनापुर की क्षेम-कुशलता के प्रतीक बने हुए थे। अश्वों में हलचल भी थी और अश्वपाल अपने काम में व्यस्त थे। दूसरे सेवक भी रोज के निजी कार्यों में डूबे थे। सबकी नजरें अनायास उठीं और क्षणभर के लिए अर्जुन पर ठहरीं।

अर्जुन को लगा, उससे यह नजर सही नहीं जाएगी।

लंबे-लंबे डग भरता वह ज्येष्ठ भ्राता के आरामकक्ष की ओर जाने लगा। सामने ही युधिष्ठिर थे—मानो उसीकी प्रतीक्षा में खड़े हों। अचानक उन्हें सामने पाकर अर्जुन तनिक अचकचाया, और फिर उसे याद आया—द्वारका से कृष्ण का संदेशा लेकर दारुक आए थे और वह उनके साथ ही हस्तिनापुर से रवाना हुआ था। उस दिन महाराज युधिष्ठिर ने उसके मस्तक पर हाथ रखकर आशीर्वाद दिया था—'धनंजय! भाई! द्वारका और यादवों के योगक्षेम का कार्य तो कृष्ण करते हैं; किंतु उनके योगक्षेम का, माधव का समाचार लेकर तुम जल्दी लौटना। हम सब तुम्हारी प्रतीक्षा करेंगे!'

अर्जुन लौटा जरूर—हस्तिनापुर ही लौटा—और महाराज युधिष्ठिर की प्रतीक्षा का अंत भी हुआ, किंतु महाराज युधिष्ठिर जिनका योगक्षेम जानना चाहते थे, उनका योगक्षेम···क्या कहेगा अर्जुन उनसे कि कृष्ण···

किंतु नहीं, युधिष्ठिर तक यह दारुण अमंगल समाचार पहुँचाने का कठिन दायित्व उसे नहीं निभाना पड़ेगा। हस्तिनापुर के राजमार्गों पर ही यह आभास मिलने लग गया था कि वह समाचार किसी काली घटा-सा यहाँ फैल चुका है।

गांडीवविहीन अर्जुन की देह—उसपर गांडीव के अस्तित्व की निशानियाँ तो थीं, पर गांडीव नहीं था—तो भला यही बहुत कुछ नहीं कह रहा था!

अर्जुन ने आगे बढ़कर ज्येष्ठ भ्राता की चरण वंदना की। "बड़े भैया··· !" उसकी आँखें झुक गईं और मस्तक भी।

"कल्याण हो, तात!" युधिष्ठिर ने छोटे भाई के माथे पर हाथ रखा।

"कल्याण-प्राप्ति का अधिकार मैंने गँवा दिया है, महाराज!" अर्जुन ने कहा।

"स्वस्थ हो जाओ, भाई! समाचार मुझे मिल गया है। कृष्ण का महाप्रस्थान भी सुना मैंने और आभीरों के हाथों तुम्हारी पराजय भी···"

अर्जुन जैसे स्वयं को काबू में करता रहा। फिर बोला, "जिन कृष्ण ने महाभारत युद्ध में सदैव हमारी रक्षा की, उन कृष्ण की अनुपस्थिति में उनका सौंपा एक कार्य भी मैं न कर सका!···ऐसी शिथिलता, ऐसा असामर्थ्य? यादव स्त्रियों की रक्षा करने में मैं असफल रहा, इसका दंश कैसे भूल जाऊँ?" विकलता से अर्जुन के शब्द लड़खड़ा रहे थे।

युधिष्ठिर ने नन्हे बालक की भाँति अर्जुन का हाथ पकड़ लिया और उसे

बड़े जतन से ले जाकर अपने पास के आसन पर बिठाया और उसके सिर पर अपना हाथ रखकर बोले, "तात, जिस दंश की तुम बात कर रहे हो, उस दंश का कोई मतलब भी तो है! अर्जुन! कृष्ण की बिदाई यदि प्रकृतिक्रम का हिस्सा थी, यह समझकर हमने धीरज धरा है, तो आभीरों के हाथ तुम्हारी पराजय भी क्या उसी प्रकृतिक्रम का अंग नहीं हो सकती, भाई? यह पराजय···अर्जुन, तुम्हारी-हमारी यह विफलता एक संकेत है···" युधिष्ठिर ने एक पल रुककर अर्जुन के चेहरे पर नजर डाली। मानो उसे व्यथामुक्त देखना चाहते हों और फिर बोले, "यह हमारे जीवन-कार्यों की समाप्ति का संदेश है, तात!"

अर्जुन अवाक् रह गया।

"बड़े भैया!!···" अर्जुन को उद्धव की बात याद हो आई।

"हाँ, तात, जानते हो, राजमहल के सुवर्णपात्रों में परोसे पकवानों में मुझे आजकल कीड़े बिलबिलाते हों, ऐसा भास होता है···" युधिष्ठिर ने आँखें मूँद लीं, "आधी रात को बकरों की आवाज और सियारों के रोने की ध्वनि कानों में गूँजती है और नींद टूट जाती है।"

"महाराज, ये सारे संकेत···"

"हाँ, अर्जुन, ये सारे संकेत हैं, जो बता रहे हैं कि जीवन-कार्यों की समाप्ति के बाद का मार्ग समय रहते पहचान लेना चाहिए। कृष्ण के देहोत्सर्ग के बाद अब हमारे लिए भी महाप्रस्थान की घड़ी आ पहुँची है। मृत्यु अपने विकराल जबड़ों में हमें कस ले, उससे पहले ही हमें प्रकृतिक्रम स्वीकार कर लेना चाहिए···"

अर्जुन ने युधिष्ठिर को रुकने का अवसर ही नहीं दिया—"वह किस तरह, बड़े भैया?···प्रकृतिक्रम को स्वीकारने का अर्थ?···आत्महत्या तो धर्ममान्य नहीं है न! वह तो निराशा और निष्फलता का मार्ग···"

"हाँ, आत्महत्या तो धर्ममान्य नहीं है, लेकिन रास्ता है, अर्जुन!···देहधर्म को बलात् समाप्त किए बिना महाप्रस्थान का स्वीकार हम कर लें तो यह आत्महत्या नहीं है, वत्स! यह तो काल-संकेत का विनम्र स्वीकार है!" युधिष्ठिर ने कहा, "जिस दिशा में पिता धृतराष्ट्र तथा माता गांधारी व कुंती गए—अर्जुन, जिस दिशा में काका विदुर गए, उसी दिशा से उठ रही है यह आवाज। भाई, मैं अब इसकी अनसुनी नहीं कर सकता। भला हुआ द्वारका से लौटते हुए यह आवाज तुमने भी सुनी। परीक्षित के राज्यारोहण की तैयारी करो!"

"बड़े भैया!" अर्जुन ने अचानक इस तरह पूछा मानो भेद की कोई बात

पूछ रहा हो, "उस दिशा में क्या कृष्ण मिल जाएँगे?"

"शायद मिल भी जाएँ···! हिमाद्री की गिरि-कंदराओं के पास कृष्ण का कोई संदेशा हो भी सकता है, भाई!···लेकिन इतना जान लो कि अब इसके पश्चात् हमारे शेष कर्म कृष्ण को पाने के लिए ही होंगे। उठो वत्स!" युधिष्ठिर ने अर्जुन के कंधे पर हाथ रखा, "आज तक सदैव यही तो हुआ कि कृष्ण ने हमें खोजा और हमारी सहायता की। आज वह काम हमें करना है, चलो, हम सब कृष्ण को खोंजने प्रकृति की शरण में चलें···"

युधिष्ठिर खड़े हो गए।

कृष्ण ने उद्धव से जो कहा था वह बात, उद्धव ने अर्जुन से जो कहा था वह बात और अब युधिष्ठिर की यह बात—एक कड़ी बन गई न! अर्जुन इन तीनों कथनों से बनी शृंखला को मन-ही-मन जोड़ने लगा। कृष्ण की आँखों से उद्धव ने जो देखा, वही कदाचित् युधिष्ठिर ने भी देखा! ओह, कृष्ण, आपने कितनों को आँखें दी थीं!···

···एक बार फिर अर्जुन कुरुक्षेत्र के मैदान में पहुँच गया। वह घड़ी कभी भूल तो नहीं सकेगा वह! पसीने से तर-ब-तर, निढाल, बेबस-सा बैठा था वह रथ में, तब अच्युत ने उससे कहा था···

और फिर महाभारत के विजेता अर्जुन ने हस्तिनापुर के महल में एक बार फिर कृष्ण से कहा था—

"घनश्याम, उस दिन कुरुक्षेत्र में आपने मुझसे जो कहा था, वह विस्मृत होता जा रहा है। फिर एक बार वे सारी बातें आपसे सुनना चाहता हूँ···"

कृष्ण का हास्य छलका! वही चिरपरिचित, करुणार्द्र हास्य। बोले, "कुरुक्षेत्र के कृष्ण को हस्तिनापुर के महल में खोज रहे हो, तात? कैसे संभव है यह?"

"उस क्षण मेरे मन में क्षोभ था, मोहन!" अर्जुन बोला, "मेरा चित्त डगमगा गया था। उस डगमगाहट में कई बातें सुनीं तो जरूर, पर कुछ विस्मरण भी हो रही हैं। वह सब फिर एक बार मुझे सुनना है, केशव!"

कृष्ण ने जैसे कहीं दूर खड़े व्यक्ति को संबोधित किया, "कुरुक्षेत्र का अर्जुन जैसे आज के अर्जुन से भिन्न था, वैसे ही आज का कृष्ण भी तो उस पल प्रकट हुए कृष्ण से भिन्न है, गुडाकेश!" वे अपनी नहीं, मानो किसी दूसरे की बात कर रहे हों, इतनी तटस्थता से वे बोल रहे थे, "देहधारी के लिए इस परम

सत्य को समझने का कदाचित् यही मौका है। देहधारी स्वयं में कोई निर्माण नहीं है, अर्जुन; वह मात्र निमित्त है! देह द्वारा प्रकट सत्य मात्र उस क्षण का सत्य होता है। उस सत्य को, उस क्षण प्राप्त करने में जो पीछे रह जाते हैं, उनके लिए फिर नया सत्य प्रकट होता है। सत्य की यही प्रक्रिया है जो शाश्वत है, वत्स!''

''मुझे उस शाश्वत सत्य का ज्ञान दीजिए, अच्युत।'' अर्जुन ने प्रार्थना की।

किंतु तब कृष्ण ने उससे जो कहा, उसमें और सबकुछ था, कुरुक्षेत्र की टंकार नहीं थी। उसमें विराट्रूप का दर्शन नहीं था, पांचजन्य की ध्वनि नहीं थी—सुदर्शन चक्र का साक्षात्कार नहीं था।

कृष्ण ने यही तो कहा था—

''देहधारी स्वयं में कोई निर्माण नहीं है, अर्जुन! वह निमित्त मात्र है…'' और स्वयं कृष्ण?…वे भी तो देहधारी ही थे!

अर्जुन के मन में आया—देहधारी के जिन धर्मों, मर्यादाओं से कृष्ण मुक्त नहीं थे, उनसे अर्जुन और पांडव कैसे विमुक्त हो सकते हैं? गीता का ज्ञान जब स्वयं कृष्ण दोहरा न सके, तो फिर कुरुक्षेत्र का गांडीवधारी अर्जुन अपने गांडीव के सामर्थ्य को बार-बार दोहरा सकेगा? यह अपेक्षा ही कितनी बचकानी थी!…और मन जब इस तर्क तक पहुँचा तो अर्जुन अचानक भारहीन हो गया—एकदम हलका! गहरी साँस ली उसने, फिर उसने पहचाना कि कक्ष में वह अकेला ही रह गया था। युधिष्ठिर तो कब के चले गए थे। वह उठा और धीरे-धीरे द्रौपदी के आवास की ओर चल पड़ा।

अर्जुन के आगमन का समाचार द्रौपदी को मिल चुका था। वह कक्ष के द्वार पर ही खड़ी थी। अर्जुन को देखते ही उसकी आँखें चमक उठीं, और वह चमक साधारण नहीं थी—बुझती यज्ञशिखा के धूम्रवलयों के बीच से झाँककर भी अपने अस्तित्व की कौंध जता दे, ऐसी थी वह चमक! अनिमिष नेत्रों से वह अर्जुन को देखती रही।

''याज्ञसेनी!…'' नजदीक आकर अर्जुन ने धीरे से पुकारा।

मानो कुछ सुना ही न हो, द्रौपदी इस तरह अविचल खड़ी रही! चेहरा एकदम भावशून्य-सा और आँखों की चमक भी जैसे कहीं बिलाती जा रही थी।

''कृष्णा!…'' अर्जुन ने उसके कंधे पर हलके से हाथ रखा।

''पार्थ…'' द्रौपदी के होंठ फड़फड़ाए तो जरूर, पर इन दो शब्दों के बाद

वे खुले न रह सके! उसकी आवाज अवरुद्ध हो गई और आँखों में कालिंदी उमड़ पड़ी—भीतर कोई अवरोध था, जो अचानक खिसक गया था।

अर्जुन स्तब्ध रह गया!

"यह क्या, द्रौपदी? राजसभा में जब दु:शासन ने वस्त्रहरण किया था, तब भी जिन आँखों में आँसू नहीं थे, जिनसे अग्नि बरस रही थी; वनवास के दिनों में जब जयद्रथ ने अपहरण की चेष्टा की थी, तब भी जो रोई नहीं थी—अरे, विराट नगरी में जब कीचक ने वैसा भयानक अपमान किया था, तब भी जिन आँखों में अश्रु नहीं, अग्नि ही प्रकट हुई, उन आँखों का हुताशन आज यों बुझा क्यों है?"

जैसे अपने परिवेश में से जवाब खोज रही हो, इस प्रकार टटोलते हुए उसने कहा, "हाँ, सव्यसाची, हाँ!...उस प्रत्येक घड़ी में कृष्ण का अवलंबन था, क्या आप यह भूल गए?...वस्त्रहरण की क्रूर घड़ी में, पाँच पतियों और स्वयं पितामह भीष्म से जो नहीं हो सका, वह कृष्ण ने किया था; वनवास के दु:खों के बीच, दुर्वासा की क्रोधाग्नि से हमें बचाने के लिए वे कृष्ण ही तो थे, जिन्होंने अक्षयपात्र से चावल का जूठा दाना खा लिया था...अब...अब... ? वह अवलंबन अब नहीं रहा, वह आधार ही नहीं रहा..." अतीत में डूबती-उतराती द्रौपदी बिलख-बिलखकर रोने लगी।

अर्जुन एक शब्द न बोल सका। उसकी आँखों के आगे वस्त्रहरण का वह क्षण तैरने लगा। किंतु अभी, स्मृति के इन क्षणों में उसके चेहरे पर नितांत करुणा थी; किसी तरह का राग या उद्वेग नहीं झलक रहा था। उसे विराट नगरी के दिन याद आए; वह दिन याद आया, वे कृष्ण याद आए, जिन्होंने महाक्रोधी ऋषि दुर्वासा के शाप से सबको बचाने के लिए द्रौपदी के जूठे पात्र से एक तुलसीदल के बराबर अन्न का दाना मुँह में धर लिया था—वे कृष्ण ही तो विलीन हो गए, अनंत में।

"कृष्णा..." अर्जुन बोला, "जानती हो, उस अवलंबन का विलय एक गहरा संकेत है? यह हमारे जीवन-कार्यों की समाप्ति का संकेत है, द्रौपदी। अब न कोई अतीत है, न कोई भविष्य, न कोई वर्तमान—तीनों काल एक हो जाएँ, ऐसे परम क्षण को पाने के लिए अब महाप्रस्थान...कदाचित् कृष्ण का जो अवलंबन हमने खो दिया है, हिमगिरि में कहीं मिल जाए..."

"नहीं...नहीं, पार्थ, कृष्ण अब मुझे कभी नहीं मिलेंगे! मैंने...मैंने ही तो कृष्ण से कहा था..." कहते-कहते द्रौपदी एकदम से बिलख पड़ी। उसे इस तरह

फूट-फूटकर रोते अर्जुन ने कभी देखा नहीं था।

"तुमने···तुमने···कृष्ण से क्या कहा था तुमने, पांचाली?"

अर्जुन कुछ जानने और कुछ द्रौपदी की विह्वलता को सँभालने का यत्न करने लगा।

"कृष्ण···" आँसुओं में डूबे इन दो शब्दों के अतिरिक्त द्रौपदी कुछ कह नहीं सकी। इन दो शब्दों का अवलंबन लेकर उसने कितने तो तूफान झेले थे! पर आज···"जिसने हर क्षण मेरी रक्षा की, मैं उसका एक क्षण भी न सँजो सकी। धनंजय, कहीं मेरे उस पाप से दुखी होकर ही तो कृष्ण ने मुँह नहीं फेर लिया?"

"कृष्णा! कृष्णा···" जैसे कोई रहस्य खुला हो, इस तरह अर्जुन विह्वल हो गया—"यह क्या बोले जा रही हो, द्रौपदी?"

द्वारका के राजमहल में कृष्ण की याद कर इसी तरह व्याकुल हुई थी सत्यभामा! उसकी अस्वस्थता, उसका पश्चात्ताप देखा था अर्जुन ने! द्रौपदी की आज की विह्वलता देखकर उसे वह सब याद आ गया—

"हाँ···मुझे बताओ, अर्जुन, मुझसे बोलो तो—कृष्ण ने जिस पल देह छोड़ी, क्या उस पल उन्होंने मुझे क्षमा कर दिया था?···नहीं, मुझे क्षमा भी क्यों मिले!···उन्होंने मुझे कभी क्षमा नहीं किया होगा। क्षमा की मैं अधिकारिणी भी कहाँ हूँ···?" द्रौपदी बिलखती ही जा रही थी।

अर्जुन ने और कोई उपाय नहीं देखा तो धीरे से अपना हाथ पत्नी के माथे पर रख दिया—उस विह्वलता को जैसे समेटना चाह रहा हो, उसे कोई अवलंबन देना चाह रहा हो। द्रौपदी ने उस हाथ को कसकर थाम लिया—वह हथेली उसका अवलंबन बन गई।

उसने थोड़ा संयत होते हुए कहा—"अठारहवें दिन की वह मध्यरात्रि! आज छत्तीस वर्ष के बाद भी, अर्जुन, मैं वह महाभयानक रात और उसी रात में मैंने कृष्ण के प्रति जो अन्याय किया था, उसे भूल नहीं पाती। वह मुझे बेधता रहता है। इस कठिन वेदना से, पार्थ, मुझे उबार लो, मुझसे एक बार कह दो···बस, एक ही बार कृष्ण से मुझे क्षमा माँग लेने दो अर्जुन! मुझे कृष्ण के पास ले चलो, ले चलो। मैं तुम्हारे पाँव पड़ती हूँ, नाथ!" कहते-कहते वह अर्जुन के चरणों में निढाल हो बिखर गई।

अर्जुन पत्नी की पीठ सहलाता रहा।

उसकी आँखों के सामने अठारहवें दिन की मध्यरात्रि आ खड़ी हुई—

महायुद्ध के विजय की वह घड़ी¨

वह मध्यरात्रि याद क्या आई, अर्जुन काँप उठा।

दस

महायुद्ध के अठारहवें दिन की संध्या! एक निर्णय हो चुका था, कई निर्णय बाकी थे¨कई शक्तियाँ कई स्तर पर सक्रिय थीं। पांडवों को अंतिम विजय मिल चुकी थी। अपनी जिस जंघा को अधखुली करके दुर्योधन ने उस दिन कुरुसभा में द्रौपदी को उसपर बैठने को बुलाया था, उस जंघा को तोड़कर, वृकोदर भीम ने वैर के गतिमान चक्र पर पूर्ण विराम लगा दिया था। धर्मनिष्ठ पांडवों ने विजय की लालसा से फिर एक बार धर्म को तनिक पीछे कर दिया था। दुर्योधन की जाँघों पर गदा मारकर भीम ने रण-मर्यादा का घात किया था और प्रकृति ने भी मानो मुँह फेरकर इस घात का साक्षी बनना टाल दिया था!

पांडवों की धर्म-पताका विजय का स्पर्श पाकर और चमकीली हो रही थी। अठारह अक्षौहिणी सेना जहाँ-तहाँ छिन्न-भिन्न पड़ी थी। पूरा कुरुक्षेत्र इस तरह लाशों से पटा था कि रथ तो क्या, मनुष्य के दो चरण भी सरलता से चल न सकें!¨मृतदेह, अचेत सैनिक, कराह, छिन्न-भिन्न मानव अंग, टूटे रथ, कटे बाण¨

एक तरफ यह कुरुक्षेत्र था तो दूसरी तरफ¨कुरुक्षेत्र के एक किनारे, पांडव सेना के शिविर में द्रौपदी के पाँच पुत्र और भाई वीर धृष्टद्युम्न गहरी नींद में सोए थे। अठारह रातों की थकान, पीड़ा सब जैसे घनीभूत होकर आँखों में उतर आई हो। अब विजयश्री की सन्नद्धता भी आवश्यक नहीं रह गई थी, इसलिए शेष सेना भी पूर्ववत् सतर्क नहीं थी। इधर धृष्टद्युम्न अपने पाँचों भानजों के साथ गहरी नींद में सो रहे थे और उधर पांडुपुत्र तथा कृष्ण इस शिविर में अपनी कोई आवश्यकता न जानकर वहाँ से प्रस्थान कर चुके थे।

कल, अगली सुबह, एकदम ब्राह्ममुहूर्त में पांडवों को इस शिविर में लौटना था और तभी हस्तिनापुर प्रवेश का आयोजन होना था। इन्हीं सपनों में डूबी थीं उनकी आँखें।

याज्ञसेनी द्रौपदी की बरसों की प्यास तृप्त हुई थी। उस तृप्ति का बखान भी नहीं हो सकता¨उसमें गोते लगाती वह भी किसी शिविर में, भविष्य के चमकीले सपने में खोई, गहरी नींद सो रही थी।

अठारह अक्षौहिणी सेना मृतकों का ढेर बनी पड़ी थी। उनके छिन्न-भिन्न अंगों पर हिंसक पक्षी मँडरा रहे थे। वे जब मृतकों की आँखों को कोंचते या हृदय के पास से मांस के लोथड़े को नोचते तो उनकी चोंचों से बहता रक्त लाल नहीं, काला होता था। लहू के काले-काले थक्के जहाँ-तहाँ जम-से जाते थे।

कल तक जिन्हें सभी पहचानते थे, आज वे लावारिस लाश की तरह बिखरे हुए थे—कोई पहचाननेवाला नहीं था, सिवा सियार और कुत्तों के, जो पहचान रहे थे कि उनकी उदरपूर्ति का अखंड महाभोज चल रहा है।

कुंभीपाक का यह दृश्य देखना नहीं है, कुछ ऐसा ही निश्चय करके चंद्रमा भी काले बादलों के पीछे जा छिपा था। समझ लीजिए कि दृश्य की भयानकता से घबराकर बच्चे ने रजाई में मुँह छिपा लिया हो।

इस महायुद्ध ने धरती को तो एकदम रौंद ही डाला था। इससे उठी हुई धूल अभी शांत नहीं हुई थी। अंधकार से मिलकर यह धूल, अँधेरे को और अधिक गहरा कर रही थी।

ऐसे में दो लोग! गहरे अंधकार में भी बदन पर कालिख पोते, धृष्टद्युम्न के शिविर के पास खड़े थे। यह बाहरी अंधकार उस कलुषता के सामने उज्ज्वल जान पड़ता था, जो उन दोनों के मन में घुमड़ रहा था।

ये दो ब्राह्मण थे—अश्वत्थामा और कृपाचार्य।

दोनों सगे मामा-भानजे।

शिविर में भी सोए थे मामा-भानजे—विजयी! परास्त मामा-भानजे की यह जोड़ी उनकी नींद को चिरनिद्रा में बदलने का षड्यंत्र रचकर आई थी—प्रतिशोध की आग सबकुछ भस्म करना चाहती थी।

"मामा!" अश्वत्थामा ने कृप के कान में धीरे से कहा, "पांडव गहरी निद्रा में हैं…" शिविर में सोए पाँच द्रौपदी-सुतों को पांडव मानकर अश्वत्थामा क्रोध और वैराग्नि से काँप रहा था।

"इस निद्रा को उनकी अंतिम निद्रा में बदल देने का यही स्वर्ण अवसर है, वत्स!…महाराज दुर्योधन को हमने वचन दिया है…" कृप ने कहा।

"मुझे याद है, मामा!" अश्वत्थामा ने दाहिनी मुट्ठी में खड्ग और बाईं मुट्ठी में गदा कसकर पकड़ी और दबी आवाज में बोला, "दुर्योधन पर रण-मर्यादा के खिलाफ वार करके धर्म का नाश करनेवाले! मैं अभी तुम्हारे अधर्म का फल तुम्हें चखाता हूँ…"

तभी कृप ने फुसफुसाकर कहा—"अश्वत्थामा, पांडवों के साथ छठा व्यक्ति कौन?"

"संभव है, कृष्ण हो!" अश्वत्थामा उत्तेजित हो गया।

"कृष्ण!" कृप की आँखों के आगे मानो बिजली कौंधी।

"क्यों?···कृष्ण से डरते हो, मामा!" अश्वत्थामा साक्षात् यमराज लग रहा था। उसकी आँखों के आगे इंद्रप्रस्थ में हुआ राजसूय यज्ञ नाच रहा था। इसी यज्ञ में तो कृष्ण ने समग्र आर्यावर्त्त के राजाओं-ऋषियों की आँखों के सामने अपने सुदर्शन चक्र से शिशुपाल का वध कर डाला था—वह दृश्य आज भी और कई बार पहले भी उसकी आँखों के सामने नाचा था।

और फिर वह सुदर्शन चक्र तथा द्वारका का वह आतिथ्य!···

अश्वत्थामा को कितनी ही बातें याद आईं। जिस सुदर्शन चक्र के प्रभाव के कारण कृष्ण आर्यावर्त्त के सर्वप्रथम पुरुष बने थे, वह चक्र···वह चक्र आज अश्वत्थामा के हाथ में आ सकता है? नींद में बेसुध कृष्ण को पांडवों के साथ ही मौत के घाट उतार देने के बाद उस सुदर्शन चक्र का स्वामी वही तो होगा!

किंतु चक्र मैं यहाँ से उठाकर ले जा सकूँगा?—इस परेशानी में तनिक उलझ गया अश्वत्थामा—उसके लिए हस्तिनापुर के साम्राज्य से भी अधिक आकर्षक था वह सुदर्शन चक्र!

उसके दाँत भिंच गए! क्रोध आज ताकत बनकर उसकी बाँहों में उछल रहा था।

वह प्रवेश-द्वार पर पहुँचा। द्वार के दोनों पहरेदार भी विजय की निश्चिंतता के बाद, गाढ़ी नींद में सो रहे थे। अश्वत्थामा के पाँव में कुछ उलझा, वह आगे बढ़ते-बढ़ते दो कदम पीछे हट गया। उसके कलेजे में एक भयानक आग-सी सुलग उठी। अपनी समस्त राक्षसी शक्ति एकत्रित करके उसने छलाँग लगाई और शिविर में सोए द्रौपदी-पुत्रों तक पहुँच गया···और बस, उसके बाद उसकी गदा बिजली की तरह बरसने लगी। वह सामने का सबकुछ कुचलता चला गया। उसकी पाशविक भूख जैसे सबकुछ निगलकर भी शांत नहीं होती; लेकिन ऐसा करते हुए भी वह विवेकशून्य नहीं हुआ था।

अपनी भूल का उसे तुरंत ज्ञान हो गया। जिनकी हत्या वह कर रहा था, वे पांडव नहीं, पांडव-पुत्र हैं और अपने प्रहारों से जिस देह को उसने धूल-धूसरित लोथड़े में बदल दिया, वह छठी देह पांडव-सेनापति धृष्टद्युम्न की है—यह सत्य

समझने में उसे देर न लगी।

"आचार्यघाती!" धृष्टद्युम्न के सिर पर पाँव रखकर, अंतिम प्रहार करते हुए वह बोला, "आचार्य के मस्तक को समाधि-अवस्था में काटनेवाले दुरात्मा! तेरे नीच कर्म का यही फल है!…"

बस, अब वहाँ कोई जीवन नहीं बचा था। खून से तर-ब-तर तड़पते पाँच कोमल कुमारों की देह पर राक्षसी नृत्य करते हुए वह चीखता जा रहा था—"तुम पांडव नहीं हो तो क्या हुआ, पांडवों के पुत्र तो हो! द्रौपदी ने ही तो यह वैराग्नि प्रज्वलित की थी, उस वैराग्नि में यह रहा मेरा अर्घ्यदान…"

एक अट्टहास!!

सारा वातावरण अंधकारमय तो था ही, जुगुप्सामय भी हो उठा।

अंधकार अधिक भयंकर लगने लगा।

कहीं कुछ अमंगल घटा…आवाज उठी, और पांडव शिविर के सैनिक चिल्लाते हुए दौड़े; लेकिन तब तक कृप और अश्वत्थामा अपना कुकृत्य निबटाकर अंधकार में विलीन हो चुके थे।

द्रौपदी को जब यह भयंकर समाचार मिला, उसके रोम-रोम में लपटें धधक उठीं। पिता द्रुपद को तो वह महायुद्ध के चौदहवें दिन ही गँवा बैठी थी; और अब, अब विजय रूपी स्वर्णपात्र को ओठों से लगाकर पहला घूँट पीने के पूर्व ही सेनापति भ्राता वीर धृष्टद्युम्न और हस्तिनापुर के भावी सम्राट्-पुत्रों से वह वंचित हो गई। जिस सिंहासन को पाने की इतनी लालसा थी, वह प्राप्त भी हुआ तो उस पर बैठनेवाला एक भी पुत्र नहीं बचा।

खबर आग की तरह फैली। कृष्ण सहित महाराज युधिष्ठिर व दूसरे पांडव जब शिविर में आए, सब ओर सन्नाटा छाया हुआ था। विजय का अमृत कुंभ मानो हाथ में आने से पहले ही लुढ़क गया हो। सब पराङ्मुख, स्तब्ध खड़े थे। सुलगती मशालें, काँपता प्रकाश, भूमि पर पड़े मृतदेह, धूल, रक्त और एकदम साँय-साँय स्तब्धता—सारा दृश्य भयानक था।

"भीमसेन!" कुरुक्षेत्र में जमे सन्नाटे को बेधती हुई द्रौपदी की चीत्कार तीर की तरह तीखी थी, "मेरी वैराग्नि को सदैव आपने ही तुष्ट किया है! आपके बल को मैं अपना बल मानती आई हूँ…भीमसेन, जिन हाथों ने राजसभा में मेरे केश खींचे और वस्त्रहरण किया, उस दुष्टात्मा के उष्ण रुधिर से सींचकर मेरे ये शुष्क केश इतने वर्षों के बाद आपने ही तो बाँधे हैं। अभी कुछ प्रहरों पहले…"

"पांचाली!" युधिष्ठिर ने द्रौपदी को सांत्वना देने का प्रयास किया।

"...और जिस निर्लज्ज जाँघ ने द्रुपद-कन्या के शील का अपमान किया था, उस जाँघ को तोड़कर, उस कुत्सित भावना की कमर तोड़ देने का शौर्य दिखाए अभी तो दो घड़ी ही बीती है..."

"कृष्णा!" कृष्ण ने सखी द्रौपदी को पुकारा।

लेकिन द्रौपदी वहाँ थी कहाँ कि सुनती। वह तो किसी आँधी में बही जा रही थी, कहे जा रही थी—"विराट नगर में कीचक के घृण्य व्यवहार को आपने ही तो..." भावावेग में उसका स्वर काँपा। उसके लंबे, मुलायम, कज्जल श्याम केश फिर खुलकर लहराने लगे थे। आँखों में अंगारे बरस रहे थे। आज वह किसी दूसरे का अस्तित्व स्वीकार करने को तैयार नहीं थी—"और जयद्रथ ने जब एकाकी अबला जानकर मेरा अपहरण किया था, तब...तब भी आप ही तो थे, जिसने मुझे उबारा था!" जैसे बीते जीवन के सारे मर्मांतक प्रसंग एक के बाद एक आते जा रहे हों।

अब तक मूर्तिवत् खड़े भीम के भीतर भी जैसे कुछ फट पड़ा—

"पांचाली! मैं इन हत्याओं का बदला लूँगा! आचार्यपुत्र का मस्तक घड़ी-भर में तुम्हारे चरणों में होगा।"

और अपनी बात पूरी करते-न-करते भीम ने छलाँग मारकर बाहर की तरफ प्रस्थान किया।

और तभी एक स्थिर आवाज उभरी।

"महाराज युधिष्ठिर!" रोष और वैर में जलते भीम के चेहरे को देखते हुए कृष्ण ने कहा, "भीमसेन को इस क्षण रोक लीजिए! महाराज, आचार्यपुत्र की युद्धविद्या के सामने भीम नहीं, अर्जुन को उतारना पड़ेगा...अधैर्य से काम नहीं बनेगा।"

कृष्ण की प्रत्येक बात को सदैव शिरोधार्य करनेवाले महाराज युधिष्ठिर ने अर्जुन की ओर देखा। अर्जुन की आँखें अश्वत्थामा को खत्म करने के लिए फड़क रहे भीम पर लगी थीं; कृष्ण की बात सुनकर उसने गांडीव की प्रत्यंचा पर हाथ रखा।

"भीम!" युधिष्ठिर ने भीम को रोका, "कृष्ण ठीक कह रहे हैं, भाई! आचार्यपुत्र ने धर्मयुद्ध के तमाम नियमों को तोड़कर, इतना अधम कृत्य किया है!...ऐसी नीचता पर उतरा मनुष्य अब आगे और कितना गिरेगा, कौन जानता है! इसलिए हमें विवेक से काम लेना है; अर्जुन अश्वत्थामा की सारी विद्याओं की

काट जानता है, वही उसका योग्य उत्तर दे सकेगा, भाई!''

''एक-एक क्षण मूल्यवान् है, महाराज!'' भीम ने अपनी गदा से हवा में कई वृत्त खींच डाले और उसके तीव्र घर्षण से हवा में अंगारे बरस पड़े। ''मुझे आज्ञा दीजिए, उस दुष्टात्मा के मस्तक को जब तक पांचाली के चरणों में…''

''भीम!'' कृष्ण का धीर-गंभीर स्वर गूँज उठा, ''यह मत भूलो कि अश्वत्थामा के मानवीय लक्षण मृतप्राय हो चुके हैं, उस मृतक समान ब्राह्मण का मस्तक न तो युद्ध के परिणाम बदल सकता है, न ही इस घोर अधम कृत्य को पलट सकेगा…''

अभी कृष्ण की बात विराम भी नहीं पा सकी थी कि द्रौपदी बिजली-सी कौंधी—''कृष्ण…कृष्ण!!'' द्रौपदी का आर्त स्वर थरथरा रहा था, ''अठारह अक्षौहिणी सेना जिस साध्य के लिए कट मरी, उस साध्य के प्राप्त होते ही आप कृष्णा को भूल गए?…आप उस वीर सेनापति धृष्टद्युम्न को भूल गए, जिसने इस महासंग्राम में पांडव पक्ष को विजय-पथ पर पहुँचाया! वह मेरा सहोदर धृष्टद्युम्न यों पशुवत् मारा गया, उसका कोई काँटा आपको नहीं गड़ता न!''

''पांचाली! बहन…!'' कृष्ण ने द्रौपदी के कंधे पर अपना सहज स्नेहसिक्त हाथ रखा।

''बहन?…'' पांचाली थरथर काँपने लगी, ''हाँ, मैं भी यही सोचती थी कि कृष्ण की परम सखी यदि कोई है तो वह मैं ही हूँ। लेकिन वह एक भ्रम था; आज मेरी समझ में आ गया कि सुभद्रा और द्रौपदी के बीच कृष्ण की आँखों में भी दाहिनी-बाईं जितना भेद तो है ही…!''

सबके-सब स्तब्ध रह गए!

कुछ खास प्रतिक्रिया नहीं उभरी कृष्ण के चेहरे पर।

वही विश्वव्यापी करुणा उनके होंठों पर फैल गई। उनके होंठ कुछ फड़के, कुछ सिकुड़े!

महाराज युधिष्ठिर अस्वस्थ हो उठे।

अर्जुन देखता रह गया! यह क्या हुआ…द्रौपदी, यह क्या…

''यह…यह…तुम क्या कह रही हो, याज्ञसेनी।'' युधिष्ठिर ने द्रौपदी को रोकते हुए अपनी विकलता जता दी।

''मुझे कहने दीजिए, महाराज!…'' अचानक ही सबकी परिचित द्रौपदी कहीं खो गई। वह थी क्रूरता के एक अत्यंत क्रूर वार से पुत्रविहीन बन गई माँ!

उसने अपना संतुलन खो दिया था।

उसकी नजर के समक्ष, उसके पाँच पुत्र और उसका सहोदर जमीन पर धूल और खून से सनी लाश बने पड़े थे।

"क्यों, कृष्ण…" एक तिरस्कार था द्रौपदी के स्वर में, "जो कार्य क्षण-भर में सिद्ध कर सकते हैं, उसे आप टालने की बात क्यों कर रहे हैं? उस घातकी ब्राह्मण को अधिक सुरक्षित स्थान पर सरक जाने का मौका देना चाहते हैं क्या? कदाचित्…कदाचित् कृष्ण, आचार्यपुत्र के लिए आपमें कोई मृदुभाव हो…"

"जरा सँभलो, क्या बोले जा रही हो, पांचाली!" युधिष्ठिर ने पत्नी को झकझोरा।

"हाँ, महाराज, मैं कदाचित् अभी तो सँभली हूँ!" द्रौपदी ने कहा, "कृष्ण की कुटिल राजनीति का ऐसा कुछ दर्शन मुझसे अब सहा नहीं जाता। हस्तिनापुर का राज पांडवों के बाद सुभद्रा के पुत्र को…हाँ, मैं कहूँगी…अपनी सगी बहन के पुत्र को ही मिले, ऐसे किसी प्रयोजन से कदाचित् कृष्ण ने स्वयं इस घोर कृत्य को…" द्रौपदी आगे बोल न सकी। उन्माद उसे विवश कर गया। बिलख-बिलखकर रोती हुई वह धरती पर गिर पड़ी।

पांडव सेना का वह शिविर एकाएक निष्प्राण हो गया—एकदम स्तब्ध! छः मृत देहों को घेरकर खड़े सब लोग भी मानो मृत हो गए! सिर्फ साँसें चल रही थीं…अंधकार को चीरती हुई और स्तब्धता में अपना होना तलाशती हुई एक मुरदा टोली।

हाँ, आँखें थीं सबकी, जो कृष्ण पर स्थिर हो गई थीं।

कृष्ण के चेहरे पर वही स्वस्थता थी—पुरानी! ओठों पर मीठी, मधुर मुसकान खेलती थी, छिपती थी। मशाल का काँपता प्रकाश अब तक स्थिर हो चला था—परछाईं सिकुड़ गई थी, छोटी हो गई थी।

"कृष्णा बहन!…सखी!" कृष्ण के ओठों से शब्द ऐसे फूटे जैसे बच्चे को थपकी दे रहे हों—"इधर देखो, मेरे सामने…" कृष्ण ने हाथ बढ़ाकर द्रौपदी का माथा सहलाया। एकदम कुछ घटा ही न हो, इस तरह वे बोले—"तुम जो चाहती थीं न, देखो, वह तो हो गया है।"

"…"

कृष्ण यह क्या कह रहे थे?

सबने आँखें चुराईं, पलकें झपकाईं…इधर-उधर झाँके।

भीम यथावत् खड़ा था।

अर्जुन का कहीं पता न था।

ग्यारह

''उस भयानक घड़ी को याद करना अब छोड़ दे, कृष्णा!''—अतीत का वह दृश्य अभी भी अर्जुन के लिए सहना शक्य नहीं हो रहा था, ''कदाचित् बड़े भैया ने तब सच ही कहा था···''

''क्या कहा था, पार्थ?'' द्रौपदी ने अर्जुन की ओर देखते हुए पूछा।

''यही कि महायुद्ध में जिन्होंने मृत्यु पाई, सच में जीवित तो वही रहे; जिन्होंने विजयश्री का वरण किया, वे वास्तव में पराजित हो चुके हैं।''

अर्जुन पत्नी से तो यही कहता रहा कि अतीत को याद न करो, किंतु स्वयं उस याद से कभी उबर न सका।

''उस पराजय को विजय मानकर हम किस तरह हर्षित होते रहे, उस भ्रम का भान जब आज होता है तो···''

''अब बहुत देर हो चुकी है, धनंजय!'' द्रौपदी बोली, ''किंतु महाप्रस्थान की इस घड़ी में भी एक अभिलाषा छूटती नहीं। उस भयानक रात में मैंने असंयम में कृष्ण को जो कटु, कुवाक्य कहे, उनके लिए कृष्ण के चरणों में माथा ही टेक सकी होती···'' द्रौपदी आगे बोल न सकी, उसका कंठ अवरुद्ध हो गया।

अर्जुन की दृष्टि के आगे कृष्ण के चरण आ गए। कृष्ण-चरण!···कृष्ण के चरण···भला कृष्ण के चरण कैसे हो सकते हैं! उस देह के चरण तो···

फिर एक नया ही परिदृश्य उसकी आँखों के सामने खुला···प्रभासक्षेत्र में, हिरण-कपिला के संगम पर, अश्वत्थ के तने से टिककर सोई हुई एक अचेत देह, और उस देह के चरण···बाणबिद्ध! एक जानलेवा तीर!

''स्वस्थ हो जाओ, पांचाली!'' स्वयं पर काबू पाने का प्रयास करता हुआ-सा अर्जुन बोला, ''कृष्ण के चरण तो ये रहे, यहीं हैं—सर्वत्र हैं। एक बार उनका स्मरण करके तो देखो! हाथ फैलाओ, कृष्णा, कृष्ण-चरण तुम्हारे हाथों की पहुँच में होंगे···एक जीवंत स्पर्श!''

''कहाँ हैं? कहाँ हैं कृष्ण के चरण, अर्जुन?'' द्रौपदी हवा में हाथ फैलाकर आर्त स्वर में पुकार उठी। कहीं कुछ भी तो नहीं था। उसने अपने हाथ खींच लिये और बोली, ''नहीं···नहीं, अर्जुन, कृष्ण मेरे पास अब कभी नहीं आएँगे। मैंने ही तो उन्हें दुत्कारा था। अश्वत्थामा की नीचता के सम्मुख मैं विवश

हो गई थी। किंतु आखिर वह तो अश्वत्थामा था—शत्रुओं का सेनानी। वैर और द्वेष में अंधा उस दिन वह उल्लू जैसे नीच पक्षी से प्रेरणा लेकर आया था। उसके उस पापकर्म को कदाचित् क्षमा भी किया जा सकता है; किंतु मैंने, मैंने जो कुछ कहा—कृष्ण के निर्मल, निष्कलंक, उदात्त हेतु पर जो आरोप लगाए—मैं, मैं तो अंधी हो गई थी, अर्जुन! तुमने मुझे रोका क्यों नहीं, रोका क्यों नहीं?''

''कुवचनों का कलंक?···कृष्ण को कुवाक्यों का डंक नहीं लगता,याज्ञसेनी!'' अर्जुन ने कहा, ''और इसीलिए तो उन्होंने उस रात को भीम की जगह मुझे अश्वत्थामा का पीछा करने को कहा। उस रात अश्वत्थामा ब्राह्मण नहीं था—सेनानी भी नहीं था—वह तो था निरा अधम राक्षस! भीम उसके हाथों जरूर मारा जाता। जिस शस्त्र का उपयोग कभी देवों ने भी संग्राम में नहीं किया, जिसका वार शास्त्रनिषिद्ध है, उस ब्रह्मास्त्र का उसने उपयोग किया; और उसके पश्चात् जो हुआ, वह सारी कथा तुमसे कहाँ छिपी है, पांचाली!''

''पार्थ, कैसे भूल सकती हूँ मैं वह बात!'' द्रौपदी बोली, ''अश्वत्थामा के मस्तक के बदले, उसके माथे की मणि जब आपने मेरे समक्ष रखी तब पहले तो मुझे लगा···चाहे यह मणि उसे लौटा भी दो, किंतु पांडव वंश के एकमात्र आधार उत्तरा के गर्भ को किसी तरह उबार लो! वह गर्भ सुभद्रा के पौत्र का था—कृष्ण की सगी बहन का रक्त उसमें था, यह बात अब गौण हो गई थी; और फिर भी, फिर भी, कृष्ण के चरणों में सिर झुकाकर मैं कुछ कह न सकी।''

''सिर्फ कहे गए शब्द ही कृष्ण तक पहुँचते हैं, ऐसा थोड़े ही है, द्रौपदी! कृष्ण तो अशब्द को भी पहचानते हैं और इसीलिए तो उन्होंने तुम्हारी इच्छा पूरी कर दी थी न! आचार्यपुत्र की हत्या के महापाप से उन्होंने हम सबको बचा लिया और तुमने मन-ही-मन जो कामना की थी, तुम्हारी वह इच्छा भी उन्होंने पूरी की—उत्तरा के गर्भ का संरक्षण किया, उसे संजीवित किया···'' अर्जुन अनायास ही अतीत को याद कर बैठा।

'···यदि मैंने आजीवन कभी मिथ्याचरण न किया हो, तो हे महाकाल! उत्तरा का गर्भ जीवित हो···'

कौन बोला यह?

द्रौपदी और अर्जुन दोनों ने ये शब्द अभी यहाँ कैसे सुने? चारों ओर की दीवारों से यह कैसी प्रतिध्वनि उठी?

''तुमने···तुमने कुछ सुना, नाथ!'' द्रौपदी विह्वल होकर पूछने लगी।

'···और यदि मैंने सदैव सत्य और धर्म का ही अवलंबन किया हो, तो हे

महाकाल! उत्तरा का गर्भ जीवित हो···'

फिर एक बार एक गहन गंभीर निनाद वातावरण में उभरा और थरथराता रहा।

"कृष्ण, हाँ, गुडाकेश, कृष्ण की ही तो यह आवाज है!" द्रौपदी की विह्वलता बढ़ गई, "उस भयानक रात को जब अश्वत्थामा द्वारा रचित अमानवीय विनाश उत्तरा के गर्भ को भी जकड़ने लगा था, तब कृष्ण ने ही तो रक्षा की थी—यही थे उनके शब्द—तुमने सुने, अर्जुन?"

'और यदि मैंने युद्ध में कभी पीठ न दिखाई हो तो, कभी कोई हिंसा न की हो तो हे महाकाल! उत्तरा का गर्भ जीवित हो!'

शरीर का रोम-रोम, पोर-पोर थरथराकर खड़ा हो जाए, ऐसी गुरुगंभीर थी वह वाणी! आज फिर कैसे सुनाई दी वही आवाज? एक-एक शब्द मोती-से खनखते, स्पष्ट—उस रात वे जैसे सुनाई दिए थे, आज भी वैसे ही थे। नहीं-नहीं, यह भ्रम हो ही नहीं सकता!

"तुम, तुम कुछ बोलते क्यों नहीं, धनंजय?" द्रौपदी ने अर्जुन का कंधा पकड़ लिया और उसे हिलाती हुई बोली, "कृष्ण के शब्द सुन रहे हो? उन्हीं की वाणी सुनाई दे रही है; और तुम कहते हो कि कृष्ण अब हमारे बीच नहीं हैं? तुम कहते हो, प्रभासक्षेत्र में तुमने कृष्ण के पार्थिव देह को पंचमहाभूतों को अर्पण कर दिया···ना, ना, पार्थ! सच-सच कहो, कृष्ण कहाँ हैं? मुझे एक बार कृष्ण के पास ले चलो, नाथ! एक बार, सिर्फ एक बार···! उस रात जो न कर सकी मैं, वही आज इस महाप्रस्थान की घड़ी में मुझे कर लेने दो; उन चरणों में मस्तक धर लेने दो···" द्रौपदी का कंठ फिर रुँध गया, आँखों से आँसू झरने लगे, अविराम।

अर्जुन के पास भाव तो थे, पर शब्द नहीं थे। बस, भीतर कुछ घुमड़ता था। उसने पत्नी के चेहरे पर मृदुता से हाथ घुमाया—उसकी हथेली भीग गई। कुरुक्षेत्र के मैदान में जिस क्षण गांडीव उसके हाथों से सरकने लगा था, तब भी उसकी हथेली ऐसी ही भीग आई थी। उस क्षण, उस भीगेपन से प्रकट हुई थी दुविधा, निराशा; आज के भीगेपन से प्रकट हो रही है करुणा, निरी करुणा! उस फिसलते क्षण में कृष्ण ने उसका हाथ पकड़ा था, उसे पार लगाया था; आज करुणा के इस आर्द्र पल में वह एकदम अकेला था।

"पार्थ!" द्रौपदी कुछ देर बाद धीरे से बोली, "महाराज युधिष्ठिर के राजमुकुट

में जड़ी हुई अश्वत्थामा की वह मणि···'' वह आगे बोल न सकी।

''उस मणि की अब क्या बात, पांचाली?''

''कभी मन में आता है कि हस्तिनापुर का साम्राज्य अब हम भले ही पुत्र परीक्षित को सौंप दें, लेकिन अश्वत्थामा की वह मणि···अर्जुन, राजमुकुट से निकालकर उसे उसके असली स्वामी को सौंप सकें तो···'' करुणा का एक ज्वार ही जैसे भीतर उठ रहा था।

''यह तुम क्या कह रही हो, कृष्णा?''

''कृष्ण ने ही तो कहा था, पार्थ, ब्रह्मत्वविहीन ब्राह्मण!···यही तो राक्षस योनि है! आचार्यपुत्र का ब्रह्मत्व महाराज के राजमुकुट में कैद है! यह मुकुट वंश परंपरा से हस्तिनापुर के सम्राट् के मस्तक पर रहेगा और जब तक यह मणि उस मुकुट से जुड़ी रहेगी, अर्जुन, तब तक इसका इतिहास कोई भुला नहीं सकेगा। और, और इस प्रकार हिंसा, धिक्कार, द्वेष और अधमता—सब हस्तिनापुर के महाराज के मस्तक पर हावी रहेंगे और संसार-भर में फैलते रहेंगे···'' द्रौपदी मानो भविष्य देख रही हो, ऐसे आर्ष स्वर में बोल रही थी। कुछ देर पहले की अस्वस्थता अब शेष नहीं थी।

''तुम कहना क्या चाहती हो, द्रौपदी?'' अर्जुन असमंजस में पड़ गया, ''अब तो कोई समस्या बची नहीं; मात्र कुछ निराकरण खोजने हैं हमें।''

''वही तो मैं बता रही हूँ, नाथ!'' द्रौपदी बोली, ''क्षमा और करुणा में से निराकरण के द्वार खुलेंगे···'' वह कुछ रुकी, बाहर फैले अनंत आकाश को मानो अपने अंतर में समेटे हुए, फिर बोली, ''ब्रह्मत्व से वंचित अश्वत्थामा जाने अभी कहाँ भटक रहा होगा! इन सबका अंत है, अर्जुन! इधर की पीड़ा और उधर की पीड़ा का अंत हो सकता है, अर्जुन, यदि वह मणि कोई उसे वापस लौटा दे···''

''पांचाली···पांचाली, तुम्हें भान तो है कि क्या कह रही हो?'' अर्जुन पत्नी के इस अनपेक्षित रूप को देखता ही रह गया। ऐसी द्रौपदी तो उसके लिए भी नई थी—पहली बार जैसे देखा हो! क्रोध, प्रतिहिंसा आदि की लपटों से एकदम दूर खड़ी थी वह! जिसका जन्म ही यज्ञ की ज्वाला में से हुआ था, उसके भीतर इतनी शीतलता कहाँ से आ गई? याज्ञसेनी को यह क्या हुआ—द्वैतवन की वनवास की घड़ी में, विराट नगरी के अज्ञातवास में, हस्तिनापुर की राजसभा में, विष्टि के अति नाजुक प्रसंग में; यहाँ तक कि युद्ध के उन्नीसवें दिन के प्रभात तक जिस स्त्री ने सतत संघर्ष, युद्ध और महानाश का ही प्रतिपादन किया था, वही

स्त्री अब क्या कह रही थी?…कभी यदि महाराज युधिष्ठिर या स्वयं कृष्ण विनाश को रचने का कोई आयोजन करते, तब भी अपने जन्म को सार्थक करती जो द्रौपदी स्वयं अग्निशिखा-सी लपक उठती, उसी द्रौपदी का यह रूप…

"हाँ, नाथ! कदाचित् आज ही मुझे सत्य के दर्शन हुए हैं! महाराज युधिष्ठिर ने जो कहा था, उसका गहरा अर्थ अब समझ में आ रहा है! हम सब तो महाप्रस्थान करके, इस पार्थिव संसार से बिदा ले लेंगे, किंतु…किंतु अश्वत्थामा? उसके भाग्य में तो ऐसी कोई घड़ी है ही नहीं, गुडाकेश!…"

अर्जुन एक बार फिर अतीत की उस घड़ी में पहुँच गया…

…मणिविहीन अश्वत्थामा को कृष्ण ने ही तो शाप दिया था। उन्होंने कहा था, अपने घोर कुकर्म के लिए तुम तीन हजार वर्ष तक—भविष्य के अनजाने, अनमापे गर्भ में अपनी नीचता की दारुण पीड़ा को भुगतते हुए जीवित रहोगे! कैसा क्रोध व कितना गहरा धिक्कार था कृष्ण की आर्षवाणी में!…अब वह मिथ्या कैसे हो सकती है? अच्छे कर्म तो कभी समाप्त भी हो जाएँ, भुला भी दिए जाएँ; किंतु यह घोर नारकीय कृत्य—ऐसे भयानक पतित कर्म का कभी लोप नहीं होता। कुकर्म तो पीढ़ियों को सावधान करने के लिए लंबे समय तक जीवित रहते हैं—कहीं कृष्ण भी कुछ ऐसा ही तो नहीं सोच रहे थे?…कुकर्म करनेवाला भी इससे कहाँ मुक्त हो पाता है? अपने किए की आग में वह अनवरत जलता रहता है; एक धधकती आग! यही तो दुष्कृत्य का परिणाम है। यह सोचकर ही कृष्ण ने अश्वत्थामा को अमरत्व का अभिशाप दिया हो शायद!…

"महाभारत काल के साक्षी बनना जिनके भाग्य में लिखा था, उनकी अंतिम कड़ी हैं हम। अब हम सब भी बिदा हो जाएँगे। ये तमाम जीव, यह पूरा चराचर उस भयानक स्मृति से छुटकारा पा जाएगा; लेकिन पीड़ा के इस कुंभीपाक से एक ही आत्मा छूट नहीं पाएगी—एक अश्वत्थामा बना रह जाएगा, अकेला, और असहनीय पीड़ा से तड़पता…" द्रौपदी मानो एकालाप कर रही थी…"और वह भी मणिविहीन, ब्रह्मत्वविहीन!…उसकी असहनीय पीड़ा सदा-सतत-प्रतिक्षण बढ़ती ही रहेगी।"

"कर्मफल से कौन मुक्त हुआ है, द्रौपदी? स्वयं कृष्ण भी कर्मफल के ही तो अधीन हुए; तो अश्वत्थामा, वह अपने कर्मफल को भुगते बिना कैसे मुक्त हो जाएगा?" अर्जुन ने समझाया।

"अश्वत्थामा की इस असीम वेदना और अनंत पीड़ा के लिए, उसके इस

दुर्भाग्य के लिए हम सब—हाँ मैं, खासकर मैं, दोषी हूँ, अर्जुन, यह सत्य मैं कभी भूल नहीं सकती! अब जब अपने सारे दोषों को पहचानने और उनका परिमार्जन करने की घड़ी उपलब्ध हुई है तब…तब…"

"तब क्या, कृष्णा?"

"तब मन में आता है, इहलोक में नहीं तो परलोक में—इस जन्म में न सही, अगले किसी पुनर्जन्म में; कहीं तो, किसी संयोग से तो, पुनः कृष्ण मिलेंगे और पूछेंगे—कृष्णा! महाभारत की महाव्यथा से तूने तो मुक्ति पा ली, किंतु तेरे वैर और धिक्कार का अभिशाप जिसके सिर से अभी तक नहीं उतरा, वह अश्वत्थामा अभी भी अविराम भटक रहा है। तूने उसके लिए, उसकी पीड़ा के समाधान के लिए क्या किया? वैर और प्रतिशोध की आग पीढ़ियों तक जीवित रखने का तेरा यह कार्य…" द्रौपदी ने नजरें झुका लीं। "तब, तब मैं कृष्ण को क्या उत्तर दूँगी, पार्थ?…अश्वत्थामा की मणि यदि हम उसे पुनः लौटा सकें तो शायद यह कचोट, अपनी दुर्बलता का यह डंक कुछ कम चुभे शायद…!" कृष्ण की करुणा के संस्पर्श ने अब द्रौपदी का समस्त अस्तित्व छू लिया था जैसे…

"स्वस्थ हो जाओ, द्रौपदी!" अर्जुन ने द्रौपदी की पीठ सहलाते हुए कहा, "कृष्ण के भय से नहीं, उनकी करुणा के संस्पर्श की भावना से हमारा जीवन-व्यापार चलता रहे, यही तो परममुक्ति है! यह मुक्ति हमें सदेह प्राप्त हुई है, इस सौभाग्य के सहारे अब हम अपना परलोकगमन इहलोक जैसा ही संपन्न करें!"

"ना, नाथ! ना! हमारा परलोक हमारे इस इहलोक जैसा न हो, ऐसी प्रार्थना करें। एकमात्र कृष्ण, बस केवल वे, उनके सिवाय हमारे इहलोक का कोई तत्त्व हमारे परलोक में प्रवेश न करे, ऐसी कामना हम सब करें। इहलोक की तमाम स्मृतियाँ जहाँ साथ छोड़ दें, सारे क्षोभ गिर जाएँ, ऐसे किसी महाप्रस्थान की ओर मुझे ले चलो, अर्जुन…! शरीरधारी अश्वत्थामा अपने कुकर्मों की पीड़ा भोगते हुए महाकाल में अविरत भटकता रहेगा, उसका मैं क्या करूँ? किंतु हम सबको ऐसी किसी पीड़ा के बीच जीना न पड़े, ऐसे किसी धाम में मुझे ले चलो, परंतप! अब देहमुक्ति नहीं, स्मृति-मुक्ति के प्रदेश में जाने की व्याकुलता है, स्वामी!" द्रौपदी भावावेश में बोलती गई।

द्रौपदी यह क्या कह रही थी? वही शब्द तो थे, वही भाव, वैसी ही विकलता

और वैसी ही गहरी उत्कटता! कृष्ण ने जो बात कही थी, वही द्रौपदी ने आज अक्षरश: कैसे दोहराई? अठारह अक्षौहिणी सेना के मध्य में, महाविनाश के आरंभ की घड़ी में जिस लोक और जिस स्थिति की प्राप्ति की लालसा—एक चिनगारी-सी छिटकाई थी कृष्ण ने—वही, वही चिनगारी आज याज्ञसेनी की वाणी में से कैसे प्रकट हुई? कृष्ण ने ही तो कहा था—

न तद्भासते सूर्यो, न शशांको न पावक:
यद्गत्वां न निवर्तन्ते, तद्धाम परमं मम!

जहाँ सूर्य, चंद्र, अग्नि कुछ भी न हो, ऐसा परमधाम प्राप्त हो जाए।

''यह रहा वह धाम, याज्ञसेनी! यह रहा वह परम पद...'' अर्जुन ने अचानक ही द्रौपदी का हाथ पकड़ लिया और चल पड़ा। स्मृतियों के सूर्यरहित, स्नेह के शशांकरहित और वासनाओं की अग्निरहित प्रदेश में महाप्रस्थान के लिए उसने द्रौपदी के साथ कदम बढ़ाए।

बारह

उद्धव ने आकाश की ओर नजर घुमाई। आसपास के किसी आश्रम की यज्ञवेदी से उठता धुआँ नैमिषारण्य के घने वृक्षों में घुसता हुआ, उन्हें छाता जा रहा था।

इस नैमिषारण्य की एक भी पगडंडी उद्धव की अनजानी नहीं थी। नजदीक के उस आश्रम में कदाचित् अभी संध्या का अर्घ्यदान हो रहा होगा। उद्धव ने एक गहरी साँस ली। घी की सोंधी सुगंध थी हवा में। मध्याकाश में तपता सूर्य पृथ्वी को इस भाँति देख रहा था मानो कोई वृद्ध पिता अपने अपराधी पुत्र को क्रोध से निरख रहा हो।

एकाकी उद्धव कब से तो चलते जा रहे थे। भागीरथी के तट पर जब अर्जुन से मिलकर वे बिदा हुए, उन्होंने अपनी तीर्थयात्रा की दिशा बदल डाली थी। कृष्ण ने जिस शेष कार्य के लिए उन्हें निमित्त बनाया था, वही उन्हें खींचे हुए गोकुल की ओर ले जा रहा था। एक संदेश वे देने जा रहे थे—कृष्ण के देहोत्सर्ग का संदेश—जिसे देना था, वह कौन थी?...राधा! स्वयं कृष्ण ने ही यह काम उद्धव को सौंपा था—संदेश भी और संदेश की पात्र भी।

बार-बार एक ही खयाल उद्धव के मन में आ रहा था—देहधारी कृष्ण ने जब देह की माया समेटी तब, उस क्षण में भी उन्होंने राधा का स्मरण किया! राधा तो धन्य हो गई! अब उसी धन्य राधा को जाकर वे बताएँगे कि कृष्ण अब नहीं

रहे! कैसे बताएँगे?…क्या शब्द होंगे? संवाद तैयार हो मन में, तब तो बताएँ! और राधा!—वह कैसे सुनेगी और कैसे सहेगी वह संवाद?

गोकुल छोड़कर जिस दिन कृष्ण मथुरा आए थे, उसी दिन से उद्धव भी कृष्ण के साथ थे! वह दिन उद्धव कभी नहीं भूल सकते! अक्रूर ने आकर नंदजी से कहा था—'नंद! कृष्ण-बलराम को कंस की सभा में, धनुष-यज्ञ के लिए मथुरा ले जाने मैं आया हूँ।'

अक्रूर की याद के साथ ही उद्धव के ओठों पर फीकी-सी मुसकान घुल गई। वृष्णि संघ के इस वरिष्ठ पुरुष ने, संघ राज्य के पतन के पश्चात् कंस का दासत्व स्वीकार किया था। वह सारी घटना उद्धव के मन में ताजा हुई। कंस की सत्ता और सामर्थ्य के समक्ष अक्रूर जैसे संघपति ने अपना सिर झुकाया था—ओठों पर ताले लगा लिये थे और फिर आगे बढ़कर कंस की कुटिल चालों में भागीदार भी बना था। किशोर कृष्ण के वध के लिए आयोजित मल्लयुद्ध और धनुष-यज्ञ के रहस्य से अक्रूर तो अनजान नहीं थे। फिर भी बहुत कटु था वह सारा प्रसंग। उसकी याद से एक तीखापन मुँह में घुलने लगा। उसने वह पूरा प्रसंग ही मन से झटक देना चाहा और इधर-उधर देखने लगा। नजदीक ही बहते एक झरने में वह उतर पड़ा। मध्याह्न स्नान किया। शीतल जल के स्पर्श से धुलकर वे कटु स्मृतियाँ कहीं बिला गईं।

संध्या निबटाकर उद्धव ने जब आँखें खोलीं, सामने झरने के किनारे बैठकर कोई कृशकाय, निस्तेज पुरुष अपने मस्तक पर धीरे-धीरे पानी छिड़क रहा था। उद्धव की नजर स्थिर हो गई। उस स्थिर नजर ने जैसे उसे छू लिया हो, इस तरह उस पुरुष ने चेहरा उठाकर उद्धव की ओर देखा। उद्धव स्तब्ध रह गए। आँखें ऐसी धँसी थीं जैसे गहरी गुफाएँ; और चेहरा ऐसा रक्तहीन जैसे कोई प्रेत हो। खुली देह पर यज्ञोपवीत धारण किया था उसने, फिर भी शरीर पर शस्त्रास्त्रों के धारण करने के चिह्न स्पष्ट दीखते थे। दाहिना हाथ मस्तक पर दबाकर उसने उद्धव की ओर देखा। उसके ओठ काँपे और शरीर थरथरा गया। और उद्धव! उनकी आँखें तो फटी-की-फटी रह गईं।

"अश्वत्थामा…!" उद्धव ने उसे पहचान लिया, "तेरी…ऐसी दशा?" आचार्य द्रोण का समर्थ पुत्र, कौरवराज दुर्योधन का परम मित्र, यह क्या हुआ? हाड़-चाम का पिंजर-भर रह गया! कैसा कद्दावर शरीर था अश्वत्थामा का, और कैसा क्षीण; और इसलिए कितना भयानक लग रहा था!

"उद्धव…" शब्द भी लड़खड़ाए और अश्वत्थामा भी!…फिर अपना

असमंजस तोड़कर जैसे वह बोध में लौटा। दौड़कर वह उद्धव के चरणों में झुका। वह फिर लड़खड़ाया। उद्धव ने सहारा देकर उसे खड़ा किया और देर तक उसका मस्तक देखते रहे। एक गहरा जख्म! उस जख्म की अँधेरी गहराई में दुर्गंध भरी थी; फिर भी जैसे ताजा जख्म हो, इस तरह उसमें से रुधिर और मवाद बह रहा था।

उद्धव समझ गए!

अर्जुन के हाथों मणिविहीन हुआ और कृष्ण द्वारा अभिशापित यह ब्राह्मण अपने राक्षसी कर्म का फल भुगत रहा था।

"कल्याणमस्तु, वत्स!" उद्धव ने अपना दाहिना हाथ अश्वत्थामा के जख्मी मस्तक पर रखा। अश्वत्थामा ने आँखें मूँद लीं। यह स्पर्श, उद्धव की ये अँगुलियाँ, कैसी तो शांति थी उन अँगुलियों में, स्पर्श में। अश्वत्थामा ने देर तक उस शांति को सँभालने की कोशिश की और फिर उसकी मुँदी आँखों से अश्रु झरने लगे।

"उद्धव!" अश्वत्थामा के ओठ काँपे, "अपने हाथ तनिक ऐसे ही रहने दीजिए, तात! कितने बरसों के बाद; जैसे युग-युगांतर बाद स्नेहसिक्त स्पर्श से शांति मिली है मुझे!"

उद्धव ने धीरे-धीरे अश्वत्थामा के मलिन शरीर पर हाथ घुमाया। धूल और रजकणों की कितनी परतें जम गई थीं उस पर। जबड़े की निकली हुई हड्डियों पर से फिसलते आँसू उसकी घनघोर जटा में कहीं समाए जा रहे थे।

"अश्वत्थामा!" कुछ देर में अश्वत्थामा स्वस्थ हुआ, तब उद्धव ने उसे अपने पास बैठाकर पूछा, "कुरुक्षेत्र की उस सुबह के बाद, आज कितने वर्षों बाद तुम्हारा पता मिल रहा है, भाई! तुम थे कहाँ?"

"उद्धव! यों पूछिए कि अब मैं कहाँ नहीं हूँ।" अश्वत्थामा के ओठों पर हलकी मुसकान छाई, किंतु प्रेत जैसी! "किसी की दृष्टि में न पड़ जाऊँ, इसलिए मैं भागता ही रहता हूँ, जहाँ-तहाँ भटकता रहता हूँ, तात! मैं किसी ऐसे इनसान को कभी देख सकूँगा, इसकी कल्पना तक भूल रहा था मैं। अचानक ही आपके दर्शन हो गए, उद्धव!"

अश्वत्थामा उद्धव की ओर ताकता रहा।

"सब कर्माधीन है, वत्स!" उद्धव ने गहरी साँस ली।

"कुरुक्षेत्र के उस प्रभात में जो हुआ, उसे कितना समय बीता होगा, उद्धव?" अश्वत्थामा ने अचानक ही पूछा। उसकी आँखों में चमक आई।

"तात, तीन हजार वर्ष की अवधि पूरी होने में अब कितने वर्ष और शेष रह गए हैं?"

तीन हजार वर्ष!! कितना शेष रहा?

उद्धव के चेहरे पर करुणा छा गई। स्थान, समय, संयोग—इन सबकी सीमा से अश्वत्थामा परे चला गया था—अब उसे कुछ छू नहीं सकता। कदाचित् उस दारुण घड़ी के बाद पहली ही बार वह किसी परिचित से मिल रहा था, किसीके साथ बात कर रहा था। महाकाल उसके लिए एकाकार हो गया था।

"वत्स!" उद्धव ने करुणार्द्र स्वर में कहा, "तीन हजार वर्ष महाकाल के विस्तार में एक क्षण से विशेष अंतर तो नहीं पड़ता न! हो सकता है, वह क्षण कदाचित् बहुत दूर न भी हो…" उद्धव के मन में आया, वह अश्वत्थामा से पूछे कि इन छत्तीस वर्षों में उस पर क्या-क्या गुजरी? उसे कैसी वेदनाएँ हुईं? उसकी संवेदना ने क्या-क्या ग्रहण किया और क्या-क्या छोड़ा?

"अनंत युगों से निरर्थक भटक रहा हूँ। ठीक ऐसा ही लगता है, उद्धव! समय मानो कोई हजारों फन फैलाए हुए सर्प की भाँति मुझे लपेट रहा है! इन हजारों फनों की फुंकारों के बीच एक तीव्र लालसा रह गई है…" अश्वत्थामा बोला।

"तीव्र लालसा?…अश्वत्थामा, क्या अभी भी कोई वासना तेरी आत्मा को पीड़ित कर रही है? पहले ही तेरी यह पीड़ा क्या कोई कम है, जो तू वासना की स्वयंसर्जित पीड़ा की आँच भी सुलगा रहा है?" उद्धव ने थोड़ी खिन्नता का प्रदर्शन किया।

"उद्धव! आज तक मैंने जो भी किया और आज तक मन में जितनी भी कामना जागीं, उन सबकी निरर्थकता समझने के पश्चात् अब बस एक ही कामना रह गई है…" अश्वत्थामा ने कहा, "अठारहवें दिन की मध्यरात्रि में मैंने जो कुछ किया, वह इतना नीच, अधम और अघोरी था, इतना घिनौना था कि यदि इस प्रायश्चित्त की ज्वाला में जलते रहने का अवसर कृष्ण ने मुझे न दिया होता तो त्रिलोक में मुझे कोई ठौर न मिलता! अर्जुन या भीम के हाथों यदि मैं उस रात मारा गया होता तो मेरी अशरीरा आत्मा को कहीं भी जगह न मिलती। शरीर के अपराधों के लिए आत्मा को अविरत, अनंत पीड़ा सहनी पड़ती! कृष्ण ने निरपराधी आत्मा को उबारने की खातिर, कुकर्म के कर्ता इस पार्थिव शरीर को ही अपराध का दंड दिया! कृष्ण की इस कृपा का मैं वास्तव में अधिकारी नहीं था, उद्धव!"

"शांत हो जाओ, भाई!" उद्धव ने अश्वत्थामा के कंधे पर हाथ रखा, "उस अतीत को अब विस्मरण में लुप्त हो जाने दो। वह हुआ ही नहीं, ऐसा मान लो।"

"एक ही राह है। उसके विस्मरण का एक ही उपाय है, उद्धव!" अश्वत्थामा बोला, "आप मेरी सहायता करें तो···!"

"सो क्या, वत्स?"

"तात, कहूँ? न कहूँ?···मुझे कहना तो है ही, तो तात, मुझे सिर्फ एक बार कृष्ण के दर्शन करने हैं।"

"कृष्ण के दर्शन?" उद्धव स्तब्ध हो गए—उनके चेहरे की रंगत उड़ गई। यह क्या कह रहा है अश्वत्थामा!

"हाँ, कृष्ण के चरणों में गिरकर मुझे एक बार···मुझे कुछ कहना है, एक बार हृदय-गह्वर में पड़ा अपना पाप उनके समक्ष प्रकट करना है, तात···"

उद्धव ने आँखें मूँद लीं। अश्वत्थामा को क्या उत्तर दे? कृष्ण का दर्शन?···अब किसे मिलेगा वह सौभाग्य? अब तो मात्र प्रज्ञाचक्षु से वे देखे जा सकते हैं—चर्मचक्षु की सीमा के पार चले गए वे—इस बात को अश्वत्थामा कैसे जानेगा? और जानेगा तो उस पर क्या गुजरेगी?

"आचार्यपुत्र!" उद्धव ने तनिक सावधानी से कहा, "जो पाप अंतर में अविरत चुभता हो, वह पाप उसी पीड़ा से घुल-घुलकर निर्मूल हो जाता है!···उस बोझ को ढोते मत रहो, अश्वत्थामा!"

"कहाँ उतारकर धर दूँ इसे?···मेरा दम घुटा जाता है, तात! इससे मुक्ति तो तभी मिल सकती है, जब मैं कृष्ण के समक्ष अपने एक दूसरे अघोर कर्म को स्वीकार कर सकूँ!"

उद्धव ने गहरी साँस ली। "यह स्वीकार यदि मेरे सामने किया जा सकता हो, तो तुम उस ऋण से मुक्त हो जाओ, वत्स!" अश्वत्थामा की दयनीय दशा अब उद्धव स्वीकार नहीं कर पा रहे थे।

अश्वत्थामा कुछ क्षण देखता रहा। एक असमंजस···कुछ भीतर अटक रहा था। उसने उद्धव पर नजरें टिका दीं, फिर उसके ओठ फड़फड़ाए, "उद्धव! एक बार मैंने कृष्ण की हत्या का आयोजन किया था!"

"कृष्ण की हत्या?" उद्धव ने सरलता से कहा, "वह तो महायुद्ध था, वत्स! युद्ध में प्रतिपक्ष के प्रत्येक सदस्य को मारने का आयोजन दोनों पक्ष करें, इसमें कोई पाप नहीं है!"

"ना···ना, यह युद्ध की बात ही नहीं है! युद्ध के कई वर्ष पहले—द्वारका में कृष्ण के महल में उनका आतिथ्य भोगते हुए मैंने उनकी हत्या का विचार किया था, उद्धव! कृष्ण के सुदर्शन चक्र से ही उनका शिरश्छेद करके, संपूर्ण आर्यावर्त्त में एकमात्र वासुदेव बनने के लिए ऐसा नीच और निकृष्ट विचार मैंने किया था।"

कहते-कहते उसकी आँखें मध्याकाश में तपते सूर्य की ओर टिक गईं···

समग्र आर्यावर्त्त का ऐश्वर्य उस दिन इंद्रप्रस्थ की राजसभा में एकत्रित हुआ था। महाराज युधिष्ठिर के राजसूय यज्ञ का मंगलाचरण हो रहा था। भीष्म, द्रोण, दुर्योधन, कर्ण, कृपाचार्य—हस्तिनापुर से सभी पधारे थे। इधर कृष्ण, द्रुपद और शिशुपाल जैसे महारथी भी यथास्थान विराजमान थे।

"पितामह!" महाराज युधिष्ठिर ने नम्रतापूर्वक वयोवृद्ध, ज्ञानवृद्ध भीष्म को प्रणाम करके पूछा, "यज्ञ का मंगलारंभ हो रहा है! मैं यहाँ उपस्थित महानुभावों में से सर्वप्रथम किसका सत्कार करूँ? आपका निर्देश ही मेरा मार्गदर्शक है!"

भीष्म ने उपस्थित समुदाय पर नजर घुमाई और फिर हँसकर बोले, "पुत्र! समग्र आर्यावर्त्त में कृष्ण ही सर्वप्रथम अर्घ्य के अधिकारी हैं, इस बात में कोई विवाद कहाँ है? तुम कृष्ण की अग्रपूजा करके धर्माचरण करो, पुत्र!"

मंगल वाद्यों के मधुर स्वर से वातावरण गूँज उठा।

युधिष्ठिर खड़े हुए। सत्कार-पूजन सामग्री का सुवर्ण थाल लेकर एक सेवक आगे बढ़ा।

"रुको, रुक जाओ," राजाओं के बीच बैठे हुए चेदि-नरेश शिशुपाल ने अचानक ही खड़े होकर उग्र स्वर में कहा। सबकी नजरें उधर उठ गईं।

"आर्यावर्त्त में अग्रपूजन का अधिकारी कृष्ण को बताकर भीष्म ने धर्म तथा न्याय की मर्यादा का उल्लंघन किया है।" शिशुपाल ऊँची आवाज में बोला, "कृष्ण कोई राजा नहीं। वह तो एक ग्वाला है, ग्वाला! गायों-पशुओं को चराने में जिसने जीवन बिताया हो, ऐसा व्यक्ति प्रथम अर्घ्य का अधिकारी कैसे? यह तो अधर्म है।"

सबकी दृष्टि जो अब तक शिशुपाल की तरफ थी, अब कृष्ण की ओर मुड़ी। कृष्ण अविचल थे और शिशुपाल को ही देख रहे थे; जैसे किसी दूसरे ही व्यक्ति का उल्लेख हो रहा हो, ऐसी निर्लिप्तता कृष्ण के चेहरे पर खेल रही थी। वे कुछ दूर से आ रहा स्वर सुन रहे थे···

"...कृष्ण के पिता वसुदेव और स्वयं भीष्म यहाँ उपस्थित हैं! इन वयोवृद्धों की उपस्थिति में प्रथम अर्घ्य के लिए कृष्ण का नाम लिया कैसे किसीने? और, और इसे, इस कृष्ण को इसे स्वीकार करने में कोई हिचक भी नहीं है! कितनी नीचता है!" शिशुपाल तो आज रुकने ही वाला नहीं था, "महाराज दुर्योधन और महाबाहु कर्ण यहाँ विद्यमान हैं। उनका भी यह घोर अपमान है। कुलगुरु कृपाचार्य तथा आचार्य द्रोण की ऐसी अनदेखी, सरासर अन्याय है यह! स्वयं भगवान् व्यास इस यज्ञकार्य को संपन्न करने के लिए यहाँ पधारे हैं। उनके सामने कृष्ण को यह सत्कार युधिष्ठिर की नीचता है!"

समग्र सभा काठ की पुतली-सी स्तब्ध हो गई। एकमात्र शिशुपाल का उग्र स्वर दसों दिशाओं में गूँजता रहा।

"...गोकुल में रहकर परस्त्रियों के साथ जिसने रासलीला रचाई, जरासंध जैसे समर्थ सम्राट् को जिसने अधर्माचरण से मरवाया..." शिशुपाल का क्रोध बढ़ता जा रहा था। "पराई स्त्रियों का अपहरण करके उन्हें अपनी बनानेवाला यह कृष्ण..."

कृष्ण के ओठों पर झलकती मुसकान और प्रगल्भ हुई। शिशुपाल का इशारा रुक्मिणी की ओर था! रुक्मिणी का वाग्दान उसके सहोदर रुक्मी ने शिशुपाल से किया था, किंतु वाग्दत्ता रुक्मिणी को यह संबंध पसंद नहीं था! स्वयं रुक्मिणी ने ही कृष्ण को संदेशा भेजकर उसकी इस विवाह संबंध से रक्षा करने की प्रार्थना की थी। शिशुपाल यह जानता नहीं, किंतु कृष्ण से कहाँ कुछ अनभिज्ञ था? कृष्ण रुक्मी को परास्त करके, रुक्मिणी को भगा ले गए थे, उसी तरफ शिशुपाल का कटाक्ष था।

"...ऐसे कृष्ण को, इस ग्वाले को अग्रपूजा का अधिकार देना तो किसी नपुंसक के साथ स्वर्गलोक की अप्सरा का ब्याह करने जैसा नीच कार्य है!" शिशुपाल ने गर्जना की।

"शिशुपाल!" कृष्ण अपने आसन से खड़े हुए, उनका गंभीर स्वर किसी उच्च शिखर से हुई शंखध्वनि की तरह चारों ओर गूँज उठा, "मैं नहीं चाहता था कि शक्ति और सामर्थ्य का परीक्षण इस मंगल प्रसंग में हो। तेरा घमंड सच्चा है या नहीं, इसे साबित करने के लिए, यह ले एक अवसर दे रहा हूँ तुझे! इस सुदर्शन चक्र का प्रतिकार करके तू अग्रपूजा का अधिकार प्राप्त कर सकता है!"

सब विस्फारित नेत्रों से देखते रहे। कृष्ण के दाहिने हाथ की तर्जनी पर अचानक आकर विराजमान सुदर्शन दूसरे सूर्य की भाँति तेजस्वी और प्रचंड लग

रहा था। पलक झपकते तो वह तीव्र गति से शिशुपाल की दिशा में चला। शिशुपाल भी कृष्ण के इस रौद्र रूप के सामने एकदम हतप्रभ-सा हो गया। सुदर्शन चक्र क्षणार्ध में शिशुपाल का मस्तक काटकर पुनः कृष्ण की तर्जनी पर आ लगा।

एक क्षण पहले भयभीत और अन्यमनस्क समग्र सभामंडप कृष्ण की जयजयकार से गूँज उठा।

अश्वत्थामा इस दृश्य को विस्फारित नेत्रों से देख रहा था। कृष्ण का सुदर्शन चक्र और यह भयभीत राजसभा!…उसके भीतर तेजी से कुछ घुमड़ा और सुदर्शन चक्र के लिए उसके मन में तेजी से उलटी तरंगें उठने लगीं।

तेरह

ॐ

राजसूय-यज्ञ निर्विघ्न समाप्त हुआ; शिशुपाल-वध का व्यतिक्रम अवश्य अपवाद रहा। आमंत्रित राजा-महाराजा, ऋषि-मुनि, याचक-अतिथि—सभी अपने-अपने स्थानों पर लौट गए। एक बड़ा तूफान जैसे बढ़कर फिर लौट गया हो, कुछ-कुछ वैसे ही सबकुछ पूर्ववत् हो गया; किंतु अश्वत्थामा के भीतर जो तूफान उठा था, उसे अब तक कोई कूल-किनारा नहीं मिला था; एक मानसिक द्वंद्व से घिरा उसका चित्त हर सीमा से बाहर हुआ जा रहा था।

वायव्यास्त्र, आग्नेयास्त्र, सर्पास्त्र और अंत में ब्रह्मास्त्र—पिता द्रोणाचार्य ने तो कोई भी विद्या, कोई भी शस्त्रास्त्र बाकी नहीं छोड़ा था, जिसका गूढ़तम ज्ञान अपने पुत्र अश्वत्थामा को प्रदान न किया हो। जामदग्नेय परशुराम के शिष्य आचार्य द्रोण की बराबरी करनेवाला कोई दूसरा धनुर्धर तब पूरे आर्यावर्त्त में नहीं था। और उन आचार्य ने अपनी संपूर्ण विद्या अपने पुत्र अश्वत्थामा को दी थी। कर्ण और अर्जुन भी जो नहीं जानते थे, ऐसी मंत्र-शक्तियाँ उन्होंने पुत्र-प्रेमवश अश्वत्थामा को सिखाई थीं। लेकिन उस रोज, सम्राटों-महावीरों से भरी युधिष्ठिर की राजसभा में राजसूय यज्ञ में अश्वत्थामा ने जो कुछ देखा वह…वह तो समस्त विद्याओं से ऊपर था। पल-भर में, सूर्य का धधकता गोला ही मानो आकाश से उतरकर कृष्ण की उँगली में विराजमान होकर घूमने लगा हो, चौंधियाती किरणोंवाले सुदर्शन चक्र ने उसके भीतर एकदम हलचल मचा दी थी। वह बहुत अस्वस्थ हो गया था।

तो पितामह भीष्म ने राजसूय यज्ञ में कृष्ण को अग्रपूजा का अधिकारी

किस कसौटी के कारण घोषित किया? उसका रहस्य कदाचित् इस सुदर्शन चक्र में ही तो नहीं छिपा है। एक क्षण में, पलक झपकते ही शिशुपाल का शिरश्छेद कर दिया। महावीरों की वह पूरी सभा कठपुतली-सी जड़ रह गई। और अगले ही क्षण सारे उपस्थित राजाओं-राजेंद्रों ने कृष्ण की जयजयकार की। उसके पीछे भी इस आग्नेय सुदर्शन का सामर्थ्य नाच रहा होगा। अश्वत्थामा का विश्वास दृढ़ से दृढ़तर होता गया। सुदर्शन की शक्ति ही कृष्ण को आर्यावर्त्त का प्रथम पुरुष बना रही थी—उसके सामर्थ्य से ही कृष्ण इतने महिमावान् दिखाई देते हैं। जितना कुछ है अश्वत्थामा के पास, उतना किसके पास है! कौन है आज उसकी बराबरी का? लेकिन यह सुदर्शन चक्र? यही तो उसे कृष्ण से हीन बना देता है।

कृष्ण के सुदर्शन चक्र के समकक्ष एक दूसरा सुदर्शन चक्र मेरे पास है, ऐसा दावा करनेवाले पौंड्र प्रदेश के राजा पौंड्रक के बारे में उसने सुना था। अंगदेश के उस पार, मोदागिरी पहाड़ के पड़ोस में बसे उस पौंड्र प्रदेश का राजा पौंड्रक अपने आपको कहलवाता था वासुदेव!...कृष्ण जैसा ही सुदर्शन चक्र मेरे पास भी है, उसका दावा था; लेकिन कृष्ण ने सैकड़ों लोगों की भरी सभा में, सबकी आँखों के सामने अपने सुदर्शन का चमत्कार और उसका स्वामित्व सिद्ध किया था। पौंड्रक का सुदर्शन किसने देखा? पर यह तो एक कपोल-कल्पना भी हो सकती है।

आर्यावर्त्त में वासुदेव तो एक ही हो सकता है!

आज ऐसे वासुदेव कृष्ण ही हैं!...हैं, लेकिन, लेकिन, अश्वत्थामा की आकांक्षाएँ असीम हो उठीं, आकाश की सीमाएँ पार कर ब्रह्मांड तक फैल गईं।

एक बार सुदर्शन का वह स्वामी बन जाए, कृष्ण से वह सुदर्शन हासिल कर ले तो वासुदेव बनने का उसका सपना असंभव नहीं रह जाएगा। सृष्टि में यही तो चलता है—एकमात्र सामर्थ्य! आज कृष्ण समर्थ हैं; इसलिए वे वासुदेव हैं—कल यदि अश्वत्थामा को वैसा ही सामर्थ्य मिल जाए, तो यही युधिष्ठिर उसे ही वासुदेव मानकर प्रथम अर्घ्यदान करेगा—और पितामह भीष्म भी उसकी स्तुति करेंगे।

किंतु सुदर्शन का स्वामित्व? उसे पाना आसान तो नहीं। वह किसी भी तरह कृष्ण की बराबरी नहीं कर सकता, उसे अश्वत्थामा से ज्यादा अच्छी तरह कौन जानता था। कृष्ण की उँगली पर नाचते उस तेजपुंज की सहस्रों ज्वालाओं को उसने उस दिन अपनी आँखों से तो देखा ही था!...और उन ज्वालाओं के बीच भी कैसे थे कृष्ण?—एकदम स्थिर, करुणार्द्र-निर्लिप्त मुसकान—कृष्ण का

वह चेहरा उसे भूलता नहीं था! वह सच भी जानता था और अपनी कल्पना भी। आर्यावर्त्त का एकमात्र वासुदेव बनने की आकांक्षा की वेगवान् तृष्णा उसे उड़ाए लिये जा रही थी।

इस आकांक्षा की पूर्णता का स्पर्श एक ही था—आर्यावर्त्त से कृष्ण की बिदाई! जब तक कृष्ण हैं, अश्वत्थामा का स्वप्न साकार होना असंभव था। पौंड्रक की तरफ से कोई भय नहीं था, किंतु कृष्ण; उनका अस्तित्व यदि बना रहा तो आर्यावर्त्त के प्रथम पुरुष के नाते अर्घ्य पाने का उसका सपना कभी सफल नहीं हो सकता।

अश्वत्थामा ने निर्णय कर लिया। उसने मन-ही-मन अपनी योजना गढ़ ली। कृष्ण के पास पहुँचकर ही उसकी योजना आकार ले सकती थी। आतिथ्य का आनंद लेना और अपना काम पूरा करना—यही सोचकर उसने द्वारका की तरफ प्रयाण किया।

आचार्यपुत्र को यों एकाएक अपने अतिथि रूप में पाकर कृष्ण ने उसका यथायोग्य सत्कार किया। जरासंध और कालयवन के आक्रमण के सामने टिकना कठिन जानकर यादव मथुरा छोड़कर दूर पश्चिम में, समुद्र-तट पर कुशस्थली में जा बसे हैं, यह अश्वत्थामा ने पहले ही सुना था। वह कुशस्थली भव्य प्रासादों और सुवर्ण कलशों से शोभित ऐसी सुंदर द्वारका बन गई है, यह उसकी कल्पना में नहीं था। अश्वत्थामा चकित रह गया। ऐसा नहीं था कि समृद्धि उसने देखी न हो; इस चकाचौंध की क्षणभंगुरता वह जानता था···उसकी आँख तो कृष्ण के आवास में एक ऊँचे आसन पर रखे सुदर्शन चक्र पर ही लगी थी। वही सुदर्शन चक्र, उसकी आकांक्षा का केंद्र।

एक बार यह सुदर्शन चक्र उसके हाथ आ जाए तो···तो फिर कृष्ण की इहलोक यात्रा पूर्ण हो जाएगी और वे परलोक गमन कर जाएँगे। कितना सरल था यह काम! इहलोक से कृष्ण की बिदाई और वह भी मेरे इन हाथों से।···फिर इसी हाथ की उँगली पर सुदर्शन चक्र घूमेगा। जिस चक्र को उस दिन राजसूय यज्ञ में सैकड़ों भयभीत नजरों ने देखा था, वही चक्र इस हाथ की उँगली पर घूमता देखकर कौन उसकी स्तुति नहीं करेगा!

"मधुसूदन!" एक दिन आतिथेय कृष्ण और अतिथि अश्वत्थामा प्रासाद में बैठकर आराम से चर्चा कर रहे थे, तभी अश्वत्थामा ने बड़ी सावधानी से कहा, "मेरे पिता आचार्य द्रोण ने मुझे जो शस्त्रास्त्रों की विद्या सिखाई है उसे कदाचित्

समग्र आर्यावर्त्त में कोई नहीं जानता।''

''तुम्हारी बात सच है, अश्वत्थामा!'' कृष्ण ने सरलता से कहा, ''आचार्य द्रोण तो हैं स्वयं जामदग्नेय-भगवान् भार्गव के शिष्य! भार्गव तो अब निवृत्त हुए, इसलिए आचार्य का समकक्ष होने की तो कोई कल्पना भी नहीं कर सकता!''

''शस्त्रास्त्रों का यह रहस्य आपके सामने रखना चाहता हूँ, केशव!'' अश्वत्थामा ने अपनी कूटनीतिक चाल चली, ''द्वारका अजेय है और आप यदुनंदन इसके अधिपति हैं,'' अश्वत्थामा जरा रुका। कृष्ण के चेहरे पर खेलती उनकी मधुर मुसकान और भी खिल रही थी।

''मधुसूदन, आपको यदि इन विपुल शस्त्रास्त्रों का रहस्य ज्ञात हो जाए तो स्वयं इंद्र भी कभी यादवों की तरफ आँख उठाकर नहीं देखेगा,'' अश्वत्थामा अपनी कहे जा रहा था। कृष्ण के चेहरे पर खेलती उस मुसकान का रहस्य खोजने की दृष्टि अश्वत्थामा के पास तब थी कहाँ!

''अपनी यह तमाम गूढ़ विद्या मैं आपके चरणों में अर्पित करने को तत्पर हूँ, कृष्ण···!'' अश्वत्थामा अब वासुदेव बनने के सपने को साकार होते देख रहा था, ''बदले में आप मेरी एक प्रार्थना स्वीकार करें, मधुसूदन!''

''अश्वत्थामा!'' कृष्ण ने सहज भाव से अश्वत्थामा के कंधे पर हाथ रखते हुए कहा, ''वत्स, तुम मेरे अतिथि हो! तुम्हारी कोई भी इच्छा पूरी करना मेरा अतिथि धर्म है। तुम तो ब्राह्मण अतिथि और इससे बढ़कर आचार्यपुत्र हो—मेरे लिए हर तरह से वंदनीय। कहो, निस्संकोच कहो। बदले की किसी भावना के बिना मैं तुम्हारी इच्छा पूरी करने का वचन देता हूँ!''

अश्वत्थामा खिल उठा। बस, अब तो मेरे सपने साकार हुए ही। कोई विघ्न नहीं रहा। कृष्ण ने उसे वचन दिया है। अब क्षण-दो क्षण में उसके हाथ में सूर्य की प्रचंडता से मंडित वह सुदर्शन चक्र आ जाएगा—और सुदर्शन के हाथ में आते ही वह उसका पहला ग्रास स्वयं कृष्ण को ही···

···आर्यावर्त्त में फिर एकमात्र वासुदेव अश्वत्थामा होगा।

''तो फिर, माधव!'' अश्वत्थामा ने अधीर होकर कहा, ''अपनी तमाम अस्त्र-शस्त्र विद्या के रहस्य के बदले मैं आपका सुदर्शन चक्र माँगता हूँ!''

कृष्ण की भुवनमोहिनी मुसकान जरा भी विचलित न हुई! उनकी आवाज एकदम संयत थी। अश्वत्थामा की पीठ सहलाते हुए वे बोले, ''आचार्यपुत्र! तुम्हें सुदर्शन चक्र ही चाहिए न! इसमें इतनी बड़ी बात क्या है?···इसके लिए तुम्हें अपनी अमोघ शस्त्र-विद्याओं का विक्रय करने की कोई आवश्यकता नहीं।

अभी तो मुझे तुम्हारी विद्याओं की कोई जरूरत भी नहीं, जब होगी, तब मैं उसकी व्यवस्था कर लूँगा, वत्स! जाओ, सुदर्शन चक्र इस क्षण से तुम्हारा हुआ। तुम खुशी से उसे यहाँ से ले जाओ,'' और फिर कुछ रुककर इतना और जोड़ा, ''यदि ले जा सको तो!''

'सुदर्शन चक्र इस क्षण से तुम्हारा है!'—इतना सुनते ही अश्वत्थामा के लिए कुछ सुनना शेष न रहा। वह तो एक उल्लास में डूब-सा गया। कृष्ण के और कोई शब्द उस तक पहुँच नहीं सके—कृष्ण ने एकदम अंत में जो कहा। वह अश्वत्थामा के कान में पड़ा हो तो भी उसने वह सुना नहीं। वह झपट पड़ा। बिजली की तरह खड़ा हो गया। कृष्ण के बढ़े हुए हाथ को झटकता हुआ वह सुदर्शन की ओर बढ़ा। भव्य आसन पर सुशोभित सुदर्शन पर उसने बड़ी व्याकुलता से हाथ फिराया। उसका रोम-रोम स्पंदित हो उठा—बस! अब मैं ही हूँ इसका स्वामी!

मैं, अश्वत्थामा, सुदर्शन चक्र का स्वामी हूँ। वह जितनी तत्परता से झपटा था, उतना ही आश्चर्य घोषित हुआ। वह सुदर्शन तक तो पहुँचा, लेकिन वहाँ पहुँचते ही उसकी पूरी ताकत जैसे खत्म हो गई। सुदर्शन पर सरकती उसकी उँगलियाँ बेजान-सी लटक गईं। त्वचा में जलन-सी होने लगी। उसने प्रयत्न तो बहुत किया, पर सुदर्शन तिल-भर भी न खिसका। उसकी ऐसी बचकानी उत्सुकता कृष्ण ने कहीं देखी तो नहीं! एक लज्जाभाव भीतर से उठा। उसने पीछे मुड़कर देखे बिना ही दूसरी बार सुदर्शन के मध्यभाग पर अपनी मुट्ठी कसी! बलपूर्वक उसने सुदर्शन को उठाने का प्रयत्न किया। वह काँप गया! कृष्ण कहीं उसकी इस निष्फलता की हँसी तो नहीं उड़ा रहे? कृष्ण को कहीं उसके हेतु का अँदेशा हो जाए तो फिर…

उसने पुनः दोनों हाथों से बलपूर्वक सुदर्शन को उठाने का प्रयत्न किया; वह फिर भी तिलमात्र न खिसका! अश्वत्थामा पसीने से तर-ब-तर हो गया! जो सुदर्शन कृष्ण के दाहिने हाथ की एक उँगली पर फूल की तरह अवस्थित होता था, वही सुदर्शन अश्वत्थामा जैसा वीर योद्धा अपने दोनों हाथों से अपनी तमाम शक्ति झोंककर भी खिसका नहीं पा रहा था। उसने फिर एक बार अंतिम प्रयत्न किया, लेकिन परिणाम वही।

हताश होकर उसने पीछे खड़े कृष्ण की ओर देखा। कृष्ण के चेहरे पर वही करुणार्द्र मुसकान और आँखों में वही अथाह स्निग्धता। उस चेहरे को, उन आँखों को झेलना संभव न था। अश्वत्थामा ने गरदन झुका ली।

"वत्स!" कृष्ण ने नजदीक आकर उसके माथे पर हाथ रखा, "सुदर्शन तो शक्ति है, तात! शक्ति की प्राप्ति के लिए स्वामित्व नहीं, समर्पण चाहिए! जिस दिन इस सत्य को समझ जाओगे, उस दिन सुदर्शन से भी कहीं बड़ी शक्तियाँ स्वयं तुम्हें खोजती आएँगी!"

अश्वत्थामा कुछ बोल न सका। कृष्ण के प्रचंड व्यक्तित्व के आगे उसे अपना अस्तित्व बौना लगने लगा।

"लज्जा छोड़ दो, आचार्यपुत्र!" कृष्ण ने उसे समझाया, "शक्ति-प्राप्ति का प्रयत्न, उसकी आराधना कोई लज्जास्पद बात नहीं! मात्र उस शक्ति का हेतु ही उसकी श्रेष्ठता या अधमता का निर्णय करता है। कहो, वत्स! सुदर्शन जैसी प्रचंड शक्ति प्राप्त करने का तुम्हारा हेतु क्या था?"

अश्वत्थामा अस्वस्थ हो उठा। कृष्ण से कहूँ कि मैं सुदर्शन प्राप्त करके आपकी ही हत्या करना चाहता था? कृष्ण के स्थान पर स्वयं वासुदेव बनने का उसका अधम स्वप्न यदि कृष्ण जान जाएँ तो?

सुदर्शन चक्र प्राप्त करना तो दूर, तब शायद प्राणरक्षा भी भारी पड़ जाएगी। कृष्ण के चेहरे की ओर देखे बिना ही अश्वत्थामा ने अपनी पीठ फेर ली।

"उद्धव!" अतीत के एक अत्यंत बोझिल अध्याय को आज उनके सामने खोलकर धर देने के बाद अश्वत्थामा की अशरीरी आत्मा चीत्कार कर उठी, "कृष्ण के प्राण हरण के लिए मैंने उनके ही आतिथ्य का नीच उपयोग किया था। कृष्ण के औदार्य को समझे बिना मैंने सुदर्शन के स्वामित्व के लिए जो निकृष्ट प्रयत्न किया, वह बात, वह वेदना मैं भूल नहीं सकता! मुझे एक बार कृष्ण के पास ले चलो; मुझे कृष्ण के उस प्रश्न का उत्तर देना है, उद्धव! उनके चरणों में बैठकर मुझे अपने पाप का स्वीकार करना है..."

उद्धव की आँखें नम हो गईं।

"तात अश्वत्थामा!" उद्धव ने मृदुता से उसका मस्तक सहलाया, "पाप-पुण्य, कर्म-अकर्म इन सारे द्वंद्वों से अब अलिप्त हो जाओ, वत्स! अश्वत्थामा अब कोई शरीर नहीं, कोई आत्मा नहीं! कुत्सित-नीच कर्म की पगडंडी पर अब आगे कोई आत्मा पाँव न धरे, तुम्हारा जीवन इसी की निशानी बना रहे, यही तो कृष्ण का अपेक्षित कर्म था, भाई? कृष्ण की इस अपेक्षा को पूरी करते रहो, भाई!"

"ना, उद्धव, ना," अश्वत्थामा बिलखने लगा, "जब तक मैं कृष्ण के समक्ष उनके उस प्रश्न का उत्तर नहीं दूँगा, मेरी वेदना शांत नहीं होगी,"

"कृष्ण के दर्शन अब ब्रह्मांड के विस्तार में ही हो सकेंगे, भाई! कृष्ण ने देहकर्म तो समेट लिया है..." उद्धव ने धीरे से कहा।

"अर्थात्?" अचानक ही अश्वत्थामा विकल हो उठा। "उद्धव!!...यह आप क्या कह रहे हैं? त्वरित कहें कि...कृष्ण कहाँ हैं?"

"कृष्ण तुम्हारे पास ही हैं—यहाँ हैं, वहाँ हैं, सर्वत्र हैं—कृष्ण अब कोई शरीर नहीं। शरीर से परे परमतत्त्व! वही तो हैं अब कृष्ण," उद्धव ने आँखें मूँद लीं, "एक महायुग समाप्त हो चुका है, तात!"

"कृष्ण को भला देहधर्म का स्पर्श?" अश्वत्थामा एकबारगी खड़ा हो गया। "अश्वत्थामा की इस व्यथा-ज्वाला पर स्नेह की बूँदों के बिना महायुग पूरा नहीं हो सकता! महायुग की विफलता का द्योतक यह घाव जब तक बह रहा है, तब तक कृष्ण कहीं नहीं जा सकते..." अश्वत्थामा ने अपने घाव की ओर उद्धव का ध्यान खींचा, "मैं कृष्ण को ढूँढ़ निकालूँगा, उद्धव! कृष्ण की खोज मैं करता ही रहूँगा, करता ही रहूँगा। चाहे अकेला ही; मैं कृष्ण को ढूँढ़ता रहूँगा और जिस दिन कृष्ण मिल जाएँगे उस दिन..." अश्वत्थामा अचानक पीठ फेरकर घनघोर जंगल की दिशा में दौड़ पड़ा। उसके अंतिम शब्दों की गूँज भी धीरे-धीरे क्षीण हो गई।

'कल्याण मार्ग की यात्रा एकाकी है, उद्धव! कोई निर्देश का पुण्य भले ही पा ले, बाकी आत्मा को इस मार्ग पर अकेले ही चलना होता है। कोई किसी के सुख का कारण नहीं—कोई किसी के दुख का कारण भी नहीं! अकेली आत्मा और उसके कर्म—दो ही हैं, जो परस्पर लिपटे हैं...'

अश्वत्थामा के पाँवों तले रौंदे जाते जीर्ण पत्तों की तो यह खड़खड़ाहट नहीं हो सकती।

उद्धव ने हाथ जोड़कर दसों दिशाओं को प्रणाम किया। यादवों को प्रभासक्षेत्र की ओर ले जाने की पूर्वसंध्या पर स्वयं कृष्ण ने ही तो ये शब्द कहे थे। भूली हुई वह बात आज फिर कैसे सुनाई दी?

उद्धव ने अश्वत्थामा के लिए फिर प्रार्थना की।

गंतव्य निकट आ पहुँचा था। ऐसी लग रही थी यमुना किनारे बसी मथुरा मानो किसी स्वस्थ देहधारी तेजस्वी गोप गृहिणी ने बालक को समेटकर गोद में उठा

रखा हो। मथुरा पर नजर पड़ते ही उद्धव के चरणों की गति अपने आप धीमी हो गई। कालिंदी के श्यामवर्ण शीतल जल में वे उतरे तो खड़े-के-खड़े रह गए। सूर्य पश्चिम की ओर उतरता जा रहा था—मानो ढलते-ढलते अपनी रक्तिम किरणों को कालिंदी के नीर में धो रहा हो। कालिंदी का किनारा निर्जन भी था और नीरव भी! किनारे तक आती लहरों की मद्धिम ध्वनि और जल में चोंच डालते पंछियों की चहचहाहट के सिवाय सर्वत्र शांति थी।

उद्धव ने मथुरा की ओर देखा—मार्ग में गोधन के खुरों के चिह्न अंकित थे! कहीं-कहीं रथ के चक्रों या गाड़ियों के पहियों के चिह्न भी दीखते थे।

यात्रा की थकान मिटाने के लिए उद्धव ने अंजुलि में यमुना जल भरा—अचानक उनके हाथ काँपे, अंजुलि खुल गई, पानी फिसलता हुआ प्रवाह में एकरूप हो गया। क्षण-भर पहले जो अंजुलि में था, वह अब असीम में विलुप्त हो गया। दोबारा उसे पकड़ सकता है कोई?…यह प्रवाह, यह जल…

उद्धव फिर नीचे झुके। अंजुलि समेटी, और कालिंदी में डुबोई—अंजुलि फिर रसाप्लावित हो गई—एक अंजुलि जल—

इसी जल में कभी कृष्ण ने स्नान किया होगा—

इसी जल में कभी कृष्ण ने आचमन किया होगा—

इसी जल में उतरकर कभी कृष्ण ने कालियदमन किया था—

यह जल, यह पानी, यह प्रवाह।

अंजुलि-भर पानी उद्धव को अस्वस्थ कर गया। उनकी अंजुलि फिर खुल गई। पानी फिर निसर गया। वह प्रवाह में ऐसा एकरूप हो गया कि फिर उसे अलग न किया जा सके!

एक पंछी की कूक सुनाई दी।

क्या कृष्ण की बाँसुरी का नाद? वह टेर कहाँ खो गई?…कृष्ण की बाँसुरी क्या अब पंछियों के कंठ में बस गई होगी? वरना कालिंदी के किनारे पंछियों की ऐसी ध्वनि पहले तो सुनाई नहीं देती थी।

कालिंदी का जल उद्धव के हाथों से बार-बार क्यों छूट रहा था? कहीं कालिंदी उद्धव से नाराज तो नहीं? उद्धव कालिंदी के समक्ष हाथ जोड़कर, नतमस्तक खड़े रहे और तब कालिंदी के प्रवाह से शब्द-से उठे—

'उद्धव! तू कृष्ण के साथ ही यहाँ बरसों पहले आया था न! कंस के यज्ञ के निमित्त गोकुल से कृष्ण-बलराम को लेकर अक्रूर पहली बार यहाँ आए, तब उद्धव, तू भी तो उनके संग था न! आज, आज तू यहाँ अकेला ही

कैसे चला आया? कृष्ण-बलराम कहाँ रुक गए? उन्हें कौन-सी दिशा में भेजकर तू यहाँ आ गया, उद्धव? बोल, बोल, भाई, तू कृष्ण का कोई संदेशा लाया है मेरे लिए?'

उद्धव काँप उठे। एक झटके में उन्होंने कालिंदी के जल में से अपने पाँव खींच लिये। कालिंदी का प्रवाह उनसे यह क्या पूछ रहा था? अब कालिंदी की आँखों में झाँकना मुश्किल हो गया। उन्होंने आँखें मूँद लीं। कुछ पल ऐसी ही निश्चलता में बीते।

"—यमुना मैया," उद्धव की मुँदी आँखें कुछ खुलीं। ओठ फड़फड़ाए, "मैं अपराधी हूँ, माँ! कृष्ण को किस अनजान दिशा में छोड़कर मैं अकेला ही आज तेरे जल का आचमन करने आया हूँ! माँ, मेरा यह अपराध तू क्षमा करेगी न! किंतु···किंतु, कृष्ण तो तेरे संग, तेरे पास ही अविरत हैं, माँ—यहाँ के हर पंछी की कूक में तूने कृष्ण की बाँसुरी नहीं सुनी? तेरे जल में तैरते इन कछुओं की गति में तुझे कृष्ण की पदचाप नहीं सुनाई देती? इन गायों की थरथराती त्वचा जब तेरे जल को स्पर्श करती है, तब तुझे कृष्ण के स्पर्श की याद नहीं आती? और···और···देख, यह मेरा अश्रुबिंदु···" उद्धव आगे बोल न सके। एक मोती जैसा अश्रुबिंदु आँखों से लुढ़ककर यमुना के प्रवाह में लीन हो गया।

उद्धव ने फिर आँखें मूँद लीं। कुछ देर में फिर बोले, "माँ! अब यह अश्रुबिंदु ही कृष्ण का मयूरपंख है! इस मयूरपंख को तूने अपनी गोद में समेट लिया। यह गोद ही अब देवकी की गोद है, यशोदा की गोद है। माँ कालिंदी, तेरी यह गोद और कृष्णप्रेम में विह्वल अश्रुबिंदु के मयूरपंख—ये दोनों अब इस भूमि पर तब तक बने रहेंगे जब तक आकाश में ये सूर्य-चंद्र भासमान हैं···"

यमुना का जलप्रवाह उद्धव को जैसे गहरे धोता जा रहा था।

मथुरा के दुर्ग-द्वार पर जब उद्धव पहुँचे, तब संध्या उतर रही थी। नगर से बाहर गया गोधन और गोपाल लौट रहे थे। उद्धव जिस नगरी को देख रहे थे वह नगरी अब कंस की नहीं थी; तात उग्रसेन की भी नहीं थी! उग्रसेन तो कृष्ण के साथ ही द्वारका चले गए थे। जरासंध और कालयवन के आक्रमणों से व्रजभूमि सदैव बची रहे, इसीलिए कृष्ण ने मथुरा का त्याग किया था और अधिकतर यादव कृष्ण के साथ ही द्वारका जा बसे थे। शेष यादव-वृष्णि, भोजक की जो नई पीढ़ी यहाँ बसी हुई थीं, उनमें से बहुसंख्यकों ने तो कृष्ण के विषय में सुना-भर था—बहुत कम ऐसे रह गए थे, जिन्होंने कृष्ण को देखा और उनके साथ रहे थे—गिने-चुने

ही ऐसे थे। कितने वर्षों बाद मथुरा आए थे उद्धव! बस, आज की रात मथुरा में बिताकर कल सुबह गोकुल पहुँचने का विचार था उनका! गोकुल में राधा से मिलकर कृष्ण का संदेशा पहुँचाने के बाद वे कर्म-बंधनों से मुक्त हो जाएँगे।

दुर्ग के द्वार पर खड़े रहकर उद्धव ने पुरानी आँखों से नई नगरी के दर्शन किए। एक अपरिचित से यात्री को द्वार के पास खड़े देखकर दो-तीन युवक नजदीक आए।

"प्रणाम, तात!" एक वयस्क नगर जन ने उनका अभिवादन किया, "आप मथुरा नगरी में नए लगते हैं! आपको निश्चित रूप से कहीं न जाना हो तो आप मेरे अतिथि बनकर मुझे पावन करें!"

"कल्याण हो, वत्स!" उद्धव ने आशीर्वाद दिया। भीतर से तनिक अटपटा-सा लगा। तो आज उद्धव भी इस नगरी में नवागंतुक हो गए? कुछ ही वर्षों में कितना बदल गया है सब! कदाचित् ऐसा भी होता क्या कि स्वयं कृष्ण यहाँ आएँ और नगरवासी उनसे भी ऐसा ही प्रश्न पूछ बैठें—

हो सकता है, जरूर हो सकता है! यह आकाश, यह धरती, यह कालिंदी—सब वही होते हुए भी उद्धव आज यहाँ परदेसी थे। पुरजनों के लिए अतिथि थे। महाकाल की गति को कौन जान पाया है?

"मथुरा नगरी में किसी वृद्ध यादव के घर आश्रय की इच्छा है, वत्स!" उद्धव ने कहा। एक आशा दीप-सी जल रही थी कि मथुरा के वृद्ध तो जरूर मुझे पहचानते होंगे।

"वृद्ध यादव?" प्रश्नकर्ता को आश्चर्य हुआ, "यहाँ बसे यादवों में सबसे वृद्ध तो अक्रूर हैं, तात!"

"अक्रूर!!" उद्धव रोमांचित हो उठे। इस नगरी में अक्रूर ही तो उन्हें पहली बार लाए थे। वे अक्रूर अभी तक हैं? उद्धव को आश्चर्य भी हुआ और आनंद भी। "चलो, मुझे तुरंत अक्रूरजी के पास ले चलो! कितने वर्षों के बाद अक्रूरजी के दर्शन होंगे।"

उद्धव भावुक हो उठे। द्वारका में निवास और इस परिभ्रमण के बीच वे अतीत से कितने अलिप्त हो गए थे, मथुरा नगरी के लिए भी वे अपरिचित अतिथि मात्र रह जाएँ तो कोई आश्चर्य नहीं!

"आप···आप···अक्रूरजी को पहचानते हैं?" उस युवक ने पूछा। उसकी आँखों में आश्चर्य और अहोभाव दोनों थे।

"वत्स!" उद्धव ने तनिक हँसकर कहा, "उग्रसेन, वसुदेव, कंस और

स्वयं कृष्ण—इन सबके साथ अक्रूरजी के सहवास का सौभाग्य भी मिला था इस वृद्ध को…"

"ओह, अच्छा? आप…आप…" उद्धव के आसपास नगरवासियों का एक झुंड एकत्र हो गया।

"मेरा नाम उद्धव है, पुत्र…" उद्धव ने वात्सल्य से उसके कंधे पर हाथ रखा।

"उद्धवजी?" झुंड में से एक साथ आवाज उठी। उद्धव का चेहरा नई पीढ़ी के लिए अनजाना था, पर नाम तो अनजाना नहीं था! सबने खिसक-खिसककर जगह निकाली और एक-एक कर उद्धवजी को सविनय प्रणाम किया।

"क्षमा करें," एक अत्यंत बुजुर्ग ने बात शुरू की, "तात, हमने आपको पहचाना नहीं! मथुरा नगरी में आपको अपरिचित अतिथि समझने की भूल की। यह समग्र नगरी आपका ही घर है, नरश्रेष्ठ! आप…आप कृष्ण और वसुदेव के पास से आए हैं न!!…हम कृष्ण की बातें जानने को आतुर हैं!"

"हाँ, हाँ," कई आवाजें एक साथ उठीं, "हमने कृष्ण के बारे में सुना है। कृष्ण की बाँसुरी आपने तो जरूरी सुनी होगी। अक्रूरजी एक बार उस बाँसुरी की बात कर रहे थे…"

"हमें कृष्ण के मयूरपंख के बारे में कुछ सुनाइए, तात…"

"हमने सुना है कि इस व्रजभूमि को कंस के अत्याचारों से कृष्ण ने मुक्त किया था—मुक्ति की वह पूरी कहानी हमें सुनाइए, उद्धवजी! आपने तो वह सब अपनी आँखों से देखा होगा…!"

"कृष्ण हैं कहाँ, तात?" किसीने विह्वल स्वर में पूछा, "नई पीढ़ी के हम मथुरावासी कृष्ण-दर्शन से वंचित रहे हैं! हमारे इस दुर्भाग्य का अंत कब होगा?"

उद्धव का चेहरा म्लान हो गया! उनकी आँखों में वेदना उभर आई। अभी कुछ क्षण पहले ही कालिंदी के किनारे, अश्रुबिंदु के प्रवाह में विलीन हुआ मयूरपंख मानो फिर हवा में तैरने लगा!

"तुमने इस व्रजभूमि में कृष्ण को नहीं देखा, यह कैसे, भाई!" उद्धव ने स्वयं को सँभाले हुए कहा, "कंस के उस सभामंडप के पास क्या तुम्हें कृष्ण की पदचाप सुनाई नहीं देती! कारागार की सलाखों के पीछे से बालक कृष्ण के रुदन का मीठा स्वर तुम्हारे कानों तक नहीं पहुँचता? और, और इस यमुना के प्रवाह में तुम्हें कभी कृष्ण की झलक नहीं दिखी? देखो, देखो उधर, उस तमालवृक्ष और कदंब वृक्ष की डाली को देखो…"

एक साथ कई जोड़ी आँखें उस दिशा में घूमीं और स्थिर हो गईं! इन वृक्षों को तो रोज ही देखते थे सब; किंतु, किंतु आज दृश्य नया-नया कैसे लग रहा था? ऐसा तो पहले कभी नहीं दिखा था! जैसाकि उद्धव कह रहे थे, तमाल और कदंब के वृक्षों पर मोरपंख कैसे दीखने लगे? वे सारे पर्ण मोरपंख बन गए···और, और हवा की सरसराहट के साथ इन मयूरपंखों के बीच से बाँसुरी की ध्वनि उठी! क्या मयूरपंख और यह बाँसुरी दोनों यहीं थे? हाँ, यहीं तो थे···! ये मयूरपंख और यह बाँसुरी—यही तो कृष्ण हैं!

''कृष्ण···''

एक नाद उठा!

मथुरा के प्रासादों और गवाक्षों के गुंबदों से देर तक इन दो अक्षरों की प्रतिध्वनि उठती रही।

''यह सब क्या है, उद्धवजी? हमने, हमने, यह सब क्या देखा? और यह क्या सुना?'' उस बुजुर्ग की आवाज से आनंद और आश्चर्य छलक रहा था।

''बस! यही तो अब कृष्ण हैं, वत्स! हमारी तरह हाड़-चामवाले कृष्ण अब इन सबमें व्याप्त हो गए हैं। कृष्ण अस्थि-चर्मवाले देहरूप में अब कभी नहीं दीखेंगे। उनका देहधर्म समाप्त हो चुका है!'' उद्धव ने आखिर कह ही दिया।

देहधारी कृष्ण अब नहीं हैं?—एक झटका लगा। एक बिजली कौंधी। पुरजन अवाक् रह गए! क्षण-भर पहले जिन उद्धव ने उन्हें कृष्ण का साक्षात्कार करवाया था, वे ही उद्धव अब कृष्ण के देहधर्म की समाप्ति की बात कह रहे थे। नगरवासी विकल हो गए। एक बार फिर उनकी व्यग्र दृष्टि तमाल और कदंब वृक्षों की ओर घूमी—अभी-अभी कृष्ण यहीं थे, यहीं तो थे! स्वयं उद्धव ने ही साक्षात्कार करवाया था! अब वे मयूरपंख क्यों अदृश्य हो गए? इन पर्णों के पीछे सब जा छिपा क्या?

''तात,'' एक वयस्क नगरवासी ने वहाँ उपस्थित सबके मन की बात कही, ''आपके कारण हमारी आँखों ने कृष्ण के मयूरपंख का स्पर्श कर लिया। व्रजभूमि कृष्ण-वंचित कभी नहीं रही, यह भी हमें आपने ही बताया। एक भ्रम में हम जी रहे थे, आपने उस भ्रम का निरसन किया।

''व्रजभूमि के प्रत्येक कण में अब हम कृष्ण के दर्शन कर सकेंगे, तात! आइए, हम आपको अक्रूरजी के आवास पर ले चलें···''

नगरवासियों से घिरे उद्धव धीरे-धीरे प्रासाद के निकट आए, पश्चिमी

क्षितिज पर सूरज अपनी अंतिम किरणें बिखेर रहा था। मथुरा के राजमार्गों पर उद्धव के आगमन की और कृष्ण के देह-विलय की बात मानो हवा के संग-संग फैल गई थी। नगरवासी अपना काम-धाम छोड़कर उद्धव के आसपास चल पड़े थे। कृष्ण के बारे में कोई कुछ पूछ नहीं रहा था। सबके चेहरों पर छाई थी एक गहरी व्यथा और आँखों में छा रही थी उद्धव-दर्शन की सौम्यता।

उद्धव आ पहुँचे हैं और कृष्ण बिदा ले चुके हैं—अक्रूर के प्रासाद में उद्धव से पहले ही ये दोनों बातें पहुँच चुकी थीं। अक्रूर अत्यंत जीर्ण दीख रहे थे। चेहरे पर मानो काल की दसों उँगलियों के तमाचों के निशान उभर आए थे। वे प्रासाद के मुख्य कक्ष के दरवाजे के पास ही एक आसन पर बैठे थे। गहरी धँसी आँखें कुछ अस्थिर थीं—वे उद्धव की बाट जोह रही थीं…

उद्धव ने दूर से ही अक्रूर को देखा और फिर लंबे-लंबे डग भरकर उद्यान पार कर अक्रूर के चरणों में झुक गए। इतने नजदीक आने के बाद ही अक्रूर उन्हें पहचान सके।

"प्रणाम करता हूँ, तात!"

अक्रूर ने उन्हें गले लगाया, "पुत्र! मथुरा नगरी में कृष्ण को लेकर पहली बार आया था, तब तुम भी उनके साथ ही थे; आज वही मथुरा है, वैसी ही खड़ी है और वैसे ही हम दोनों भी खड़े हैं, किंतु कृष्ण, कृष्ण कहीं नहीं हैं। कृष्ण को जब मैं मथुरा लाया था, वह घड़ी…" वे आगे बोल न सके। यह काम आँसुओं ने कर दिया।

उद्धव की आँखों ने भी उनका साथ नहीं दिया।

चौदह

मथुरा के दुर्ग से रात्रि के दूसरे प्रहर के आरंभ का डंका बजा तो ऐसा लगा जैसे काल पुकार रहा हो। डंके की गूँज अँधेरे आकाश में वैसे ही तरंगित हो रही थी जैसे यमुना की लहरें। इस अजीब-सी थरथराहट के बीच बगीचे में उद्धव और अक्रूर बैठे थे। अक्रूर इतने जर्जर हो चुके थे कि प्रौढ़ उद्धव उनके समक्ष जवान लग रहे थे। आसन पर तकिये के सहारे अक्रूर तनिक लेटे थे। गवाक्षों पर टँगी मशालों से काँपते प्रकाश में फड़फड़ा रही ध्वजाओं की परछाईं भी बार-बार काँप जाती थी। नगर भी मानो शांति का अनुभव करता हुआ खड़ा था—एकदम स्तब्ध! कहीं-कहीं गायों का रँभाना या वृक्षों के जीर्ण पत्तों की खड़खड़ाहट, हवा की सरसराहट को पार

कर सुनाई दे रही थी। कालिंदी का प्रवाह तट से टकराकर सिसकता हुआ-सा आगे बढ़ रहा था।

ताजा दूध के भरे दो पात्र अभी ही सेवक तिपाई पर रख गया था, पर उनकी तरफ दोनों में से किसीका ध्यान नहीं था। तिपाई पर रखे दीपक के धीमे प्रकाश में वातावरण और भी बोझिल हुआ-सा लगता था।

कृष्ण के देहोत्सर्ग की, यादव कुल के द्वारका त्याग की, अर्जुन की आभीर सेनापति कुर्कट द्वारा हुई अवहेलना की—सारी-की-सारी कथाएँ उद्धव ने अक्रूर को सुनाईं। अक्रूर इन सबके एक-एक शब्द अंतर में उतार रहे थे! वसुदेव-देवकी के अंतिम क्षण की बात सुनकर उनकी तो मानो साँस ही रुक गई। आँखें अँधेरे में भी, समय की लंबी दूरी पार कर कंस के आवास और उसके आश्रय में खड़े कारागार के घुम्मटों पर स्थिर हो गईं। वही कारागार, जिसमें वसुदेव ने अपने जीवन के सर्वोत्तम वर्ष—अत्यंत यातनामय वर्ष—बिताए थे। इस कारागार की दीवारों के बीच ही कृष्ण का जन्म हुआ था; और···और···कंस के इस आवास के पास, उधर, उस सभामंडप में धनुष-यज्ञ का आयोजन हुआ था।

"तात अक्रूर!" बात का उपसंहार करते हुए उद्धव बोले, "नियति की यात्रा कभी रुकती नहीं! वह तो अनवरत बढ़ती ही जाती है! ये चंद्र, ये तारे, सूर्य; और तो और, अरे, यह कालिंदी—ये सब भी नियति-चक्र के समक्ष पीले पर्णों से अधिक कुछ नहीं! जीर्ण तमाल-पर्ण जैसे झड़ जाते हैं, हवा में डोलते हुए धरा पर आ गिरते हैं, बस, ये सब भी वैसे ही···"

"उद्धव!" अपना अत्यंत लंबा मौन अक्रूर ने पहली बार ही तोड़ा। बोले, "इस यमुना का रंग देखो, वत्स! इसका नीर ऐसा श्याम तो पहले कभी नहीं था; रात्रि का अंधकार भी मैंने इतना श्यामवर्णी तो कभी नहीं देखा था···कृष्ण स्वयं श्याम थे, वत्स! कृष्ण के जाने पर उनका श्याम रंग लगता है, इस प्रकृति में ही घुल गया है! देखो, प्रकृति कुछ अधिक ही श्यामल हो गई है···"

"और इसीलिए अब प्रकृति के कण-कण में कृष्ण व्याप्त हो गए हैं, तात! देहधारी कृष्ण की अपेक्षा, विदेही कृष्ण का साक्षात्कार अब अधिक सहज हो गया है!" ज्ञानवृद्ध उद्धव ने वयोवृद्ध अक्रूर को सांत्वना दी।

"वसुदेव के सौभाग्य से मुझे ईर्ष्या-सी होती है, वत्स!" अक्रूर अपने में ही खोए हुए बोलते रहे; मानो यमुना के बहते जल से बातें कर रहे हों, "वसुदेव योगसमाधि लेकर, यादव कुल के महानिर्वाण में जुड़ गए; मेरे प्रारब्ध में तो योगसमाधि भी संभव नहीं···"

"तात! स्वस्थ हो जाएँ..."

"स्वस्थ चित्त से सोचता हूँ तो मन में आता है कि वसुदेव का-सा सौभाग्य मुझे कैसे मिले?" अक्रूर विकल हुए जा रहे थे, "जब यादव कुल का सुवर्ण काल था, तब उसके दोनों गणतंत्र अंधक और वृष्णिवंश के अग्रणी वसुदेव और उग्रसेन के साथ जो समय बिताया है मैंने, ओह, उसकी तो क्या कहूँ! किंतु जो निर्बलताएँ या पाप जाने-अनजाने मेरे हाथों हुए, उनका स्मरण..."

"तो क्या हुआ, तात, निर्बलता और पाप तो मानव देह में त्वचा की तरह चिपके हैं..."

"ना, उद्धव! ना, वसुदेव का अस्तित्व पहले तो वृष्णि-अंधकों के सद्‌भाव से जुड़ा था, फिर वह सद्‌भाग्य कृष्णमय हो गया; मुझसे वही न हो सका, और इसीलिए यह अवस्था और व्यथा मुझे भुगतनी पड़ रही है। योगसमाधि की दक्षता मैंने जुटाई नहीं...देखो जरा, वसुदेव ने कृष्ण को जन्म दिया, और उसी कृष्ण को कंस के हवाले करके, उसकी मृत्यु के षड्‌यंत्र का मैं हिस्सेदार बना—जब-जब याद आती है उस बात की, इतने वर्षों बाद भी वह क्षण असह्य हो जाता है, उद्धव!" अक्रूर का गला भर आया।

उद्धव कुछ बोले नहीं। उनकी नजर के सामने भी गोकुल खड़ा हो गया। जिस दिन कंस के यज्ञ का निमंत्रण लेकर अक्रूर कृष्ण और बलराम को मथुरा ले जाने के लिए आए थे, उद्धव भी तो वहीं थे। कंस का धनुष-यज्ञ तो एक बहाना था। कृष्ण-बलराम की हत्या के कंस के सारे प्रयत्नों की बात व्रजभूमि में किससे छिपी थी! वृष्णि और अंधक दोनों गणतंत्रों—दोनों गणपरिषदों को निर्वीर्य करके कंस ने व्रजभूमि पर एकच्छत्र राज्य जमा लिया था—यहाँ तक कि अपने पिता उग्रसेन जैसे गणपरिषद् के अग्रणी को भी उसने कारागार में ठूँस दिया था! सब अवाक् देखते ही तो रहे—कहा, किया किसीने कुछ नहीं!

और यह सब जानते हुए भी कंस का निमंत्रण लेकर स्वयं अक्रूर ही तो आए थे! उग्रसेन और वसुदेव जैसे गण्यमान्यों की आवाजों को कारागार में बंद करने के बाद तो उनकी बराबरीवालों में एकमात्र अक्रूर ही मुक्त बचे थे। उनका प्रभाव अभी भी गणतंत्र के यादव आदरपूर्वक स्वीकारते थे। कंस से सब डरते थे, अक्रूर का आदर करते थे! इस आदर का कारण और कुछ नहीं था—वसुदेव और उग्रसेन के साथ अक्रूर ने गणतंत्र की जो सेवा की थी, उसका ही प्रतिफल था यह आदर...

कंस बड़ा चतुर था।

उसे आदमियों का उपयोग करना आता था; और, अक्रूर भी मानवीय कमजोरियों से छूटे कहाँ थे!

राजमान्य बने रहने की अदम्य लालसा उनमें जड़ जमाए बैठी थी। उन्होंने सत्ता का स्वाद चखा था। वह तो साँप के विष की तरह एक बार चढ़ता है तो चढ़ता ही जाता है। उसे केंचुल की तरह उतार फेंकनेवाले वसुदेव और उग्रसेन जैसे बहुत कम होते हैं; अक्रूर उनमें नहीं थे।

बीती बातों के घाव थे ये; इन्हें हरा करने से आज क्या मिलेगा? अक्रूर अब उन बातों को याद न करें तो अच्छा—

''तात अक्रूर!'' उद्धव ने कहा, ''जिन घटनाओं में हम मात्र निमित्त हों, उनका यश या अपयश सब महाकाल के चरणों में समर्पित करके स्वयं मुक्त हो जाना ही तो ज्ञान है! स्मरण सुखद होते हैं, वैसे ही विस्मरण भी तो कम सुखद नहीं होते, तात!''

''स्मृति और विस्मृति के प्रदेश तो अगोचर हैं, उद्धव! जाने कब, कहाँ से उठकर कोई प्रेत पुकारने लगेगा!...तुम ठगे-से रह जाओगे...मैं उसी जाल में फँसा हूँ, उद्धव! उस प्रेत को स्वीकार करके, उसे अंजलि दिए बिना अब जी नहीं सकूँगा, वत्स!'' अक्रूर एक-एक शब्द पर भार देते हुए बोले, ''जिस क्षण कंस ने मुझे बुलाकर कहा था, वह क्षण...'' अक्रूर अटक गए।

''क्या कहा था, तात?'' उद्धव के लिए भी यह किसी नई बात का संकेत था।

''कंस ने कहा था...उद्धव, कंस ने कहा था...'' अक्रूर ने आँखें मूँद लीं।

मथुरावासियों के लिए एकदम अकल्पनीय ही घटा था। गणाधिपति उग्रसेन के युवराज कंस ने पिता को कैद करके समस्त गणपरिषद् को अँगूठा दिखा दिया था। व्रजभूमि किसी दुःस्वप्न को देखती हुई, ठगी-सी रह गई थी।

वृष्णिकुल-गणतंत्र के दो अग्रणी—वसुदेव और अक्रूर; अंधकवंश के गणतंत्र-अधिपति थे उग्रसेन! इन दोनों गणतंत्रों ने मिलकर मथुरा और समग्र व्रजभूमि को साक्षात् स्वर्ग-सा सजाया था।

किंतु अचानक कुछ हुआ, कुछ ऐसा हुआ कि यह सारा सौंदर्य उजड़ गया; चारों ओर भय का साम्राज्य फैल गया! युवराज कंस और उसके यार-दोस्तों ने पलक झपकते सत्ता हस्तगत कर ली। उग्रसेन बंदी बनाए गए; बाद में वसुदेव भी कारागार में धकेले गए। आर्यावर्त्त के गणतंत्र में ऐसा कभी नहीं

हुआ था; चेदि, मगध या पौंड्र प्रदेशों के साम्राज्यों में भी ऐसा तो नहीं हुआ था। कंस के विरोध में आवाज उठाना मथुरावासियों के बस में नहीं था। जिसने सिर उठाया, उसका ही सिर धूल में मिल गया! सयाने लोगों के मन में बार-बार एक प्रश्न उठता—उग्रसेन जैसे धीर-गंभीर और न्यायप्रिय गणाधिपति के पुत्र को यह क्या सूझा? पिता का ऐसा घोर अपमान?…आखिर इसका कारण क्या हो सकता है?

और फिर कोई वृद्धजन दबे स्वर में आँखें मिचमिचाता हुआ कह देता, "जो स्त्री पतिव्रत धर्म का पालन न कर सकी, उसकी वर्णसंकर संतान…" बस! फिर सब चुप! वाक्य अधूरा छोड़कर वृद्धजन पीठ फेर लेते! सब जानते थे कि मथुरा की दीवारों के भी कान हैं!

बचे थे मात्र अक्रूर!…वे मुक्त थे! असहाय प्रजा के सामने अक्रूर ही आशा का अंकुर थे। यदि कोई कुछ कर सकेगा तो अक्रूर ही। वे जागें, उठें और नेतृत्व सँभालें तो…किंतु व्रज-प्रजा की यह आशा व्यर्थ निकली। कुछ ही दिनों में उग्रसेन के बंदी होने से भी अधिक हृदयविदारक दृश्य नगरवासियों को देखना पड़ा—अक्रूर महाराज कंस के अंतरंग सलाहकारों में ऊँचे आसन पर विराजे थे।

कंस सेनानी मात्र ही नहीं था—चतुर राजनीतिज्ञ भी था। व्रज की प्रजा के हृदय में अक्रूर का जो स्थान था, उसे वह जानता था! उसने पिता उग्रसेन की गद्दी छीनी, उन्हें कारावास में धकेल दिया; किंतु इसके पीछे व्रज की भूमि या व्रज की प्रजा के प्रति उसका कोई द्वेष नहीं था! उसके द्वेष, उसकी वैर भावना का लक्ष्य तो थे उसके पिता उग्रसेन।

वह बदला लेना चाहता था; अपने पिता उग्रसेन से बदला! पिता को शासन करने का कोई नैतिक अधिकार नहीं है, ऐसा उसके मन में उसी क्षण से बैठ गया था, जिस क्षण नारद ने उससे कहा था…

उग्रसेन के महल में और मथुरा के राजमार्गों पर किसी उत्सव के लिए एकत्र नगरवासियों के बीच कंस ने अपनी सगी माता को जिस तरह उपेक्षित होते हुए देखा था…गणाधिपति उग्रसेन की अर्धांगिनी—युवराज कंस की माता एक उपेक्षित नारी, मथुरा के भद्र आर्यों के लिए एक तिरस्कृत स्त्री; क्योंकि, क्योंकि…

नहीं, नहीं, कंस वह सब भूल जाना चाहता था!…

जो समाज कंस की माता का सम्मान न कर सके, जो पति अपनी धर्मपत्नी को सामाजिक सम्मान दिला न सके—वह पति, वह समाज, वह शासक—कुछ

भी सम्माननीय या रक्षणीय नहीं! कंस ने तो बहुत पहले ही निर्णय कर लिया था—मथुरा के यादव कुल को ऐसा पाठ पढ़ाऊँगा कि इन ऊँची नाकवाले आर्यों की, इन यादवों की भावी पीढ़ी भी उसे भूल नहीं सकेगी…

और इस दीर्घकालीन आयोजन के लिए कंस को अक्रूर की जरूरत थी; अक्रूर उसकी शतरंज का अत्यंत उपयोगी मोहरा बन सकता था! कंस ने पक्का निश्चय कर लिया।

आश्चर्यचकित तो अक्रूर भी हुए—इतना सम्मान! इतनी अंतरंगता!! मंत्रिमंडल में स्थान दिया; यह क्या हो रहा है! कहाँ तो भय था कि उग्रसेन और वसुदेव के बाद अब स्वयं उनकी भी वही गति होगी और कहाँ कंस द्वारा ऐसा स्वागत! भय और चिंता के स्थान पर उन्हें हलकापन लगने लगा और आनंद भी। नए शासन में भी वे इतने उपयोगी हैं, जितने गणतंत्र के लिए थे, इस सत्य के साक्षात्कार से अक्रूर अधिक सतर्क हो गए। कंस के लिए यदि मैं उपयोगी हूँ तो कभी शायद इस व्रजभूमि को दोबारा मुक्तिपथ की ओर ले जाने का निमित्त बन सकूँ…

…और इसलिए आवश्यक था कि कंस का विश्वास बना रहे, वह अक्रूर के व्यवहार से तुष्ट रहे; तभी तो कदाचित् ध्येय-प्राप्ति हो सकती थी। कंस का विरोध तो कारावास को निमंत्रण ही था। मथुरा का यह प्रासाद, व्रजभूमि का यह विहार, यह प्रसन्नता—यह सब त्यागने की न तो अक्रूर की तैयारी थी और न ही क्षमता।

और इसीलिए जिस घड़ी कंस ने अक्रूर को बुलाकर कहा—"अक्रूर! आप गोकुल जाकर धनुष-यज्ञ के निमित्त नंद के दोनों पुत्रों—कृष्ण और बलराम को यहाँ ले आएँ…" तो अक्रूर क्षण-भर के लिए स्तब्ध रह गए थे! वे कंस की चाल तुरंत ताड़ गए। यज्ञ के बहाने कृष्ण-बलराम को मथुरा बुलाकर, मुष्टिक और चाणूर जैसे अति बलवान मल्लों के हाथों हत्या करवाने की योजना कंस के मन में थी! अक्रूर जानते थे, वसुदेव के पुत्र कृष्ण की इस संभावित निर्मम हत्या के वे निमित्त बन रहे हैं, इस संभावना से ही वे काँप उठे। कंस की बेधती निगाहों से कुछ भी छुपता न था। वह अक्रूर की ऊहापोह तुरंत भाँप गया, "अक्रूर, गोकुलवासी, खासकर वहाँ के प्रथम पुरुष नंद, आपके सिवा और किसीका विश्वास नहीं करेंगे। गोकुल की प्रजा ने यदि मथुरा के राज को स्वीकार किया है तो उसके पीछे भय ही सबसे बड़ा कारण है। मुझपर उनका अविश्वास दूर तो नहीं हुआ; तिस पर कृष्ण ने वहाँ जो उत्पात मचाया है, उसे ध्यान में रखें तो यह

स्पष्ट है कि नंद मात्र आप पर ही विश्वास करेगा···''

''महाराज···'' अक्रूर की जीभ को जैसे लकवा मार गया। कंस का विरोध करने का सामर्थ्य तो वे कब का गँवा चुके थे। और अब कृष्ण की हत्या! वे विचलित थे, किंकर्तव्यविमूढ़ थे।

''हाँ, यह मेरी इच्छा है, अक्रूर!'' कंस ने सत्ताधीश की आवाज में कह दिया, ''मथुरा के राजा का यह आदेश है—कृष्ण को चाहे जैसे हो, यहाँ लाना ही पड़ेगा और इस बढ़ते हुए भय का नाश करना ही पड़ेगा। जाइए, आप कल सुबह ही···'' बस! बात खत्म हो गई। अक्रूर में आगे बोलने का दम बचा ही नहीं! रास्ते बंद हो गए।

आकाश से एक उल्का गिरी और गहरे अँधेरे को काटती हुई यमुना-जल में समाधि ले गई। इधर वह प्रकाश-पुंज बुझा और उधर दुर्ग पर तीसरे प्रहर का डंका बजा। अक्रूर अब तक अतीत के पृष्ठों को बाँच रहे थे। कुछ रुककर उन्होंने आँख उठाई और उद्धव की ओर देखा। उद्धव अंधकार में टकटकी लगाए न जाने क्या देख रहे थे। धुँधले दीखते राजमार्गों पर, कंस के वस्त्र लेकर राजमहल जाता धोबी, कंस के लिए सुगंधित पुष्प ले जाता माली, कुवलयापीड हाथी और कंस की देह पर लेप करने के लिए सुगंधित चंदन लेकर जाती कुब्जा—सबकुछ जैसे आँखों के सामने था—इस तरह जैसे कल ही की बात हो।

''उद्धव!'' अक्रूर ने पुकारा। उनकी आवाज एकदम बदल-सी गई थी। निस्तब्ध रात भी मानो उनकी पुकार का भार वहन न कर सकती हो, और इसीलिए कुछ ज्यादा ही गहरा-सी गई थी। ''जिस क्षण कंस ने मेरा समावेश अपने मंत्रिमंडल में किया था, तत्काल ही मुझे उसे अस्वीकार करना चाहिए था और पुनः गणतंत्र की स्थापना के लिए संघर्ष आरंभ कर देना चाहिए था। खुली छाती लेकर लड़ने के बदले मैंने स्वयं को धोखा दिया था कि संघर्ष के बदले समय को परखकर पहले कंस का विश्वासभाजन बन जाऊँ और तब भविष्य में कोई-न-कोई मार्ग निकाल लूँगा। यह समाधान सात्त्विक नहीं था—भय और सुरक्षा के स्वार्थ से प्रेरित था! इस कापुरुष वृत्ति को ढाँपने के लिए मैंने मुँह से गणतंत्र का जाप किया। वत्स, असत्य को सहला-सहलाकर नहीं, उस पर प्रहार करके ही तुम सत्य को जीवित व सतेज रख सकते हो! मैं इस सचाई को समझता भी था, फिर भी वैसा आचरण मैं न कर सका···''

''सत्य का आचरण तो तलवार की धार पर चलने के समान है, तात! इस

व्रत का पालन कितना कठोर है, यह तो हम सब जानते हैं!'' उद्धव ने शांतिपूर्वक कहा।

''कंस ने जब मुझे गोकुल जाकर कृष्ण को लिवा लाने की आज्ञा दी, तब मुझे साफ इनकार कर देना चाहिए था। कृष्ण के सामर्थ्य की कहानियाँ वैसे तो रोज मथुरा की राजसभा में पहुँचती ही थीं, फिर भी कंस तो कंस ही था न! अपनी राजसभा में आए कृष्ण को वह जरूर मार डालेगा, इस विषय में मेरे मन में तनिक भी शंका नहीं थी।'' अक्रूर अपराध-बोध से दबे जा रहे थे, ''और फिर भी मैंने अपनी आत्मा की आवाज को दबा दिया। संघर्ष अनिवार्य था जहाँ, मैंने वहाँ समाधान का मार्ग अपनाया। मैंने मन को मनाया कि कृष्ण तो एक विराट् व्यक्तित्व है। यदि मैं कंस की आज्ञा का पालन नहीं करूँगा तो मेरी तो जो दुर्दशा होनी है, होगी ही; किंतु कंस कोई दूसरी चाल चलेगा और कृष्ण को अवश्य ही यहाँ ले आएगा। देवानुयोग की बात है—कदाचित् कृष्ण ही कंस की हत्या कर दे। कृष्ण के हाथों ही यदि कंस का नाश हो तो कृष्ण को मथुरा लिवा लाने का यश मेरे भाग में आ जाए। जब स्वयं यशलक्ष्मी मेरे ललाट पर तिलक करने को तैयार खड़ी है, तब उससे मुँह मोड़ना कहाँ की बुद्धिमानी है! यदि कृष्ण विजयी हो जाए तो गणतंत्र की पुनर्स्थापना होने पर भी मेरा स्थान और सम्मान यथावत् बना रहेगा''' ! उद्धव''' '' अक्रूर की आवाज नम हो गई, ''मैं'''मैं पूरा व्यापारी बन गया था, उद्धव, व्यापारी! कृष्ण की हत्या के आयोजन में मैंने साथ दिया, व्रजभूमि की प्रजा, गोकुल के निर्दोष गोपालकों और स्वयं नंद को; सबको मैंने धोखा दिया! मैंने सबके विश्वास से द्रोह किया''' ''

''तात!'' उद्धव ने धीरे से अक्रूर के चरणों पर हाथ रखा, ''कृष्ण पर आपका जो विश्वास था, वह अंत में सत्य साबित हुआ, क्या यह संतोष कम है! नंद और सब गोकुलवासियों ने कृष्ण-बलराम को आपके हाथों में सौंपा था— आप वसुदेव के साथी और अंधककुल के पूजनीय पिता''' ''

''वत्स, रुको! दया करके ऐसे शब्द तुम मुझसे न कहो!'' अक्रूर भरी आवाज में बोले, ''कृष्ण के सामर्थ्य पर अंदर-अंदर श्रद्धा अवश्य थी और कृष्ण कंस का नाश कर डाले, ऐसी शुभ भावना भी अंतर में आपूर्ण भरी थी, किंतु इतिहास कोई भावनाओं से नहीं लिखा जाता। वह तो आचरण देखता है न, उद्धव! मेरे आचरण में तो वैसी शुद्धि नहीं थी''' ''

उद्धव निरुत्तर हो रहे। अति दीर्घ जीवन के लगभग अंतिम क्षणों में अक्रूर की वाणी से टपकते शब्द मानो प्रायश्चित्त और वेदना-वारि में धुलकर

सबको सराबोर कर रहे थे। अखंड-गहरी शांति की एक बदरी-सी छा गई थी दोनों के बीच।

अचानक अक्रूर उठ खड़े हुए। उनकी शिथिल काया लड़खड़ाई। उद्धव ने झट उनको सहारा दिया। पल-भर को उद्धव के सहारे स्थिर होकर अक्रूर ने कदम बढ़ाए। उद्यान के एक किनारे पश्चिम दिशा में चेहरा घुमाकर उन्होंने अपनी धँसी आँखें उधर ही गहरे गड़ा दीं।

''उद्धव...'' अपने पीछे परछाईं की तरह खड़े उद्धव से उन्होंने कहा, ''एक युग में कंस का जो सभामंडप था, वह रहा उधर—देख रहे हो न!'' अक्रूर ने दाहिने हाथ की तर्जनी दिखाई। उस तर्जनी की दिशा में खड़े असंख्य प्रासादों के बीच कंस का वह सभामंडप अभी इतने वर्षों के बाद भी अलग ही दीख पड़ता था। रात्रि के गहरे अंधकार में भी इस मंडप के घुम्मट पर जो ध्वज फहरा रहा था, उसकी फरफराहट उद्धव को सुनाई दे रही थी।

''इस सभामंडप का अभी तो मात्र आकार ही दिखाई देता है, तात!'' उद्धव ने कहा, ''किंतु एक संपूर्ण युग के अस्त हो जाने के बाद भी इस मंडप में मैं उस दिन जिस अकल्पनीय रोमांचक और महान् घटना का साक्षी बना, वह सौभाग्यशाली क्षण तो अब भी वैसा ही ताजा है। बकुल पुष्पों की भाँति कुम्हलाई हुई-सी स्मृति पर आपने अभी जल का जो छिड़काव किया उससे स्मृति पंखुड़ियाँ फिर खिल उठी हैं। उसकी सुगंध फिर हवा में महक उठी है, तात!'' उद्धव भावविभोर हो गए।

उद्यान में एक लता मंडप के सहारे अक्रूर खड़े थे और उसीके हरे-भरे पर्णों के बीच हाथ टिकाकर उद्धव अँधेरे में निहित प्रकाश को अपने अंतर में समो रहे थे।

अष्टकोण विशाल सभामंडप एकाएक स्तब्ध हो गया था। मल्ल, नियंत्रक और नगरवासियों से खचाखच भरे उस मंडप में सन्नाटा फैल गया था। चाणूर और मुष्टिक की रक्तरंजित देह, भरभराकर टूटे हुए पहाड़ों की तरह मंडप के बीच छिन्न-भिन्न पड़ी थी। महाराज कंस का अनुज सुमाली भी बलराम के हल से चीरा हुआ मृतप्राय पड़ा था। अर्धचंद्र आकार के गवाक्षों में बैठकर इस भयानक दृश्य को देखती यादव स्त्रियाँ चीत्कार कर रही थीं। गोकुल के इन दोनों गोप बालकों का अंत करीब है, इसमें किसीको शंका नहीं थी। मूल्यवान् सुरा के छलकते सुवर्ण पात्र, मेरु शिखर की आभा से दमकते स्तंभों और पुष्पों से

आच्छादित बैठकी—सारा ही कुछ स्तब्ध रह गया था! आकाश में गतिमान सूर्य भी ठीक मध्य में पहुँचकर मानो मथुरा नगरी में ही झाँकते रह गए थे।

रोष और क्रोध से काँपते कंस को सैकड़ों लोगों ने देखा। उसके कंठ से निकली भयानक गर्जना भी सबने सुनी और फिर भय से काँपते सबके नयन कृष्ण की ओर घूम गए। कृष्ण के चेहरे पर जो भाव था, वैसा भाव मथुरावासियों ने पहले कभी नहीं देखा था। न कोई रोष, न कोई उत्तेजना, न कोई व्यग्रता! कोई चिंता भी नहीं; प्रेम और करुणा छलकाती ऐसी लुभावनी मुसकान तो इससे पहले कभी किसीने नहीं देखी थी। ओठों पर ऐसा मधुर हास्य और वह भी ऐसी विकट घड़ी में, कैसे संभव है? अरे-अरे, यह हँसी तो बस क्षण-भर की है—अभी इसका अंत आया समझो। भला कंस की पाशवी सामर्थ्य के आगे यह मृदु, कोमल मयूरपंख कैसे टिकेगा?

अचानक बिजली-सी कड़की। ऐसा तेज प्रकाश फैला कि आँखें चुँधिया गईं। लोगों ने आँखें मलते हुए जबरन देखने का प्रयास किया और उनकी आँखें जैसे फट-सी गईं। एक प्रचंड ध्वनि उठी। मंडप के किसी कोने से हाहाकार सुनाई दिया। किसीने देखा, किसीने नहीं देखा; और जिसे सब अघटित समझ रहे थे, वह घट गया—कृष्ण के हाथ में कंस के बाल थे और महाबली कंस रुधिरवमन करता हुआ मंडप के बीचोबीच, सिंहासन के नीचे धूल में लोट रहा था। उसका सुवर्णमुकुट लहू में डूबा पड़ा था और उसके लंबे, रेशमी बालों को मुट्ठी में पकड़कर कृष्ण उसकी देह को घसीट रहा था।

कैसा अकल्पनीय दृश्य था!

कंस के मुँह में फेन भर गया। उसकी देह खिंचने लगी। रत्न-अलंकार चारों ओर बिखर गए। समुद्र की तूफानी लहरों की भाँति सभामंडप में खलबली उठी। घड़ी-भर पहले ही पहाड़ जैसे विशाल कुवलयापीड हाथी को उसी के दंतशूल से चीर डालते कृष्ण को जिन्होंने देखा था, उनके रोंगटे भी इस भयानक दृश्य को देखकर खड़े हो गए। किसी भीमकाय वटवृक्ष के पास उगे तुलसीदल की तरह, जमीन पर तड़पते कंस के पास कृष्ण खड़े थे। गवाक्षों के उस पार से अंत:पुर की स्त्रियों का घनघोर रुदन सुनाई दिया।

''मामा''!'' कृष्ण ने तनिक झुककर, कंस के कान के पास अपना मुख लाकर पुकारा। कृष्ण का मयूरपंख कंस के गाल को स्पर्श कर रहा था। मयूरपंख का यह स्पर्श कंस की आँखों में प्रकट हुआ, ''नियति के निर्माण में मैं निमित्त मात्र बना हूँ, मामा! रोष और द्वेष को यहीं छोड़कर आप परम की प्राप्ति के लिए

सुखपूर्वक यात्रा आरंभ करें!''

''कृष्ण…'' कंस क्षीण स्वर में बोला। उसकी आवाज में मृत्यु की गूँज थी। यह आवाज क्या आई, विजयी कृष्ण की जयजयकार करती भीड़ एकदम चुप हो गई। कंस तो अभी जीवित था…!

''मातृपक्ष और श्वसुरपक्ष दोनों पितृपक्ष की भाँति ही अंजलि और तर्पण के समान अधिकारी होते हैं, मामा!'' कृष्ण ने कहा, ''यह जानते हुए भी अनिवार्य कर्म के हेतु मुझे निमित्त बनना पड़ा है।''

''सृष्टि का निर्माण तो यहाँ पूरा हुआ, कृष्ण!'' कंस ने हाँफते-हाँफते कहा, ''इस निर्माण में जय-पराजय दोनों अनिवार्य होते हैं। इस सत्य को न समझ सकूँ, इतना नादान मैं नहीं…किंतु…''

''निस्संकोच कहिए, मामा…'' कृष्ण ने स्नेह से कहा।

''नारद ने कहा था…'' कंस तनिक रुक गया।

''नारद ने क्या कहा था, मामा?'' कृष्ण ने पूछा।

पूरे सभामंडप में ऐसी नीरवता छाई थी कि हवा की आवाज भी सुनाई दे।

''नारद ने कहा था कि कंस, तेरा नाश देवकी के आठवें गर्भ के हाथों होना निश्चित है!'' कंस अतीत के पृष्ठ खोलते हुए आकाश को देख रहा था, ''मैंने अपने उस संभावित नाश से बचने के लिए देवकी के उस गर्भ की हत्या का पूरा प्रयत्न किया था, कृष्ण! तुम्हारे प्रति मेरा वैर मानो तो वैर या फिर मानव की सहज वृत्ति का फल था। मैंने तुम्हें मारने के, तुम्हारी हत्या के अनेक प्रयत्न किए थे; क्योंकि…क्योंकि मैं स्वयं जीना चाहता था। तुम्हें मारने के प्रयत्नों के पीछे मेरी सहज मानवीय वृत्ति थी। देवर्षि नारद की भविष्यवाणी से मैं प्रेरित था…'' कंस फिर अटक गया। उसके घावों से लगातार रक्त बह रहा था। कुछ देर साँस लेकर वह फिर बलपूर्वक बोला, ''…किंतु हे कृष्ण! मेरी मृत्यु के लिए तुम्हारा यह प्रयत्न, मेरे विनाश के लिए तुम्हारा यह कर्म मेरी समझ में नहीं आया; मेरे प्रति तुम्हारा द्वेष…''

''इसे द्वेष न कहें, मामा!'' कृष्ण ने उसे बीच में ही रोककर कहा, ''आप देवर्षि नारद की भविष्यवाणी का अतिक्रमण करने के लिए कटिबद्ध हुए थे; और मैं, मैं गणतंत्रों की पुनर्स्थापना का निमित्त बनना चाहता था…''

''अर्थात्…?''

''यही कि आपने आर्यों की उज्ज्वल परंपरा—व्रजभूमि के गणतंत्र का नाश किया। बहुजन हिताय, बहुजन सुखाय—गणपरिषद् की इस प्रतिज्ञा को

आपने रौंद डाला। अपने शासन की भूख आप संयमित नहीं कर सके···''

''कृष्ण···!'' कंस के चेहरे पर बुझी-सी मुसकान आई, ''साम्राज्यवाद कोई नई परंपरा नहीं है। आर्यकुल भी इससे अपरिचित नहीं। जो गणतंत्र···जो गणतंत्र···'' कंस के ओठ वक्र हो गए, उसकी आँखें अंगारे बरसाने लगीं। भृकुटि तन गईं, ''जो गणतंत्र सड़ गए हों, जिनमें निर्दोष, निष्पाप स्त्रियों का सम्मान नहीं किया जाता, जिस गणतंत्र के अग्रणी अपनी व्यक्तिगत प्रतिष्ठा में रचे-पचे रहकर, अपनी धर्मपत्नी तक को बहिष्कृत करते हों···''

''यह आप क्या कह रहे हैं, मामा?'' कृष्ण ने कंस के रक्त से तर-ब-तर माथे पर हाथ रखा और फिर आसपास स्तब्ध खड़े समुदाय पर नजर डाली—वृद्ध सभासदों के सिर नीचे झुक गए।

''कृष्ण!'' कंस ने कुछ ऊँची आवाज में कहा। सिर झुकाए वृद्धजनों के मुँह पर मानो थूक रहा हो, इस तरह उसके मुँह से रक्तवमन हुआ, ''गणतंत्र के इन संरक्षकों से एक बार पूछो तो सही कि मेरी माता को इन्होंने क्यों निंद्य माना? किसलिए उसका इतना तिरस्कार किया? जो स्त्री नितांत निष्पाप थी, पतिव्रता थी, उस स्त्री के पतिव्रत धर्म की निंदा करके, उसके पति ने उसे क्यों दुत्कारा? जो पति अपनी धर्मपत्नी के सम्मान की रक्षा न कर सके, क्या उसे गणतंत्र पर शासन करने का अधिकार है?''

कृष्ण ने स्थिर दृष्टि से सारे सभाजनों को देखा—कोई चेहरा ऊपर न उठा। कृष्ण की आँखें निरुत्तर ही लौट आईं।

''इनमें से कोई कुछ नहीं बोलेगा, कृष्ण!'' कंस ने कहा, ''ये सारे तो निर्माल्य हैं! गणतंत्र समाप्त हुआ तो इन सबने मेरा जयजयकार किया। अब ये सारे तुम्हारा जयनाद करेंगे। जिस दिन गणाधिपति उग्रसेन ने अपनी पत्नी—मेरी अपनी जननी के चरित्र पर कलंक लगाकर मेरे जन्म का अवमूल्यन किया, उस घड़ी इन सबकी जीभ पर ऐसे ही ताले पड़े थे। मुझे यादव के रूप में कभी स्वीकार न करनेवाले ये कापुरुष अब भी मुझसे डरते हैं···''

''मामा! मामा! आप···आप···यादव नहीं, ऐसा कहनेवाला तो पापी···''

''कृष्ण!'' अचानक बीच में ही अक्रूर की आवाज सुनाई दी। कृष्ण का वाक्य अधूरा रहा। ''कंस की बात में सत्य का अंश है, केशव! कंस की माता···'' अक्रूर ने कंस की ओर देखा। कंस के चेहरे पर मृत्यु की छाया स्पष्ट थी।

''डरो नहीं, अक्रूर!'' कंस बोला, ''ऐसा बोलने की हिम्मत यदि किसीने अभी घड़ी-भर पहले की होती तो उसका मस्तक धड़ से अलग हो गया होता!

किंतु अब···अब, कृष्ण को कहो तात, कहो कि कंस की निष्पाप माता को आपके इस गणतंत्र ने कैसे पापिनी ठहरा दिया। इस पापिनी ठहराई हुई स्त्री को कंस ने कैसे राजमान्य, लोकमान्य बनाया—यह कहिए, तात!'' कहते-कहते कंस ने ओठ भींच लिये।

पंद्रह

समग्र सभामंडप पाषाण की किसी शापित प्रतिमा-सा स्तब्ध था। हिचकियाँ, दबी-दबी हाय-हाय के कुछ स्वर थे। महासमर्थ कंस अभी जीवित था। गोकुल का गोपालक कृष्ण भी नजरों के समक्ष था, और इन दोनों को लख रहे थे पुरजन-सभाजन। अनिर्णीत, असमंजस···कंस की मृत्यु तो दूर, उसकी पराजय भी असंभव है, आज तक ऐसा ही तो मानते आए थे सब। कंस के पराभव का सामर्थ्य एकमात्र अक्रूर में था और वे अक्रूर कंस के सर्वाधिक राजमान्य मंत्री थे—फिर गणतंत्र का पुनर्जन्म? वह तो सपना भी नहीं था किसी की आँखों में, और यहाँ एक अनजान गोपालक के हाथों गणतंत्र के द्वार पर दस्तक! सब पलक झपकाना तक भूल गए थे।

''महाराज कंस!'' अक्रूर ने, सभी सुन सकें, इस तरह कंस को उद्‌बोधित किया, ''इहलोक की इन स्मृतियों को यहीं धरती पर छोड़कर परलोक की यात्रा करनी पड़ती है। पिता उग्रसेन ने उस क्षण जो किया था, वह भी आखिर तो समग्र यादव कुल की मान-मर्यादा की रक्षा के लिए ही किया था···''

''अक्रूर!···कृपा कर मेरी इस अंतिम घड़ी में मुझे यह प्रलाप न सुनाएँ!'' कंस ने सारा बल समेटकर आवाज ऊँची की, ''स्वयं उग्रसेन ने जिस पितृत्व को कभी स्वीकारा नहीं, उस पितृत्व के नाम से किस मान-मर्यादा को जोड़ रहे हैं आप? गणतंत्र, इस नाम पर आप जैसे गिने-चुने व्यक्तियों का दंभतंत्र।'' कंस आगे बोल न सका। उसकी साँस में अब बचा ही था कितना जोर!···कुछ रुककर उसने कृष्ण की ओर देखा, फिर धीरे से बोला, ''कृष्ण! तुम्हें कदाचित् मेरी यह उत्तेजना मेरी पराजय की हताशा से उत्पन्न लग रही होगी! किंतु ऐसा नहीं है। कंस जिस तरह विजय को गले लगा सकता है, उसी तरह पराजय को भी पचा सकता है!'' और फिर अचानक अक्रूर की ओर उन्मुख होकर वह सत्ताधीश के स्वर में बोला, ''अक्रूर! महाराज कंस अभी जीवित हैं···और मथुरा का यह महाराजा आपको आदेश देता है कि···कृष्ण से कहो···कि जिस गणतंत्र का वह शुकपाठ कर रहा है उस गणतंत्र ने, उस गणतंत्र के अधिपति ने, निर्दोष और

निष्पाप नारी को भी उसका पातिव्रत्य, उसका सतीत्व सब प्रमाणित करने को कहा था। कहो, अक्रूर···इससे कहो···मेरी साँस थम जाए इससे पहले फिर एक बार मैं उसी घड़ी को याद कर लूँ···''

पूर्व की ओर मगध, चेदि और पौंड्र जैसे साम्राज्य तथा उत्तर-पश्चिम की ओर हस्तिनापुर जैसे बलवान राज्य; इस तरह तीनों ओर से घिरी हुई व्रजभूमि में यादव गणतंत्र किसी एकाधिकारी शासन के बदले बहुजन हिताय, बहुजन सुखाय की नन्ही-सी दीपशिखा की तरह प्रकाशित था। अंधक और वृष्णिकुल के अग्रणी—बलशाली साम्राज्यों के बीच घिरे होकर भी इस भूमिखंड में गणतंत्र की उज्ज्वल आर्य परंपरा की रक्षा कर रहे थे। दूसरे राज्यों में गणतंत्र की आर्य परंपरा लगभग निष्फल हो चुकी थी और सभी आर्य कुलों ने अपने-अपने समर्थ सम्राट् स्वीकार कर लिये थे। जनता ने भी इन सम्राटों के जयजयकार में अपना लाभ देखा था। एकमात्र व्रजभूमि और यादव परिवारों ने अपने पारंपरिक सांस्कृतिक मूल्यों को सँभालकर रखा था और वहाँ से किसी व्यक्ति की जयजयकारों की आवाज नहीं उठती थी। शासक का सम्मान था, भय नहीं।

मथुरा के दक्षिण में सुयामुन पहाड़ और उसके आसपास की रमणीय हरित झाड़ियाँ आर्य उग्रसेन और उनकी पत्नी पवनरेखा—दोनों का अत्यंत प्रिय विहार स्थान था। शासन के कार्यों से जब भी कुछ फुरसत पाते, उग्रसेन पवनरेखा के साथ सुयामुन के घने वन में, वहाँ के लता-मंडपों के बीच शांति की खोज में पहुँच जाते।

उस दिन भी पति-पत्नी सुयामुन के इस प्रकृतिधाम में जाने की सोच रहे थे कि अचानक आर्य उग्रसेन को किसी महत्त्वपूर्ण कार्य हेतु रुक जाना पड़ा। पवनरेखा तनिक निराश हो गई।

''नहीं, प्रिये, उदास क्यों होती हो?'' उग्रसेन पत्नी की उदासी भाँप गए, ''तुम चलो आगे दो-चार सखियों को लेकर, वहीं, अपनी प्रिय जगह। यह आवश्यक कार्य निबटाकर मैं तुम्हारे पीछे आया ही समझो।''

पवनरेखा खिल उठी। उपवन में पति-प्रतीक्षा से सुखद क्या होता भला! अपनी कुछ सखियों के साथ वह सुयामुन की तलहटी में पहुँच गई। उनके अत्यंत प्रिय स्थल से सटकर एक निर्मल स्वच्छ झरना बहता था। पवनरेखा और उसकी सखियाँ इस प्रकृतिधाम में निर्बंध थीं! आर्य उग्रसेन आएँ, इससे पहले स्नान और क्रीड़ा हेतु सबकी-सब जलाशय में उतर पड़ीं! तन और मन, दोनों के आवरणों और बंधनों से मुक्त! जलविहार, किलकारियाँ, पानी के छींटे—एकदम

उन्मुक्त इस क्रीड़ा में इन निष्पाप स्त्रियों को इसका भान ही नहीं था कि सौभ का राजा दुर्मिल कहीं से छिपकर उनके सौंदर्य को निरख रहा है।

दुर्मिल सम्राट् नहीं था। आर्यावर्त्त में उसे नाम मात्र से पहचाना जाए, ऐसी प्रतिष्ठा, सत्ता-संपत्ति भी उसके पास नहीं थी। वह सौभ नगर की मर्यादित भूमि में संतोषपूर्वक राज करता था। साम्राज्यों के जयघोषों के बीच दुर्मिल और सौभ नगर की ओर शायद ही किसीका ध्यान जाता था और दुर्मिल को भी अपनी सीमाओं के विस्तार में कोई रुचि नहीं थी। अपनी इस शांत दिनचर्या को साधकर उसने एक अद्भुत विद्या प्राप्त कर ली थी। वह माया रूप धारण कर सकता था। वह जब चाहे मनचाहा रूप धारण कर सकता था! ऐसी सामर्थ्य प्राप्त करने के बाद जिन महान् आकांक्षाओं से सामान्य मानव पीड़ित हो जाता है, दुर्मिल सद्भाग्य से उनसे मुक्त था।

आज वह विहार करता हुआ यहाँ तक आ पहुँचा था। उसकी आँखें प्रकृति के पुनीत सौंदर्य का पान करने में निमग्न थीं कि अचानक एक सद्यःस्नाता सुंदरी की देहयष्टि विक्षेप कर गई; जैसे भीतर कुछ कौंध गया, ऐसा सौंदर्य! ऐसा आकर्षण! दुर्मिल ने इससे पूर्व जो कभी देखा ही नहीं था, वही उसे दीख गया; जैसी अकुलाहट कभी महसूस नहीं की थी वही उसे अवश बनाने लगी। निष्पाप प्रकृति के चेहरे पर एक श्याम लकीर-सी अंकित हो गई। दुर्मिल ने अपने को उस बहाव में छोड़ दिया···

"महाराज!" एक अनुचर की आवाज पर वह चौंका। मथुरा गणतंत्र के अध्यक्ष आर्य उग्रसेन कुछ ही देर में यहाँ आ पहुँचेंगे, ऐसा संदेशा लाया है हमारा दूत!"

"उग्रसेन?···यहाँ? अभी?"···दुर्मिल बोल तो रहा था, पर उसकी आँखें अभी भी उसी सुंदर देहयष्टि से रँगी थीं; उग्रसेन के आगमन की खबर में उसे क्या रुचि होती!

अनुचर ने संदेश का आगे का हिस्सा सुनाया—"सुना है, आगे, उस तरफ किसी जलाशय के किनारे आर्य उग्रसेन की पत्नी पवनरेखा लता-मंडप में पति की प्रतीक्षा कर रही हैं···!"

मिल गया, दुर्मिल को परिचय मिल गया; वह जान गया उस निर्बंध-निरावरण अनिद्य सुंदरी का नाम! "ओह, तो यही है आर्य उग्रसेन की परम सुंदरी पत्नी पवनरेखा!" अनुचर को जो खबर क्षण-भर पहले अत्यंत कटु लग रही थी, उसने ही अब दुर्मिल को राहत दी।

"तुम सब प्रयाण की तैयारी करो।" दुर्मिल ने अनुचर को आज्ञा दी, "मैं आता हूँ···अभी, कुछ देर में।"

उधर अनुचर अदृश्य हुआ और इधर दुर्मिल ने निर्णय कर लिया। उसने आँखें बंद कीं—एक पल का सन्नाटा।···जब आँखें खोलीं तो वहाँ दुर्मिल नहीं था—उग्रसेन था।···और उसके चेहरे पर कपटी मुसकान थी, अब उसे पवनरेखा स्वीकार कर लेगी?···उसका दुर्मिल रूप तो अब कोई पहचान नहीं सकेगा?···

वह झटपट नीचे उतरा और सीधे झरने की दिशा में चल पड़ा। उसे सद्यःस्नाता पवनरेखा दीख रही थी, जिसे उसे निकट से देखना था।

मुक्त स्नान करती पवनरेखा तथा सखियों ने मथुरा मार्ग से अकेले जल्दी-जल्दी चलकर आते उग्रसेन को जैसे ही देखा, सब शरमा गईं। उग्रसेन इतनी जल्दी आ पहुँचेंगे और वह भी अकेले, इसकी तो किसीको कल्पना ही नहीं थी। दुर्मिल चालाक था। उसने उग्रसेन का रूप धरा था, इतना ही काफी नहीं था; उसने उग्रसेन का व्यवहार भी दर्शाया। इस स्नान-दृश्य को अचानक अनजाने में देख लिया हो, इस तरह रुककर, पीठ फेरकर खड़ा हो गया!

पवनरेखा की लज्जित सखियों ने इस मौके का लाभ उठाया। अपने वस्त्र लेकर वे दूर लता-मंडप की ओट में भागीं। पवनरेखा भी अचकचाई तो जरूर; किसी तरह एक वस्त्र शरीर पर लपेटकर गीले बालों को झटकती हुई पति के पास पहुँची।

"बहुत जल्दी आ गए, नाथ?" प्रेम से पूछा।

दुर्मिल चुप रहा। चेहरे से तो कपट किया जा सकता था, स्वर से नहीं; मौन में ही उसका कल्याण था। थोड़े से कपड़ों में स्वयं को खपाती, कुछ सकुचाती, कुछ उन्मुख पवनरेखा को उसने झटके से अपनी तरफ खींच लिया···

पवनरेखा ने उसके चेहरे की तरफ आँखें उठाईं—वहाँ तो पागल विह्वलता तैर रही थी। पति की आँखों से झरते काम-स्फुलिंग ने उसे भी क्षण-भर में प्रज्वलित कर दिया। वह किसी वल्लरी की नाईं दुर्मिल से लिपट गई।

"ओह···स्वामी···कितनी मधुर···सुखद घड़ी है यह!" पवनरेखा की साँसें गहरी हुई जा रही थीं; अधखुली आँखों से उसे उग्रसेन दीखते-न-दीखते थे। दुर्मिल ने उसकी देह को पूरी तरह स्वयं में समो लिया। काल स्तब्ध रह गया।

एक पल, दो-चार पल, और फिर पवनरेखा जैसे चौंककर जागी; बिजली की तरह एक झटके से वह उठ खड़ी हुई। उग्रसेन! उसका पति उग्रसेन! आज यह···क्या हो गया है इन्हें? इस तरह, इस तरह तो इन्होंने कभी अपनी पत्नी के

कोमल अंगों को ऐसी कठोरता से कुचला नहीं!

वह चौंक गई—उग्रसेन···आर्य उग्रसेन को आज यह क्या हो गया है? अचानक ही उसे सब अपरिचित-सा लगने लगा!···किंतु, किंतु तब तक देर हो चुकी थी।

"···आप···आप···यह···यह···क्या कर रहे हैं? आपको क्या हो गया है?" हाँफती पवनरेखा ने टूटती साँस को थामते हुए भयभीत आवाज में कहा। उसकी आँखें आकुल-व्याकुल हो रही थीं।

"आज तो मैं धन्य हो गया, सुंदरी!" दुर्मिल पहली बार बोला; और मानो आकाश फट पड़ा!

पवनरेखा चिल्ला पड़ी, "आप···आप···तू कौन है?" उसने थोड़े से वस्त्रों से स्वयं को ढकने का प्रयत्न किया; पर उसकी कँपकँपी छिपी नहीं।

"जो क्षण हमने साथ बिताए, उन क्षणों का स्मरण सदैव तुम्हारे पास रहेगा।" दुर्मिल ने हँसकर कहा, "यही है मेरा परिचय, यही है मेरा नाम! तुमने जो सुख मुझे दिया···"

"पापात्मा," पवनरेखा निढाल होकर गिर पड़ी, "दुराचारी! तूने···तूने···मेरा पावित्र्य भ्रष्ट किया है···" उसकी आवाज रुदन में खो गई।

"भ्रष्ट!" दुर्मिल का निर्लज्ज ठहाका गूँजा, "तुम बड़ी नासमझ हो, सुंदरी! तुमने तो मुझे अपना पति उग्रसेन ही समझा न और तभी अपना शरीर समर्पित किया; तो तुम कैसे भ्रष्ट कहलाओगी? और फिर यह मिलन, हमारा यह साथ तो एक प्राकृतिक घटना मात्र है न!"

पवनरेखा की आँखों के आगे अँधेरा छा गया। वह लुढ़क गई। जब उसे होश आया, आर्य उग्रसेन और वन विहार के लिए उसके साथ आई सखियाँ वहाँ खड़ी थीं; उसके शरीर पर अधूरे और अस्त-व्यस्त वस्त्र तथा उसकी आतंकित भाव-भंगिमा जो कह रहे थे, वह सब समझ रहे थे।

दुर्मिल को उग्रसेन समझकर पवनरेखा जब जल से निकल उसकी ओर गई थी, साथ की सखियाँ लता-मंडप की ओट में चली गई थीं। वे वहाँ वस्त्र आदि ठीक कर ही रही थीं कि कुछ देर बाद उन्होंने मथुरा की दिशा से, मुख्य मार्ग छोड़कर ऊँचे-नीचे रास्ते लाँघते उग्रसेन और उनके अनुचरों को देखा था। सब उलझन में पड़ गईं। अभी-अभी घड़ी-भर पहले तो उन्होंने उग्रसेन को अकेले ही मुख्य मार्ग से झरने की तरफ आते देखा था—पवनरेखा पति के पास गई भी—फिर

अब यह दूसरी दिशा से आर्य उग्रसेन अपने साथियों के साथ आ रहे हैं!…कैसा कौतुक हो रहा है! उग्रसेन ने भी दासियों की इस जमात को देखा, और देखा कि पवनरेखा उनके साथ नहीं है, आश्चर्यचकित भी हुए और चिंतित भी! नजदीक आकर उन्होंने सखियों से इस बारे में पूछा।

"क्षमा करें, आर्य!" एक वयस्क स्त्री ने धीरे से कहा, "अभी-अभी तो आप उधर मुख्य मार्ग से झरने की तरफ आए थे; हम सब इधर लता-मंडप के ओट हुईं और पवनरेखा देवी आपके निकट गईं, क्या आप भूल गए?"

उग्रसेन स्तब्ध रह गया। अब इन स्त्रियों को भी जैसे कुछ याद आने लगा—जिस उग्रसेन के पास वे पवनरेखा को छोड़कर आई थीं, उसकी पोशाक तो इन उग्रसेन जैसी नहीं थी! क्या हुआ?…क्या है यह सब?

उग्रसेन तेजी से चल पड़े उस झरने की ओर।

झरने के किनारे, एक सुंदर लता की ओट में पवनरेखा अर्ध-बेहोश-सी, अर्धनग्नावस्था में पड़ी थी!

उसने आँखें खोलीं। घेरकर खड़े लोगों पर नजर पड़ते ही वह एकबारगी ही उठ खड़ी हुई। वस्त्र को ज्यों-त्यों लपेटकर अपनी लज्जा ढाँपी और तेजी से एक वृक्ष के तने की ओट में चली गई। सबने उग्रसेन की ओर देखा! वे भ्रमित-से थे—न कुछ समझ पा रहे थे, न कह पा रहे थे; एकदम जड़वत् थे। जमावड़ा खिसक गया, दोनों अकेले बचे।

कुछ देर असमंजस में रहने के बाद उग्रसेन अपनी जगह से हिले, वृक्ष की ओट में सिकुड़ी-सिमटी पवनरेखा के पास पहुँचे। वह आँखें नहीं उठा पा रही थी; वे कुछ कह नहीं पा रहे थे।

आखिर तो इस प्रसंग को खत्म करना ही था। "पवनरेखा, गणराज्य की वर्तमान पीढ़ी तो कदाचित् इस बात की देखी-अनदेखी कर ले, किंतु भावी पीढ़ी अपने गणाध्यक्ष उग्रसेन की पत्नी की इस शील-भ्रष्टता को कैसे लेगी? नारी की पवित्रता की हमारी सांस्कृतिक परंपरा का यह ह्रास, व्रजभूमि और गणराज्य दोनों के पतन का प्रथम सोपान बन जाएगा…"

"मैं निर्दोष हूँ, नाथ! मैं निष्पाप हूँ!" कहती-कहती पवनरेखा पति के चरणों में गिर पड़ी। बिलखती आवाज और रुदन के अतिरिक्त वहाँ कुछ सुनाई ही नहीं दे रहा था।

आर्य उग्रसेन पत्नी का मस्तक सहला रहे थे; किंतु उनकी आँखें पवन शिखरों के उस पार कहीं दूर कुछ खोजती हुई खोई जा रही थीं…

माता पवनरेखा की कोख से निकलकर बालक कंस ने जब इस संसार में पहली साँस ली, तब आर्य उग्रसेन के आवास में न दीप जलाए गए, न ही पुत्रजन्म की बधाई में थालियाँ बजीं! न किसीने मिठाई माँगी और न मथुरावासियों ने कोई उत्सव मनाया। इसके विपरीत ही पुत्रजन्म का समाचार व पवनरेखा के माँ बनने की खबर पाकर कई भृकुटियाँ तन गईं। स्त्रियों के पातिव्रत्य के संरक्षण की पूरी जवाबदेही उनकी ही है, ऐसा माननेवाली वनिताओं ने मुँह बिचकाए और ओठ मरोड़े। और उग्रसेन, उनके चेहरे पर तो ऐसी पुती थी स्याही कि अंधे को भी दीख रही थी। व्यथित उग्रसेन उस दिन गणपरिषद् के कार्यों से जल्दी-जल्दी छुट्टी लेकर अपने आवास लौट आए थे। कहीं कोई कुछ बोलता नहीं था।

उग्रसेन पवनरेखा के कमरे में दिखाई दिए। उसके पलंग के पास खड़े होकर उन्होंने पहली बार पुत्र का मुख देखा। एक सुवर्ण मुद्रा शिशु के कोमल हाथ में पकड़ाई और उसके मस्तक पर धीरे से हाथ रखा। पवनरेखा देखती रही; पति ने बालक को उठाकर गले नहीं लगाया, उसने अपनी आँखें छिपाने के लिए आँखें दूसरी ओर घुमा लीं। लेकिन इस तरह भी कोई कब तक रह सकता है; जब उसने फिर चेहरा घुमाकर पति की ओर देखा, तो उग्रसेन उपवस्त्र के छोर से अपनी आँखें पोंछ रहे थे।

पिता उग्रसेन की उँगली पकड़कर शिशु कंस ने जब पहली बार धरती पर पाँव रखा तब भी मथुरावासियों ने इस दृश्य को देखा-अनदेखा कर दिया व्रजभूमि के गणतंत्र का भार सरलता से वहन करनेवाले गणाध्यक्ष की उँगली मानो इस शिशु का भार वहन नहीं कर पा रही थी; उन्होंने तत्काल ही बालक को फिर पत्नी के हाथों में सौंप दिया।

उम्र और समझ बढ़ी तो कंस ने देखा कि मथुरा नगरी में सब गणाध्यक्ष उग्रसेन का पुत्र होने के नाते उसका सम्मान तो करते हैं, किंतु कहीं आत्मीयता या प्रेम का कण भी नहीं मिलता। पिता उग्रसेन भी विशेष कुछ बोलते नहीं थे और उनका यह मौन कंस को सर्वाधिक सालता था।

युवक कंस ने मल्लयुद्ध में बेजोड़ प्रावीण्य प्राप्त कर लिया था। गदा किसी पुष्प की तरह उसके हाथ में झूलती थी। आकाश छूता यौवन, और पहाड़ तोड़ता सामर्थ्य उसकी तेजस्विता और उसका प्रताप सारे बंधन तोड़ देना चाहता था। मथुरावासी कंस का यह प्रतापी रूप देखकर कभी-कभी गहरी साँस लेकर धीरे से बुदबुदाते, 'जो भी हो, उग्रसेन का यह प्रतापी पुत्र यादव तो नहीं है।' कभी कोई यह भी कह देता, 'कंस यदि यादव होता तो

ब्रजभूमि के सौभाग्य में चार चाँद लग जाते!'

कंस के जन्म के बाद पवनरेखा शायद ही कभी अपने आवास से बाहर निकली। माता का यह स्वैच्छिक एकांतवास कंस के लिए विकट पहेली बना हुआ था। उग्रसेन भी गणतंत्र के किसी उत्सव में या जनसमूह के साथ उपस्थित होने पर पवनरेखा के साथ सभामंडप में नहीं बैठते थे।

समस्त मथुरा जिन उत्सवों में सराबोर हो जाती है उन उत्सवों को मनाने से पवनरेखा क्यों वंचित रहती है?…क्यों? ये सारे पुरजन और सारा यादव परिवार कंस के साथ स्वाभाविक आत्मीयता का व्यवहार क्यों नहीं करता? क्यों पिता उग्रसेन इस तरह उसे दूर-दूर रखते हैं? पवनरेखा की ऐसी उपेक्षित दशा व इस एकांतवास का क्या कारण है? सवाल कितने तो थे! कंस के ओठ भिंच गए। भुजाओं के स्नायु तन गए। उसने जोरों से अपने दोनों हाथों की मुट्ठी कस ली।

माँ और पिता—जीवन के ये दो सर्वाधिक स्वाभाविक घटक ही कंस के लिए सर्वाधिक अस्वाभाविक बने खड़े थे और इनसे घिरा वह स्वयं भी एक अस्वाभाविक मन:स्थिति की तरफ बढ़ता जा रहा था; और एक रूढ़ संकल्प उसे बाँधता चला गया। माता को इस एकांतवास में बलात् धकेलनेवाले तत्त्वों को वह ढूँढ़ निकालेगा, और जब भी उनका पता चलेगा, वह उनको ध्वंस कर डालेगा; ये नगरवासी, यह यादवकुल, जो उसे सहज ऊष्मा से वंचित रख रहा है, इन सबको एक दिन वह अपने चरणों में झुकाकर रहेगा।

और इसी संकल्प की पूर्ति के निमित्त बनकर आए देवर्षि नारद! ब्रह्मांड के परिव्राजक ने मथुरा आकर ब्रजभूमि का आतिथ्य स्वीकार किया।

''कल्याण हो, वत्स!'' नारद ने आशीर्वाद दिया, ''माता पवनरेखा स्वस्थ हैं न, पुत्र?''

कंस ने इधर-उधर देखा। पिता उग्रसेन तथा दूसरे श्रेष्ठजन कुछ दूर खड़े थे। अनपेक्षित एकांत मिल गया उसे। ''देवर्षि ने माता पवनरेखा का हाल पिता उग्रसेन से नहीं पूछा, मुझसे ही क्यों पूछा?'' उलझन का यह एक और छोर था।

''देवर्षि! माता तो उपेक्षिता हैं, मेरे समक्ष ही यह प्रश्न है कि अकेलेपन की व्यथा वे कब तक सहती रहेंगी!''

''ब्रजभूमि की मर्यादा से, पतिव्रत धर्म से अनजाने में जो चूक हुई इस अभागी नारी से, उसके प्रायश्चित्तस्वरूप इस जीवन के अंत तक अपने कर्मबंधन को सहे बिना और कोई चारा नहीं है, पुत्र!'' नारद ने गहरी साँस लेकर कहा।

"देवर्षि!" कंस नारद के चरणों के पास बैठ गया, "कृपा करके मुझस कहें, मेरी माता किस पाप का दंड भुगत रही है? मथुरा के इस यादव परिवार की आँखों में मेरे लिए अपरिचय का ऐसा भाव क्यों है? भगवन्, मुझसे कहें…"

"शांत हो जाओ, वत्स!" नारद ने कंस के माथे पर हाथ रखकर कहा, "तेरे जन्म और तेरी मृत्यु के लिए काल ने जो निश्चित कर रखा है, उसकी कथा ही कुछ ऐसी है—"

और नारद ने वह पूरी कथा-व्यथा सुनाई। दुर्मिल के पापाचरण का ही परिणाम यह कंस है, इसे न तो उग्रसेन कभी भूले, न भूले व्रजभूमि के यादव! कंस के अस्तित्व को सबने स्वीकार किया, किंतु उसमें कहीं स्वागत नहीं था, लाचारी थी!…उसकी काया ताँबे-सी तपने लगी; उसके शरीर के अणु-अणु में आग-सी दहक उठी।

"और वत्स!" नारद ने बात पूरी करते हुए कहा, "अब अपने दंश की कथा भी सुन लें! दुर्मिल के प्रपंच से छली गई तेरी माँ पवनरेखा ने जब दुर्मिल को पहचाना तो उसका सतीत्व भड़क उठा। इधर परस्त्री की प्राप्ति से तृप्त दुर्मिल ने पवनरेखा से कहा, 'सुंदरी, हमारे सहवास के परिणामस्वरूप तेरी कोख से एक प्रतापी पुत्र जन्म लेगा,' यह सुनकर तेरी माता क्रोध से पागल ही हो उठी। वह खुद भी जल रही थी और जो कुछ उसी दुरवस्था से जुड़ा था उसे भी जला देना चाह रही थी। उसने कहा, 'दुरात्मा! तेरा जो भी अंश, तेरे इस अधम आचरण के कारण जन्म लेगा, उसका नाश कर सके, ऐसा समर्थ और महाबली यादव मेरे वंश में प्रकट होगा; यादवकुल तेरे अपवित्र अंश को कदापि सहन नहीं करेगा!' "

नारद की बात पूरी होते-होते कंस के मन में पिता उग्रसेन से लेकर समग्र गणतंत्र और नगरवासियों के प्रति असीम क्रोध और धिक्कार की भावना जाग उठी। उसने तत्काल एक निर्णय कर लिया—यह उग्रसेन, यह गणतंत्र, ये पुरवासी; यह समग्र यादव परिवार—इनमें से किसीको कंस या पवनरेखा की उपेक्षा करने का अधिकार कभी नहीं था, कभी नहीं। कंस अपने बाहुबल से नष्ट-भ्रष्ट कर डालेगा इन सबको और…और माता के आक्रोश के कारण निश्चित अपनी मृत्यु के भविष्य को भी वह बदल डालेगा।

"किंतु मृत्यु के भविष्य को मैं बदल न सका, कृष्ण!" काफी रक्त बह जाने के कारण मृतप्राय कंस के चेहरे पर फीकी-सी मुसकान थी। ऐसा लगा जैसे ग्रहण लगे सूर्य से प्रकाश की एक क्षीण रेखा उभरी हो।

कृष्ण यह सब सुन रहे थे; जैसे एक-एक कर कोई बंद पोथी के पन्ने खोल रहा हो; वे सुन रहे थे और उनका चेहरा करुणार्द्र होता जा रहा था—कंस का ऐसा विनाश!…महाबलवान्, अति प्रतापी कंस पर अपनी विजय कृष्ण को अचानक ही खोखली लगने लगी। यह मनुष्य तो जन्म के पूर्व ही एक निर्बल मानी जाती नारी के आक्रोश का परिणाम था—और कृष्ण, स्वयं उनका निर्माण भी तो उसी घड़ी हो चुका था; और आज इस अकल्पनीय घटना के निमित्त भी वे बन चुके थे—सत्य के इस बोध ने कृष्ण को अधिक विनम्र बना दिया।

"…अब तुम ही कहो, कृष्ण!" कंस की टूटती आवाज फिर कृष्ण की ओर उठी, "जिस समाज ने एक निर्दोष नारी की अवहेलना की, जिसके पातिव्रत्य पर पूरा विश्वास होते हुए भी, छल-कपट का भोग बनी उस नारी को जिस समाज ने आजीवन बहिष्कृत किया—उस समाज के इन निर्वीर्य नेताओं को शासन करने का क्या अधिकार है?…कौन-सा अपराध किया था मेरी माता ने? बोलो कृष्ण, बोलो? कौन-सा अपराध किया था उसकी कोख से जनमे बालक कंस ने? पापाचारी, भ्रष्ट दुर्मिल का विनाश करने के बदले इन कायरों ने, सांस्कृतिक मूल्य और नैतिकता के नाम पर स्वयं अपनी वैरागिन में निर्दोषों को क्यों भस्म कर दिया?"

"मामा!" कृष्ण बड़े कोमल स्वर में बोले, "व्यक्ति को मिलनेवाला न्याय और संरक्षण, यही तो समाज की शक्ति है, यही तो कल्याण मार्ग है; किंतु…किंतु व्यक्ति भी तो आखिर समाज का ही अंश है न! समाज की आहुति देकर व्यक्ति कब सर्वोपरि हो सकता है! एक कमजोर समाज से बदला लेने के लिए आपने गणतंत्र का नाश किया; यादवकुल पर अपना एकाधिकारी शासन लाद दिया…"

"गणतंत्र?…कौन-सा गणतंत्र, कृष्ण?" कंस के स्वर में तिरस्कार था, "जो गणतंत्र एकाध उग्रसेन या एकाध वसुदेव…" और फिर अक्रूर की ओर देखकर उसने कहा, "और ऐसे एकाध अक्रूर, जो कभी सत्ता का सुख छोड़ने की नहीं सोच सके, ऐसे गिने-चुने नेताओं पर निर्भर गणतंत्र?…जिसमें सारे कायर पुरजन सदा मात्र विजेता का जयघोष करने में लगे रहते हों?…इसे तुम गणतंत्र कहते हो? जो सत्य सब जानते थे, उस सत्य का स्वीकार करने का जिसमें साहस नहीं? पवनरेखा को पूर्ववत् स्वीकार करके यदि दुःखद अध्याय को विस्मृति के गर्भ में विलीन कर दिया होता तो, कृष्ण, यह गणतंत्र अमर हो गया होता; और कंस तथा कृष्ण दोनों इसे तेजस्वी बनाते होते…"

"व्यक्ति चाहे जितना महान् हो, मामा," कृष्ण ने संयत स्वर में समझाने की कोशिश की, "व्यक्ति पर हुआ अन्याय चाहे जितना निष्ठुर हो, तब भी किसी सामर्थ्यवान् व्यक्ति को अपना एकाधिकार स्थापित करने का अधिकार नहीं मिल जाता! अन्याय के विरुद्ध संघर्ष करना एक बात है और अन्याय को निमित्त बनाकर सारे समाज को अपनी मुट्ठी में कर लेना दूसरी बात है। यह दूसरी बात उस असली अन्याय से कहीं अधिक निर्मम अन्याय है, मामा! एक अन्याय का सामना उससे बड़े अन्याय द्वारा नहीं किया जा सकता···मामा, यह बुनियादी सत्य आप कैसे भूल गए?"

कंस की आँखें उलटती जा रही थीं। देह में रह-रहकर जोर का झटका उठ रहा था। मृत्यु ने उसे करीब-करीब समेट ही लिया था।

"सत्य तो एक कल्पना है, कृष्ण!" कंस की आवाज मानो गहरी खाई से उठ रही थी। साँस अटक रही थी, एक-एक शब्द पीड़ा में डूबा था, "इस कल्पना को कुछ समर्थ लोगों ने अपनी अनुकूलता के अनुसार सदैव तोड़ा-मरोड़ा है। एक दिन आर्य उग्रसेन सत्य थे; कल तक महाराज कंस परम सत्य थे; आनेवाले कल में कदाचित् गोकुल का गोपालक कृष्ण···"

"नहीं, ऐसा न कहें, मामा!···उग्रसेन, कंस और कृष्ण से भी महान् परमतत्त्व तो ये सब हैं···" कृष्ण ने पाषाणवत् खड़े जनसमूह की ओर निर्देश किया, "निश्चल लगते इस समुदाय का प्राण ही परमतत्त्व है! इस प्राण का संरक्षण, संवर्धन जो अधिक कुशलतापूर्वक कर सके, वही है उच्चतम शासन; एकाध कंस या कृष्ण यह नहीं कर सकते! गणतंत्र महान् है, मामा! सबसे महान्···आपने उस गणतंत्र की हत्या की···"

"निष्पाप पवनरेखा की आत्मा का हत्यारा गणतंत्र कभी नहीं टिकेगा, कृष्ण! जो काम कंस ने किया, वही काम भविष्य में कभी कृष्ण के हाथों भी कराएगा; यदि पवनरेखा की निर्दोषता को दंडित किया गया तो···" कंस आगे बोल न सका। उसके शब्द अटक गए।

कृष्ण धीरे से कंस के चरणों में झुके। उनके मन में शायद उसी क्षण एक चित्र बन गया—भौमासुर के कारावास से मुक्त होकर द्वारका के राजमहल में प्रतिष्ठित होनेवाली स्त्रियों का चित्र—नहीं, अब कोई पवनरेखा नहीं बनेगी।

"तात अक्रूर!" उद्धव ने अतीत में गहरे खोए अक्रूर को धीरे से जाग्रत किया, "बकुल पुष्पों पर जल सींचकर प्राप्त की हुई यह सुगंध अब व्यर्थ है, तात! रात्रि

के तीसरे प्रहर की समाप्ति का डंका नहीं सुना आपने?''

''कृष्ण का वह शंखनाद तुमने सुना था, वत्स?'' अक्रूर तो मानो स्वगत संवाद कर रहे थे, ''तुम्हें याद है, उद्धव, प्राग्ज्योतिषपुर के भौमासुर को मारकर कृष्ण ने उसके अंत:पुर में कैद हजारों स्त्रियों को मुक्त किया था…''

''हाँ, तात! कृष्ण ने उन स्त्रियों को मात्र मुक्त ही नहीं किया था, बल्कि उन सबको आर्यावर्त्त की सर्वश्रेष्ठ कुलीन स्त्रियों के बीच पुनर्स्थापित किया था…द्वारका के राजमहल में उन सबको सम्मानपूर्वक स्थापित करके कृष्ण ने उन्हें रुक्मिणी और सत्यभामा के समकक्ष दर्जा दिया था।''

''ऐसी पुनर्स्थापना न की होती तो उन सैकड़ों निर्दोष, निष्पाप स्त्रियों के प्रति भौमासुर के हाथों हुए अन्याय की आग में से असंख्य कंस प्रकट हो गए होते, उद्धव! उन स्त्रियों को आर्यावर्त्त ने कभी स्वीकारा न होता—एक पवनरेखा पर ढाया हुआ अन्याय व्रजभूमि के गणतंत्र को बरसों तक भस्म करता रहा तो यदि सैकड़ों स्त्रियों के प्रति आर्यावर्त्त ने ऐसा ही निर्मम अन्याय किया होता तो…'' अक्रूर बोलते-बोलते अटक गए।

''किंतु उस समय तो इस कार्य की महानता और उसका मूल्य समझ में नहीं आया था…'' अक्रूर वेदनामय स्वर में बोले, ''कृष्ण को उनके युग ने, उस युग के हम सबने नहीं पहचाना; मेरे अपने पापाचरण को भी आज जब याद करता हूँ तब…''

''तात…'' उद्धव अधिक बोल न सके।

बहती कालिंदी के जल-प्रवाह में कोई जलचर उथल-पुथल कर रहा था शायद। उसकी आवाज में उद्धव का स्वर डूब गया।

सोलह

''उद्धव!'' कालिंदी के प्रवाह को अनिमिष देखते-देखते कई पल बीतने के बाद अक्रूर बोले, ''वत्स, पिछली रात को धुँधलके प्रकाश में कालिंदी के इस प्रवाह को देखा था?…देखो, अभी देखो, इसकी श्यामवर्णी जलराशि में उभरती कृष्ण की आकृति!…दीख रही है न तुम्हें? वही मयूरपंख, वही बंसरी और, और उधर, उस तरफ देखो, उद्धव…''

''तात…!'' उद्धव शब्द पर ही अटक गए।

''वहाँ कृष्ण की प्रिय धेनु और…प्रवाह के बीचोबीच वह गोवर्धन पर्वत; मानो कृष्ण ने करांगुलि पर उठा रखा हो…कालिंदी और कृष्ण जैसे एकरूप हो

गए हों!" बोलते-बोलते अक्रूर भावविभोर हो गए।

"तात!" उद्धव ने भाव-विचरण से रोका, "कालिंदी तो महाकाल है! महाकाल के तट पर सृष्टिमात्र ही नहीं, पूरे ब्रह्मांड का विस्तार भी लघु ही रहेगा। इस ब्रह्मांड के एक अंशरूप में हम महाकाल को समर्पित हो जाएँ, यही ज्ञानमार्ग है, तात!...आप स्वस्थ हों...!"

"स्वस्थ?" अक्रूर बोलने लगे, "कदाचित् आज...अभी मैं जितना स्वस्थ हूँ, उतना कभी पहले नहीं था। जो कल तक गोपित ओट में था, छिपा हुआ, वही आज दर्शनीय हो गया है, वत्स! मथुरा के रंगमंडप में उस दिन कृष्ण के हाथों कंस की मृत्यु हुई...किंतु...किंतु...दैवयोग से यदि उसके विपरीत कुछ हो जाता, कंस के हाथों..." अक्रूर का गला रुँध गया।

"ऐसा न कहें, तात!"

"मुझे कहने दो, उद्धव! आज मुझे सब कह लेने दो। कृष्ण की संभावित हत्या का निमित्त बनने के पातक से उस दिन तो मैं उबर गया था, किंतु...किंतु आर्यावर्त्त के युगपुरुष के रूप में प्रस्थापित हो जाने के बाद भी उस महामानव को मैंने एक सामान्य चोर की कक्षा में रख दिया था—उस पाप का स्मरण होता है और लगता है...लगता है, उद्धव, माता गांधारी के शाप को चरितार्थ करने के लिए अब मुझे भी..."

"विस्मृत अभागे अतीत को अब आज इस तरह याद करने से..." उद्धव ने कहा।

"हाँ, आज...आज ही, वत्स! प्रभात की प्रथम सूर्य-किरणों को इस अभागे अक्रूर के दर्शन न करने पड़ें, यही इष्ट है। अब वे सूर्य-किरणें, उनका वह प्रकाश मुझसे सहे नहीं जाएँगे। कृष्ण पर जो प्रहार कंस या कालयवन भी नहीं कर सके थे, मैंने वैसा प्राणघातक प्रहार किया था...मैंने किया था। मथुरा के रंगमंडप में किए पाप के पश्चात् भी मैंने ही..."

"तात अक्रूर...!"

"हाँ, वत्स! स्यमंतक मणि की वह कथा..." कहते-कहते अक्रूर का सिर झुक गया।

"आर्य सत्राजित!" वरिष्ठ यादवों से भरे सभामंडप में एक दिन कृष्ण ने, बुजुर्ग यादव सेनानी सत्राजित को संबोधित किया, "सुना है, भगवान् सूर्य नारायण की कृपा से आपको एक ऐसी अलौकिक मणि मिली है, जो देव-सुलभ है!"

सत्राजित ने चौंककर कृष्ण की ओर देखा; द्वारका के भव्य प्रासादों के गुंबदों पर चमकती सूर्य-किरणों को देखा, सभामंडप में विराजते यादव वीरों के चमकीले स्वर्णमुकुटों को देखा···समवयस्क अक्रूर तथा वसुदेव और कुछ हटकर बैठे सात्यकि तथा कृतवर्मा पर नजर डाली—सभी उत्सुक थे—कृष्ण के प्रश्न का उत्तर?

"कृष्ण!" सत्राजित ने धीरे से कहा, "स्यमंतक नाम की वह मणि भगवान् सूर्य ने प्रसन्न होकर मुझे दी है।"

"सूर्य का कृपाप्रसाद तो आर्य सत्राजित ही नहीं, संपूर्ण यादव परिवार के लिए गौरव की बात है, तात!" कृष्ण ने प्रसन्नता से कहा, "ऐसी मूल्यवान् मणि द्वारका में हो, यह सौभाग्य समस्त द्वारका नगरी का है; हम सभी धन्य हुए हैं!"

"कृष्ण, यह अद्‍भुत मणि—मनुष्य जाति ने अब तक जो कुछ धनराशि पाई है, उससे कहीं अधिक मूल्यवान् है!" बलराम बोले और फिर सत्राजित की ओर उन्मुख होकर पूछा, "ऐसा भी सुना है, तात, कि यह अद्‍भुत मणि रोज प्रातःकाल आठ सुवर्णमुद्राएँ आपको, सूर्यप्रसाद के रूप में प्रदान करता है?"

"आपने ठीक सुना है, संकर्षण!" सत्राजित ने सत्य का स्वीकार किया, "यह मणि सुवर्ण-मुद्राओं का अनंत स्रोत है—प्रतिदिन प्रातःकाल आठ सुवर्णमुद्राएँ प्राप्त होती हैं।"

सभी आश्चर्यचकित रह गए। कृष्ण की दृष्टि द्वारका के क्षितिज के उस पार कहीं स्थिर हो गई। कुछ देर की चुप्पी, फिर कृष्ण ही बोले—एकदम गंभीर स्वर में—

"सत्राजित, आपकी इस सिद्धि में सारे यादव और द्वारकावासी सहभागी हों, इससे अधिक सौभाग्य क्या हो सकता है?"

अक्रूर की निगाहें सत्राजित से मिलीं। उन्हें सत्राजित के इस अखंड खजाने की बात का पता था; लेकिन कुछ और भी था जो अक्रूर को उनकी तरफ खींचता था—सत्राजित की पुत्री सत्यभामा। अनुपम लावण्य, चंदन-सी काया! सत्राजित की वह एकमात्र संतान थी। आर्य अक्रूर के मन में कहीं गहरी पैठी हुई थी वह। सत्यभामा को पाने की लालसा···प्रौढ़ अक्रूर उसके आगे विवश-से थे। और अपनी यह इच्छा वे सत्राजित के समक्ष प्रकट भी कर चुके थे।

'सत्राजित!' अक्रूर ने कहा था, 'सत्यभामा जैसी पुत्री की डोर अक्रूर जैसे यादव सेनापति के साथ जुड़े, भला इससे अधिक सद्‍भाग्य क्या होगा! सत्यभामा को मुझे सौंपकर आप पुत्री की ओर से कर्तव्यमुक्त हो जाएँ।'

'अक्रूर!' सत्राजित की आवाज एकदम संयत थी, 'सत्यभामा के लिए मैंने आर्य शतधन्वा को मन-ही-मन चुन लिया है! वह तो शतधन्वा की पत्नी ही बनेगी!'

यादवकुल में शतधन्वा का स्थान कुछ खास नहीं था। अक्रूर तो यादव सेनापति था। तनिक प्रौढ़ था तो क्या! शतधन्वा की तुलना में मेरा अस्वीकार?…सत्राजित के प्रति अक्रूर का मन मैला हो गया।

"देवकीनंदन!" सत्राजित ने सावधानी से कहा, "सारे यादव परिवार और पूजनीय बुजुर्गों की शुभाकांक्षा से मैं धन्यता का अनुभव करता हूँ।"

"तात!" कृष्ण का स्वर मृदु था, "स्यमंतक से प्राप्त समृद्धि समष्टि के लाभार्थ उपयोग में आए, यही श्रेष्ठतर है। आर्य सत्राजित, इसीमें आपका बड़प्पन और यादव परिवार का श्रेय है।"

सबके कान खड़े हो गए। सत्राजित का चेहरा तनिक खिंच गया—अक्रूर की आँखों में एक चालाक प्रसन्नता झाँक उठी।

"—जो लक्ष्मी परिश्रम करके प्राप्त की जाए, उसका स्वामित्व ही व्यक्तिगत हो सकता है, आर्य! परिश्रमरहित लक्ष्मी समूह के लिए समर्पित हो, यही सबके कल्याण का मार्ग है!" कृष्ण के ओठों पर चिरपरिचित मोहिनी खेलती रही।

"और इसलिए स्यमंतक के स्वामी के नाते नहीं, उसके श्रद्धेय रक्षक के नाते उसका लाभ द्वारका के सारे पुरजनों को मिले, यही इष्ट है, तात सत्राजित!" बलराम ने कृष्ण का समर्थन किया।

"वासुदेव कृष्ण!" सत्राजित की आवाज कुछ ऊँची थी, "आपके विचारों का मैं सम्मान करता हूँ; किंतु स्यमंतक—वह तो मेरे इष्टदेव भगवान् सविता नारायण का प्रसाद है; वह मेरे पास, पूर्णतः मेरे पास ही रहेगा।"

"भूमि, वायु, जल—इन तीन तत्त्वों से प्राप्त लक्ष्मी पर अपने परिश्रम की मर्यादा में ही व्यक्ति का स्वामित्व हो, तो समाज का कल्याण होता है…किंतु आर्य सत्राजित, इस विषय में आखिरी निर्णय आपकी शुभ भावना पर ही अवलंबित है! यादव परिवार कोई अत्याचार तो करेगा नहीं!" कृष्ण की आवाज में अपनेपन की गूँज थी।

"मेरे इष्टदेव के इस कृपाप्रसाद को मैं समष्टि को समर्पित नहीं कर सकता! मुझे क्षमा करें, केशव!" सत्राजित ने बात समेट दी।

कृष्ण ने विशेष कुछ नहीं कहा। बलराम का चेहरा तनिक खिंच आया। अक्रूर को निराशा हुई। यादव सभा समाप्त हुई।

भरी सभा में कृष्ण ने स्यमंतक को सबके लाभार्थ समर्पित करने को कहा, इस बात से सत्राजित चिंतित और उद्विग्न हो गया। यादवकुल ने मौन रहकर कृष्ण की बात का जिस तरह समर्थन किया था, उसमें भी सत्राजित को सामूहिक ईर्ष्या ही दिखाई दी। कृष्ण कदाचित् किसी अन्य तरीके से मणि को हस्तगत न कर लें, इस आशंका से सत्राजित ने मणि अपने छोटे भाई प्रसेन को सौंप दी और इसे सबसे गुप्त रखा।

किंतु इसके कुछ ही दिनों बाद एक दुर्घटना हो गई।

मृगया के लिए वन में गए प्रसेन की किसी हिंसक पशु ने हत्या कर डाली। प्रसेन के गले में उस समय वही स्यमंतक मणि शोभित हो रही थी। लाल मणि का चुंबकीय आकर्षण वनवासी जांबुवान को खींच लाया। उसने प्रसेन के गले से वह मणि उतार ली। लेकिन उसकी कोई पहचान तो उसे थी नहीं। उसने उसे पत्थर का आकर्षक टुकड़ा समझकर अपने नन्हे पुत्र को खेलने के लिए दे दिया।

सत्राजित ने जब प्रसेन की हत्या और स्यमंतक मणि के अदृश्य होने की बात सुनी तो उसने सारे यादवों पर अपना क्रोध उतारा—

"हे यादवगण! कृष्ण ने अभी कुछ समय पहले ही मुझसे उस मणि की माँग की थी, यह तो आप सब जानते ही हैं। मैंने वह अन्यायपूर्ण माँग स्वीकारी नहीं, इसलिए कृष्ण ने इस नीच मार्ग से मणि हस्तगत कर ली है। समष्टि के श्रेय की बातें हाँकनेवाले कृष्ण और बलराम वास्तव में इस अद्‌भुत मणि का स्वामित्व चाहते थे; अब कुछ छिपा नहीं रहा।"

कुछ वरिष्ठ यादवों को भी सत्राजित की शंका सच लगने लगी। विवाद छिड़ गया। यदि हिंस्र पशु ने प्रसेन को मारा होता तो उसके कंठ से मणि कैसे अदृश्य हो जाती? स्वयं कृष्ण ऐसा कर्म करे तो यादव परिवार का गौरव कहाँ रहा?

बात कृष्ण के कानों तक पहुँची। फिर एक बार उनकी भुवनमोहिनी मुसकान मुखरित हो उठी। स्यमंतक मणि को खोजने का उन्होंने निर्णय कर लिया। प्रसेनजित की हत्या के स्थान का उन्होंने सावधानी से निरीक्षण किया। हिंस्र पशु के अलावा वहाँ पदचिह्न तो जांबुवान के भी थे। उसी आधार पर कृष्ण ने जांबुवान का आवास खोज निकाला। पहाड़ों और घनघोर जंगल के बीच बसे जांबुवान के घर से दूर तक फैली हुई स्यमंतक की तेज किरणों ने ही मानो कृष्ण

को मार्ग दिखाया। कृष्ण वहाँ पहुँचे।

पहले तो जांबुवान ने मणि लौटाने से स्पष्ट इनकार कर दिया। वैसे मणि का उसके लिए कोई मूल्य नहीं था, किंतु कोई नगरवासी उसके वनवासी आधिपत्य को चुनौती दे, यह वह कैसे सहन कर सकता है? उसने कृष्ण से लड़ने का फैसला कर लिया।

किंतु जांबुवान को पता कहाँ था कि वह किससे लड़ने की सोच रहा है! जैसे ही वह इस बारे में सचेत हुआ, उसने लड़ाई की बात छोड़ दी। वैसे भी उसके लिए मणि तो माटीमोल ही थी। उसने कृष्ण की ओर मित्रता का हाथ बढ़ाया। कृष्ण ने मित्रता स्वीकार की।

''कृष्ण!'' जांबुवान ने नम्रतापूर्वक कहा, ''आपने मेरी मित्रता स्वीकार करके मुझे उपकृत किया है। पहली बार ही आप मेरे घर पधारे हैं। मैं क्या भेंट करूँ? मेरी पुत्री जांबुवंती का पाणिग्रहण करके आप हमारी मित्रता को चिरंजीवी बनाएँ।''

कृष्ण ने जांबुवान का प्रस्ताव स्वीकार कर लिया।

पत्नी जांबुवंती और स्यमंतक मणि को लेकर कृष्ण द्वारका लौटे।

दूसरे दिन यादव सभा में स्यमंतक मणि सबके सामने थी—''यह रही आपकी वह अद्भुत मणि! इसकी पुनर्प्राप्ति की पूरी घटना की साक्षी है जांबुवंती और हमारे वनवासी मित्र जांबुवान, जो अब मेरे श्वसुर हैं। यादव नेताओं में किसी को भी यदि सत्राजित के दोषारोपण के बारे में कोई शंका हो तो उसका निर्मूलन आवश्यक है—''

''मुझे क्षमा करें, कृष्ण!'' सत्राजित लज्जित हो गया, ''मेरा किया दोषारोपण तो मेरा आक्रोश और प्रलाप था, मधुसूदन! आप उदारचरित उसे भूल जाएँ, यही मेरी प्रार्थना है!''

''तात! यह मणि आपकी है। आप अपने ही पास रखें।''

''केशव!'' सत्राजित गद्गद हो गया, ''मैंने तो यह मणि खो दी थी। आपने ही इसे पुनः प्राप्त किया है। अब इसे आप ही रखिए!''

''इस घड़ी में तो नहीं!'' कृष्ण ने कहा, ''यदि अभी मैं इसे स्वीकार कर लूँ तो शंका हो सकती है कि इसे खोजने के पीछे मेरा कुछ और ही प्रयोजन था। इसके असली स्वामी तो आप ही हैं, तात! भगवान् सविता नारायण का कृपाप्रसाद अपने पास ही रखें।''

सत्राजित अभिभूत हो गया। यादवगण कृष्ण और सत्राजित को अहोभाव

से देखते रहे। केवल अक्रूर की आँखों में अप्रसन्नता झलकी। वह अपना अपमान अभी तक भूला नहीं था। सत्यभामा की प्राप्ति तो अब गौण थी। सत्राजित के प्रति उसका वैर अधिक दृढ़ हो गया था।

"कृष्ण!" सत्राजित ने कृतज्ञतापूर्वक कहा, "स्यमंतक मणि आप मुझे लौटा रहे हैं तो फिर इस मणि जैसी ही अद्भुत मेरी पुत्री सत्यभामा को स्वीकार करें और मुझे ऋणमुक्त होने का किंचित् अवसर दें। इतनी ही मेरी प्रार्थना है।"

पूरी यादव सभा ने प्रसन्नचित्त होकर जयजयकार किया। कृष्ण के चेहरे पर मुसकान फैल गई—उसमें सम्मति मिली हुई थी।

अक्रूर ने सभा में एक कोने में बैठे शतधन्वा की ओर देखा। चारों आँखों में सत्राजित के प्रति एक ज्वाला धधक रही थी।

सत्रह

अक्रूर के लिए यह सारा बड़ा असहनीय था। न केवल मणि वापस मिल गई, बल्कि कृष्ण ने वह सत्राजित को लौटा भी दी और आभारी सत्राजित ने अपनी पुत्री सत्यभामा का विवाह कृष्ण के साथ कर दिया; ये सब अकल्पित एक साथ कैसे घटे?...और इसका निराकरण क्या था?

कुछ दिनों के बाद एकांत में शतधन्वा से मिलकर अक्रूर की बात हुई, "शतधन्वा!" अक्रूर ने सावधानी से कहा, "सत्यभामा का पाणिग्रहण तू करे, ऐसी आर्य सत्राजित की इच्छा थी। तू जानता है न?"

"नहीं, ऐसा तो मैं नहीं जानता। हाँ, मैंने सत्यभामा से विवाह करने की इच्छा सत्राजित के समक्ष जरूर प्रकट की थी," शतधन्वा ने कहा।

"फिर सत्राजित ने क्या कहा?"

"कोई विशेष प्रतिभाव तो नहीं दिखाया था। मैंने सोचा था, फिर कभी मौका आएगा तो अपनी बात दोहराऊँगा।"

अक्रूर तनिक सोच में पड़ गया। सत्राजित ने तो उससे कहा था कि उसके मन में शतधन्वा का नाम है और शतधन्वा को मालूम ही नहीं। तो क्या सत्राजित ने सिर्फ अक्रूर को दूर हटाने के लिए वह कहा था? अक्रूर का पारा और चढ़ गया।

"अब तो ऐसी कल्पना छोड़ ही दो, वत्स!" अक्रूर ने धीरे से शतधन्वा

को उकसाया, ''सत्यभामा तो अब तुम्हें प्राप्त होने से रही; किंतु···''

''किंतु क्या, तात?''

''किंतु जिसके कारण सत्राजित का अहंकार आकाश छू रहा है, वह स्यमंतक मणि यदि उसके पास न रहे, उससे वह वंचित हो जाए तो उसका दिमाग ठिकाने आ जाएगा!''

''लेकिन, लेकिन यह हो कैसे सकता है? स्यमंतक मणि को उसके पास से हटाना तो संभव नहीं···'' शतधन्वा की भृकुटि तन गई, ''सत्राजित के लिए मेरे मन में भी बहुत रोष है, आर्य अक्रूर!''

''तो फिर···वह मणि तुम्हारे पास क्यों नहीं होनी चाहिए, शतधन्वा?'' और शतधन्वा के कानों में जैसे कोई रहस्य बुन रहे हों, ऐसे वे बोले, ''अरे, सत्राजित तो बूढ़ा है, तू जवान है! सत्राजित के लिए कोई रास्ता नहीं निकाल सकता है?···उसे समाप्त ही कर दे।''

शतधन्वा चौंक उठा, ''सत्राजित की हत्या! तात!···'' फिर उसने खुद को काबू किया, ''वैसे यह काम सरल है, तात! किंतु समस्त यादव तथा स्वयं कृष्ण उस हत्यारे को ढूँढ़ लें तो···''

''तुम व्यर्थ ही भयभीत हो रहे हो, शतधन्वा!'' अक्रूर उसे समझाने लगे, ''ऐसी कोई समस्या यदि आई तो मैं तुम्हारी सहायता करूँगा। एक बार सत्राजित मारा जाए और मणि का स्वामित्व तुम्हें मिल जाए···''

शतधन्वा अक्रूर की बातों में आ गया। दोनों के मन में पलता वैर एक जगह इकट्ठा हो गया। अक्रूर जैसे गण्यमान्य यादव का प्रश्रय पाकर शतधन्वा की अप्रच्छन्न वैराग्नि धधक उठी। उसने हत्या का निश्चय कर लिया। सत्यभामा नहीं मिली तो स्यमंतक ही सही···! सत्राजित को पाठ तो पढ़ाना ही चाहिए। दोनों अनुकूल मौके की राह देखने लगे।

और वह अनुकूल घड़ी जल्दी ही आ गई।

वारणावत में, लाक्षागृह में पाँचों पांडव माता कुंती के साथ भस्मसात् हो गए, यह खबर फैली तो कृष्ण, बलराम सभी विचलित हुए। इस घड़ी में हस्तिनापुर में पिता धृतराष्ट्र और पितामह भीष्म को सांत्वना देने के लिए उपस्थित रहना चाहिए, इसलिए वरिष्ठ यादवों के साथ वे दोनों हस्तिनापुर रवाना हुए। अचानक ही द्वारका की देखरेख, रक्षा का कार्य अक्रूर के हाथों आ गया। शतधन्वा को तो मुँहमाँगा अवसर मिल गया। योजना बनाने, उसे कार्यान्वित करने का ही अवसर नहीं था यह, बल्कि राज का संरक्षण भी उसे मिल रहा था। उसने

वह कर दिया, जो अकृत्य था—सत्राजित की हत्या और स्यमंतक मणि की चोरी। द्वारका में शोर भी हुआ और फुसफुसाहट भी। अक्रूर के समक्ष इस काम में शतधन्वा का हाथ होने की बात कही भी गई, शंकाएँ प्रकट की गईं; किंतु अक्रूर, उन्होंने तो उस तरफ कोई ध्यान नहीं दिया। लेकिन कृष्ण के लौटने के बाद बात कैसे रुकी रह जाती!

कृष्ण ने शतधन्वा को बुलाया। बलराम फिर से अमूल्य मणि की चोरी से अत्यंत क्रोधित थे। चाहे जैसे भी हो, मणि को प्राप्त करना ही है, ऐसा निश्चय उन्होंने किया था। कृष्ण शांत थे। शतधन्वा को दोषी ठहराने से पहले वे उसके ही मुख से पूरा वृत्तांत जानना चाहते थे।

कृष्ण की बुलाहट···शतधन्वा की अपराधी आत्मा काँपने लगी। कदम भयभीत। भरी यादव सभा में कृष्ण का सामना?—असंभव था। यादवों की शंकित दृष्टि, और कृष्ण की उपस्थिति! अब स्यमंतक तो दूर, प्राणरक्षा का प्रश्न आ खड़ा हुआ। वह अक्रूर के पास दौड़ा।

"आर्य अक्रूर, स्यमंतक की रक्षा तो दूर, मेरे प्राणों की रक्षा कैसे होगी? अब आप ही···केवल आप ही मेरी सहायता कर सकते हैं।"

"शतधन्वा!" अक्रूर इतना कहकर चुप हो रहे। परिस्थिति गंभीर थी, क्योंकि कृष्ण-बलराम सामने थे। उनका सामना कितना दुष्कर है, यह अक्रूर से ज्यादा कौन जानता था। सत्राजित की हत्या से उनके भीतर की वैराग्नि तो तृप्त हो चुकी थी, अब इसमें से अपनी गरदन छुड़ा लेना ही श्रेयस्कर था; और यदि इसी क्रम में स्यमंतक मणि भी हस्तगत कर लें, तो अति उत्तम! वैसे भी स्यमंतक के योग्य शतधन्वा है कहाँ!

पराक्रमी अक्रूर के भीतर का कूटबुद्धि अक्रूर गिन-गिनकर चालें चलने लगा। स्यमंतक मणि मेरे पास हो और सभी शतधन्वा को दोषी मानें और कृष्ण का रोष उसे भस्म कर डाले···किसी को कोई शंका भी न हो और सबकुछ दूसरों के सिर से गुजर जाए।

"शतधन्वा!" बड़ी सावधानी से वे बोले, "कृष्ण को कोई शंका न हो, इसके लिए जरूरी है कि तुम द्वारका छोड़कर दूर चले जाओ···"

"किंतु इस समय···आर्य, इस स्यमंतक का बोझ मैं कैसे सँभालूँ? आप यदि इस मणि को अपने पास सँभाल लें तो मैं यहाँ से कहीं दूर भाग जाऊँ!"

बस, अक्रूर को तो यही चाहिए था। शतधन्वा ने उसके मन की बात कह

दी। उन्होंने स्यमंतक को गुप्त धन की तरह छिपा दिया! शतधन्वा फिर नहीं दीखा; वह द्वारका छोड़कर कहीं भाग गया।

शतधन्वा भाग निकला—समाचार सुनकर बलराम क्रोध से काँपने लगे। वे गरज उठे—"कृष्ण! पापी शतधन्वा को अब हम जीवित नहीं छोड़ सकते! चलो, हम उसका पीछा करें; हमें स्यमंतक पुनः प्राप्त करनी ही होगी!"

यादवगण ने बलराम का समर्थन किया।

"स्यमंतक की प्राप्ति तो गौण है, कृष्ण!" वरिष्ठ यादवों ने कहा, "यादव परिवार यदि इस तरह स्थूल समृद्धि के लिए हत्याएँ करने लगा तो यह शासन छिन्न-भिन्न हो जाएगा। शतधन्वा को शासकीय दंड देना समाज के लिए जरूरी है।"

कृष्ण ने सम्मति में सिर हिलाया।

शतधन्वा जाता भी कहाँ! गाँवों-शहरों, पर्वतों और जंगलों में वह प्राण बचाता भाग रहा था, और तभी उसे पता चला कि कृष्ण-बलराम उसे पकड़कर मृत्युदंड देने लिए उसका पीछा कर रहे हैं। अब तो उसका भागना कठिन हो गया। पाँव उठते ही नहीं थे। कभी किसी गुफा में तो कभी किसी वृक्ष की ऊँची शाखा पर। रथ और अश्व तो कब के छूट गए थे; अब पाँव भी सहारा छोड़ रहे थे।

शतधन्वा के अश्व और उसका रथ! कृष्ण मार्ग में ही ठिठक गए।

"दाऊ!" बलराम से उन्होंने कहा, "शतधन्वा इसी मार्ग पर कहीं पैदल भाग रहा है। रथ और अश्वरहित भागते अपराधी को हम अपने रथ और अश्व की सहायता से पकड़ें या प्राणदंड दें तो उसमें धर्म नहीं है। हमें भी अब रथ और अश्व को छोड़ देना चाहिए।"

"जनार्दन!" बलराम बोले, "तुम्हारी बात तो न्यायोचित है; किंतु इस अनजान प्रदेश में यह मूल्यवान् रथ और अश्व इस तरह अरक्षित छोड़कर पैदल निकल पड़ें हम!...यह सब कोई ले जाए तो?"

"तो फिर, दाऊ," कृष्ण ने सुझाया, "आप समीप के जनपद में रुकें और इनकी रक्षा करें! मैं शतधन्वा को तुरंत ही पकड़ लूँगा।"

बलराम ने वैसा ही किया। कृष्ण पर्वत की पगडंडी पर आगे बढ़े।

कुछ ही देर में शतधन्वा के चिह्न मिलने लगे। यह अंतिम बाजी थी। कृष्ण ने यदि उसे पकड़ लिया तो वे उसे नहीं छोड़ेंगे; इसलिए प्रतिवाद ही एकमात्र रास्ता है। हताश शतधन्वा ने प्राणों की बाजी लगाकर कृष्ण का सामना

करने का निश्चय किया, और दोनों आमने-सामने आए। शतधन्वा की आँखों में भय था, कृष्ण की आँखों में करुणा; उनके ओठों पर वही भुवनमोहिनी मुसकान खिली हुई थी। शतधन्वा को अपना अंतिम क्षण सामने दीख गया। उसने आँखें बंद कर लीं; पर जो आसन्न था वह हुआ नहीं। मृत्युदंड के लिए उठा शस्त्र क्षण-भर थम गया, क्यों? कृष्ण कुछ खिन्न थे; फिर उन्होंने शस्त्र को अपना काम करने दिया।

शतधन्वा का मस्तक विच्छिन्न होकर धरा-लुंठित हो गया। कई दिनों की भागा-भागी से थकी देह शाश्वत विश्रांति पा गई। कृष्ण धीरे से उसके पास गए। पास की एक लता से एक ताजा पुष्प लेकर उन्होंने शतधन्वा के चरण के पास रखा; तुलसीदल उसके मुँह में रखा और उसकी देह की प्रदक्षिणा करके वंदन किया। बहते झरने से अंजुलि में पानी लाकर उसके पंच-महाभूतों को शांत किया।

अपराधी दंडित हुआ; किंतु वह मणि? वह तो कहीं दीख नहीं रही थी। कृष्ण खिन्न हो गए।

"दाऊ!" लौटकर कृष्ण ने बलराम को सारा वृत्तांत सुनाया, "अपराधी को दंड तो मिल गया, किंतु स्यमंतक मणि नहीं मिली, उसके पास नहीं थी!"

"यह कैसे हो सकता है?" बलराम चौंक पड़े, "शतधन्वा ही तो चोर था! मणि अवश्य उसके पास ही होनी चाहिए।"

"किंतु थी नहीं!" कृष्ण ने कहा, "सत्राजित की हत्या शतधन्वा ने की थी, यह सत्य तो निर्विवाद है..."

"और स्यमंतक मणि उसने ली थी, यह भी निर्विवाद है, कृष्ण!"

"हाँ! यह भी निर्विवाद है," कृष्ण बोले, "किंतु मणि अभी उसके पास नहीं थी, यह भी निर्विवाद ही है।"

"कृष्ण!" बलराम गहरी आवाज में बोले, "यदि स्यमंतक शतधन्वा के पास न होती तो वह यों चोर की भाँति भागा न होता! यादव सभा में हमने जब उसे बुलाया था तब वहाँ उपस्थित होने के बदले वह इस तरह भाग क्यों जाता?"

"दाऊ!" कृष्ण ने कहा, "ये सारे प्रश्न तो मुझे भी आपकी ही तरह उलझा रहे हैं।"

बलराम गहरी सोच में पड़ गए। स्यमंतक मणि अमूल्य थी। उसपर कृष्ण

की नजर भी थी। उसने ही सबके हितार्थ उसके उपयोग की बात उठाई थी। बलराम विकल हो उठे, कहीं कृष्ण की इच्छा उस मणि को हड़पने की तो नहीं थी? कहीं ऐसा तो नहीं कि शतधन्वा को मारकर कृष्ण ने उसे हथिया लिया; और इस अमूल्य धनराशि में से उसे बलराम को हिस्सा न देना पड़े, इसलिए उसने मणि कहीं छिपा दी। बलराम और समग्र यादवगण को कृष्ण अँधेरे में रखना चाहता है क्या?

''किस सोच में पड़ गए, दाऊ?'' कृष्ण ने सरल भाव से पूछा, ''चलें, अभी तो द्वारका चलकर बुजुर्गों को पूरा वृत्तांत सुनाएँ...''

''कृष्ण!'' बलराम अचानक तन गए, ''जिस मणि को लेने हम निकले थे, उसे प्राप्त किए बिना या उसका कोई संकेत लिये बिना हमारा द्वारका जाना शोभा नहीं देता!''

''दाऊ!'' कृष्ण ने फिर सरलता से कहा, ''हम तो अपराधी को दंड देने निकले थे!—वह हमने किया; मणि की प्राप्ति तो गौण बात है न!''

''तुम्हारी बात पर मुझे विश्वास नहीं होता, कृष्ण!'' बलराम इस बार स्पष्ट बोले, ''तुम्हारे शब्दजाल में मैं फँस जाऊँ, इतना भोला मैं नहीं...''

''अर्थात्? आप कह क्या रहे हैं, दाऊ?'' कृष्ण चौंक गए। उनके माथे का मयूरपंख भी खिसक गया। ओठों पर खेलती सहज मुसकान काँपती हुई लुप्त हो गई।

बलराम का आक्रोश अब किसी सीमा में बँधने को तैयार नहीं था—''यही कि स्यमंतक मणि तुमने शतधन्वा से अवश्य ही प्राप्त की है; किंतु लोभ...मुझे उसमें हिस्सा न देना पड़े, ऐसा कपट मन में आया और तुमने उसे कहीं छिपा दिया!''

''दाऊ! दाऊ!!'' कृष्ण फूट पड़े। उनके स्वर में वैसी विकलता कभी सुनी नहीं थी। जीवन में पहली बार एक असहायता से वे घिरे थे।

''हाँ! जब तक स्यमंतक का पता मुझे नहीं मिलेगा, मैं द्वारका नहीं आऊँगा। द्वारका के यादवों से ऐसी लज्जास्पद कथा कहने मैं नहीं आऊँगा; मुझसे यह नहीं होगा...''

''दाऊ, आप यह अन्याय कर रहे हैं।''

''न्याय-अन्याय का निर्णय समय ही करेगा!'' बलराम अपने निश्चय पर अटल रहे, ''मैं यहाँ से मिथिला जाऊँगा, वहीं रहूँगा; स्यमंतक मणि की खोज करूँगा और अपने दुष्कर्म का तुम जब तक स्वीकार न कर लो तब तक द्वारका

में पाँव नहीं रखूँगा। सारे यादव वीरों को मेरा नमस्कार कहना, कृष्ण!'' और संकर्षण ने पीठ फेर ली।

अठारह

कृष्ण की दृष्टि बड़े भाई बलराम की पीठ पर जम गई।

''दाऊ...'' उन्होंने फिर पुकारा; किंतु इस बार मात्र ओठ फड़के, शब्द नहीं फूटे। बलराम ने जो कहा, वह एकदम कल्पनातीत था।

स्यमंतक—कृष्ण ने जब उसकी बात उठाई थी तब उनकी दृष्टि मात्र यादवकुल तक सीमित नहीं थी—द्वारका के पुरजनों तक भी नहीं—सीमाओं में बँधा आर्यावर्त्त भी नहीं—मात्र वर्तमान भी नहीं—उनकी दृष्टि में समाया था अनंत भविष्य। वे पीढ़ियाँ, जो अभी जनमी भी नहीं थीं, उनका भी कल्याण हो, ऐसी अलौकिक शक्तिवाले स्यमंतक को कृष्ण छोटी नजर से भला देखते भी कैसे!

और अब बलराम कह रहे हैं—''कृष्ण! जो सत्राजित ने किया, शतधन्वा ने किया, तूने उससे भी अधम किया, जनार्दन!...कृष्ण, तू चोर है, चोर है!''

आकाश पर कालिख पुत गई, जलाशय में उठते कंपन थम गए, बहती हवा वृक्षों के पर्णों में छिप गई, पक्षियों के कंठ रुँध गए...मयूरपंख ने सिर झुका लिया।

जब तक बलराम की पीठ दिखती रही, कृष्ण उसे देखते रहे।

मन के किसी कोने में छिपी घटना-छायाएँ उभरने लगीं—कंस की हत्या के बाद मथुरा के गणाधिपति की जगह उग्रसेन को प्रतिष्ठित करना कितना सरल था। कंस की हत्या सरल ही थी; जरासंध का आक्रमण भी बोझ नहीं लगा था; कालयवन के साथ लड़ने में एक क्षण भी झिझक नहीं हुई थी। किंतु बलराम, आपके आक्षेप का प्रत्युत्तर, आपका प्रतिकार कैसे हो? आप, मेरे सहोदर, पिता वसुदेव का ही रक्त! कृष्ण एक क्षण प्रतिमा की तरह खड़े रह गए, और दूसरे क्षण आँखें मूँद लीं उन्होंने।

पुनः आँखें खोलीं तो सबकुछ पूर्ववत् था—आकाश प्रकाश से भर गया था, जलाशय की तरंगें उछल रही थीं, हवा पर्णों को सहला रही थी, पक्षियों का कलरव गूँज रहा था।

भविष्य के गर्भ में उगनेवाले किसी कल का बीजारोपण हो चुका था। कुरुक्षेत्र के मैदान में उच्चरित होने के लिए मानो पर्णों में कोई ध्वनि जागी—'न

मे लिपंति कर्मणि, न कर्मफले स्पृहा'।

बलराम ने जिस तरह द्वारका का त्याग किया, उससे सभी यादव क्षुब्ध हुए। कृष्ण ने सबको सांत्वना दी और स्यमंतक मणि का पता लगाने का निश्चय किया। किंतु बलराम ने जो शंका का बीज बो दिया था उसने कई मनों में जगह बना ली थी। प्रकट तो कोई नहीं करता, किंतु सबकी आँखों में झाँकती अश्रद्धा कृष्ण ने देख ली थी।

स्यमंतक यदि पुनः प्राप्त न हुई तो द्वारका का भविष्य तेजस्वी नहीं रह सकता…इस व्यथा को मन की गहराई में छिपाकर कृष्ण अपनी मुसकान सहेज रहे थे। आज जो बलराम ने कहा, कल को सब कहने लगेंगे। फिर जो शतधन्वा ने किया, सब उसका अनुसरण करेंगे; परस्पर अविश्वास, अश्रद्धा और अंत में एक भयानक घड़ी।

दूसरे यादवों के साथ अक्रूर भी, जो कुछ हुआ था उसपर व्यथा जताते थे, जिससे उनपर किसीको शंका न हो। स्यमंतक द्वारा प्राप्त सुवर्णमुद्राएँ रोज-रोज उनका भंडार भर रही थीं।

किंतु अक्रूर एक बात जानते थे कि धन का यह अनंत स्रोत भी अंत में नाशवान् है। इसलिए इसका उपयोग परलोक का मार्ग प्रशस्त करने में हो। अक्रूर ने अपने भंडार के दरवाजे खोल दिए। उनके महल में यज्ञ आरंभ हो गए। एक के बाद एक महायज्ञों की वेदी अविरत प्रज्वलित रहने लगी। 'स्वाहा' के घोष के साथ घृतधारा की सुगंध से द्वारका महक उठी। अक्रूर का आवास मात्र द्वारका ही नहीं, समग्र प्रदेश का केंद्र हो, इस तरह ब्राह्मण, अयाचक ऋषि और याचक भिक्षुओं से भरा रहता था।

दिनों, महीनों और बरसों तक चलते रहे ये यज्ञ और इसीने कृष्ण को जगा दिया—अक्रूर के कोष में इतना धन कहाँ से आया? समस्त वृष्णिवंश भी जितना धन न खर्च कर सके उतना धन अकेले अक्रूर कैसे खर्च कर पाते हैं?

स्यमंतक के सिवाय जगत् की कोई शक्ति इतना धन दे नहीं सकती। कृष्ण पहले चौंके थे, अब उन्होंने निर्णय कर लिया।

"तात अक्रूर!" दूसरे दिन यादव सभा में बैठे हुए अक्रूर के चेहरे पर दृष्टि जमाकर उन्होंने गंभीरता से कहा, "स्यमंतक मणि…"

अक्रूर के चेहरे से दान और पुण्य का जो संतोष खिल रहा था वह पल-भर में अदृश्य हो गया। कृष्ण की मुसकान में से करुणा प्रकट हुई।

''सत्राजित और शतधन्वा अतीत के प्रवाह में जिस तरह नामशेष हो गए, वह रास्ता तात अक्रूर का रास्ता नहीं हो सकता…'' कृष्ण बोले, ''यादव सेनानी अक्रूर तो तपःपूत हो गए हैं…''

''कृष्ण…'' अक्रूर अधिक बोल न सके। उनका हृदय चीत्कार उठा।

''हाँ, तात!'' कृष्ण ने कहा, ''आप शतधन्वा नहीं, आप तो आकाश की गहराई में, आनेवाले कल के द्रष्टा हैं। स्यमंतक मणि उस भावी कल को ग्रस ले और उसका निमित्त दुर्भाग्य से तात अक्रूर बनें, तो कृष्ण को सबसे अधिक व्यथा होगी।'' कृष्ण का स्वर गीला हो आया और उसने पूरी सभा को विचलित कर दिया।

''इहलोक की यात्रा के अंत में तात अक्रूर तो विश्व देवों के साथ तद्रूप हो जाएँगे।'' कृष्ण बोलते गए, ''जो कुछ दृश्य है, उसके पार देखकर इहलोक को धन्य बतानेवालों के लिए तो लक्ष्मी का भी क्या मूल्य…!''

''कृष्ण…कृष्ण…'' अक्रूर आगे सह न सके, उठकर खड़े हो गए। वे भीतर से हिल गए। कृष्ण सच ही कह रहे थे। इतने अनगिनत यज्ञों के बाद भी अंतिम लक्ष्य तो विश्वात्मा के साथ तद्रूपता ही है न! उस तद्रूपता की तुलना में इस स्यमंतक की प्राप्ति तो…

सदा अंग पर जड़ी रहनेवाली मणि निकालकर अक्रूर ने यादव सभा के समक्ष धर दी और बगैर कुछ बोले उन्होंने सिर झुका लिया। आँखों से झरता रहा नीर; कृष्ण ने उठकर उनकी पीठ पर हाथ रखा। यादव सभा स्तब्ध रह गई।

कृष्ण ने मिथिला में बसे नाराज बलराम को द्वारका लिवाने के लिए दूत रवाना किया।

द्वारका लौटते समय बलराम के मन में अनेक भाव उठ रहे थे। अक्रूर पर उन्हें बेहद क्रोध आ रहा था; और वे बेहद लज्जित भी थे।

''दाऊ!'' कृष्ण ने बलराम के चरणों में मस्तक झुकाकर कहा, ''द्वारका का प्रकाश उसे पुनः प्राप्त हो गया, इसका मुझे आज कितना आनंद है!''

''कल्याण हो, भाई।'' बलराम सकुचा-से गए। मानो कुछ हुआ ही न हो, इस तरह कृष्ण ने बलराम को पिता वसुदेव और माता देवकी की कुशल सुनाई। समग्र यादव परिवार की बातें करते रहे।

दूसरे दिन यादव सभा में कृष्ण ने स्यमंतक मणि सबके समक्ष प्रस्तुत की। बलराम की दृष्टि मणि पर स्थिर हो गई, सारे यादवों की दृष्टि बलराम पर। कृष्ण

की आँखें न तो यादव सभा पर थीं, न बलराम पर और न ही मणि पर। उनकी दृष्टि तो अक्रूर के बुझे-झुके चेहरे पर स्थिर थी।

मणि पर आधिपत्य पाने के लिए बलराम अधीर हो रहे थे, किंतु प्रयत्नपूर्वक संयम रख रहे थे। यादवों और विशेषतः कृष्ण की नजर में वे एक बार तो अपराधी साबित हो ही चुके थे।

"दाऊ!" कृष्ण ने कहा, "भगवान् सविता नारायण का यह कृपाप्रसाद सच ही अनुपम है!"

"हाँ!...किंतु इस कृपाप्रसाद का लाभ अभी तक तो मात्र सत्राजित, शतधन्वा और अक्रूरजी ने ही लिया है!" बलराम ने कहा। मणि पाने की लालसा अब छिपाए नहीं छिप रही थी।

कृष्ण ने पहली बार बलराम की ओर देखा। उनकी आँखों में चमकती लालसा को वे पहचान गए।

"ऐसा न कहें, दाऊ!" कृष्ण बोले, "तात अक्रूर ने स्यमंतक द्वारा प्राप्त धन का उपयोग समग्र सृष्टि के कल्याणार्थ किया है। यज्ञ तो सृष्टि को धारण करनेवाले तत्त्व हैं।"

कुछ यादवों ने स्वीकृति में सिर हिलाया। अक्रूर के चेहरे पर भी पहली बार कुछ स्वस्थता झलकी।

"दाऊ!" कृष्ण बोले, "यादवों के पास धन की कमी नहीं। थोड़ा-सा धन या कुछ सुवर्ण-मुद्राएँ..."

"कुछ?" बलराम की आँखें विस्फारित हो गईं, "कभी समाप्त न होनेवाली स्यमंतक अनंत धनराशि स्रोत है, भाई!"

"जिन मुद्राओं को संख्या में गिना जा सके, जिस धन को नापा जा सके, उसे अनंत या अपार कैसे कह सकते हैं? अनंत या अपार यदि कुछ है, तो वह है यादवों में बनी हुई श्रद्धा, उनके विश्वास की अटूट शृंखला। इस भावना की बलि देकर कुछ मुद्राओं की गिनती करना बुद्धिमानी नहीं।" कृष्ण बोले।

"कृष्ण! तुमने ही तो कहा था कि इस स्यमंतक द्वारा प्राप्त होनेवाली लक्ष्मी परिश्रमविहीन है। परिश्रमविहीन लक्ष्मी का स्रोत व्यक्तिगत नहीं, समष्टिगत ही हो सकता है।"

"समष्टि के श्रेय के लिए यह सत्य शाश्वत है, दाऊ!" कृष्ण ने जोर देकर कहा, "किंतु समष्टि का श्रेय भी अश्रद्धा की नींव पर नहीं खड़ा रह सकता। क्या आप भूल गए इस मणि का इतिहास?"

बलराम चौंक गए। मणि के इतिहास की बात कहकर कृष्ण क्या सुझा रहे हैं? उन्होंने मणि की खातिर कृष्ण को अपराधी ठहराया था! कृष्ण को चोर मानकर अपमानित किया था। कृष्ण को सारे यादवों ने चोर समझकर शंकित नजरों से देखा, और यह सब हुआ इसी मणि के कारण।

''यह मणि अक्रूरजी की है, दाऊ! अक्रूरजी ने छिन्न-भिन्न हुई विश्वास की शृंखला को फिर से जोड़ा है। इस शृंखला का मूल्य नहीं आँका जा सकता। ऐसा अपूर्व योगदान देनेवाले तात अक्रूर के पास यह मणि सुरक्षित रहे, इसी में हम सबका गौरव है।'' कृष्ण के स्वर में निश्चय था।

बलराम कोई प्रतिवाद न कर सके। मणि से मैले हुए यादवों के मन निश्चिंत हुए; एक उग्रता शांत हुई। उत्तेजना की जगह विक्रांति व्याप्त गई।

अक्रूर के लिए कृष्ण का यह अनुग्रह कल्पनातीत था। बलराम की तीव्रता जानने के पश्चात् भी कृष्ण ने जिस तरह पूरी बात को मोड़ दे दिया, उससे वे भावविभोर हो गए। वे सभा में बैठे तो रहे, लेकिन लज्जा से उनका सिर झुका जा रहा था। सत्राजित की हत्या में उनका हाथ था, यह तो अब सब जान ही गए थे। कृष्ण ने यदि उनकी रक्षा न की होती तो सारे यादव, विशेषत: बलराम ने उन्हें उनके कुकर्म···और यदि ऐसा होता तो वे···

उसी दिन की शाम। कृष्ण के प्रासाद का एक कोना। एकांत में दो लोग बैठे थे—कृष्ण और अक्रूर।

''कृष्ण!'' अक्रूर का कंठ रुँध गया और आँखें गीली हो गईं, ''मेरे अधर्म को भी आपके संस्पर्श ने धर्म का रूप दे दिया; आपकी यह कृपा स्यमंतक की अपेक्षा सहस्र गुनी मूल्यवान् है, केशव!''

''तात!'' कृष्ण ने अक्रूर के आँसू पोंछे। अक्रूर के मन में आया—अरे, जिन उँगलियों में सुदर्शन चक्र पुष्प की भाँति घूमता है, वे उँगलियाँ इतनी कोमल कैसे हैं! अधर्म का आचरण तो देह करती है। जिस क्षण मन देह को उसकी भूल का भान करवा सके, वह क्षण तो अविस्मरणीय बन जाता है। केशव, आपने उस क्षण को सहेज लिया है!

''कृष्ण···कृष्ण, मुझे क्षमा करें!'' अक्रूर बिलखने लगे, ''आप ही ने तो कहा था—विश्वदेवों में निवास यही है अंतिम लक्ष्य! मेरी सहायता करें, कृष्ण! जीवन की अंतिम घड़ी में और कुछ नहीं, बस, इन विश्वदेवों के प्रति मेरी गति हो। उस गंतव्य की ओर आप ही मुझे ले जाएँ।''

कृष्ण की आँखों में करुणा का सागर उमड़ आया। मयूरपंख के उस

महासागर में अक्रूर पूरे भीग गए, और कृष्ण ने उन्हें गले लगा लिया।

दूसरे दिन प्रातःकाल अक्रूर का रथ मथुरा के मार्ग पर बढ़ा जा रहा था। द्वारका के यादवों से अब वे आँखें नहीं मिला सकते थे। इस बिदा के वक्त अक्रूर को इसकी खबर नहीं थी कि उनके रथ-अश्वों के टापों से उड़ती हुई धूल को दूर से देख रही थीं कृष्ण की आँखें—करुणार्द्र मुसकान बिखेरती।

अक्रूर के उद्यान में आज रात ढली ही नहीं थी। उद्धव के साथ वे काल की बरसों पुरानी स्मृति-नदी में डूबे तो डूबते ही गए। उद्धव ने सोचा, स्मृतियाँ भी कभी अभिशाप बन जाती हैं क्या? और विस्मृति महान् वरदान? अक्रूर आज इसी अभिशाप से ग्रस्त तो नहीं⋯

"उद्धव!" अक्रूर ने तमाल वृक्षों से छनकर आती शीतल हवा को मानो हाथों से स्पर्श करते हुए कहा, "ऐसे रमणीय प्रातःकाल में यमुनास्नान⋯एक युग बीत गया है। अब देह को अपनी मुट्ठी में कसती वृद्धावस्था यह आनंद भी नहीं भोग सकती! चलो, वत्स! आज कालिंदी के नीर में इस काया को पावन कर लूँ!"

"तात!" उद्धव कुछ संकुचित होते हुए बोले, "अब देह को कष्ट न दीजिए, तनिक विश्राम कर लीजिए।"

"विश्राम?" अक्रूर की बोझिल आवाज कहीं भीतर से उठी, "हाँ, अब तो देह को विश्राम देना ही चाहिए। किंतु विश्राम क्षणिक नहीं, शाश्वत हो⋯"

उद्धव ने अक्रूर को सहारा दिया। उद्धव के कंधे पर हाथ रखे-रखे अक्रूर बाहर आए। मुख्य द्वार का प्रहरी इन दोनों को इतनी सुबह कालिंदी तट की ओर जाते देखकर आश्चर्यचकित रह गया। प्रासाद में अभी शांति थी।

दोनों धीरे-धीरे मथुरा के राजमार्ग पर चल पड़े; धूल में हलके पदचिह्न छोड़ते।

"उद्धव!" अचानक ही अक्रूर बोले, "धूल में अंकित ये पदचिह्न देखे तुमने? कभी इसी धूल में कृष्ण के पदचिह्न भी तो यों ही अंकित हुए होंगे—"

"हाँ, तात!" उद्धव ने कहा, "आज इस घड़ी इस धूल में हमारे पदचिह्न अंकित हुए हैं, घड़ी-भर में दूसरे असंख्य पदचिह्न इसमें उभर आएँगे; भूमि के लिए तो क्या मानव और क्या पशु! सबको वह समदृष्टि से अपने अंक में सँभाल लेती है। कृष्ण के पहले भी इस भूमि में न जाने कितने ही पदचिह्न अंकित हुए होंगे⋯!"

"और फिर भी कोई चिह्न शाश्वत तो नहीं हुआ, उद्धव!"

“शाश्वतता?” उद्धव बोले, “शाश्वतता तो कदाचित् शाप है, तात! उसे वरदान न कहें; ऐसा कहिए कि प्रकृति उस शाप से मुक्त है!”

अक्रूर अचानक ही गंभीर हो उठे। कालिंदी के विशाल तट पर आकर रुकने तक वे कुछ बोले ही नहीं। यमुना का प्रवाह अँधेरे की चादर से निकल रहा था। किनारे जहाँ-तहाँ कछुए श्याम-शिलाओं की भाँति पड़े थे। कुछ दूर झाड़ी में दो-चार गायें अपना रात्रिजन्य आलस्य मिटा रही थीं। उनके गले में घुँघरू कुछ-कुछ बोलकर प्रातःकाल को जैसे स्वर दे रहे थे। यह नीरवता मानो कुछ कहना चाहती थी। वहीं तट के एक ओर एक अश्वत्थ वृक्ष के नीचे खड़ा मोर अचानक गरदन ऊँची करके हूक उठा; फिर उसने अपने पंख फड़फड़ाए-समेटे और एक मयूरपंख उससे अलग होकर भूमि पर गिरा।

अक्रूर ठहर गए; ठिठकते हुए उस मोर के पास गए; मोर वहाँ से भागा नहीं। उद्धव को आश्चर्य हुआ। अक्रूर बड़ी कठिनाई से झुके और वह मयूरपंख उठा लिया। मोर ने फिर से हूक लगाई; अक्रूर के चेहरे पर मुसकान खिल गई और कुछ उसी उत्फुल्लता से वे बोले, “उद्धव! अब प्रत्येक मयूरपंख कृष्ण क्यों न बन जाए? कालिंदी के प्रत्येक जलबिंदु में कृष्ण क्यों न मिलें? कहो, वत्स, कहो? वृंदावन की इस हवा को भी कभी कृष्ण का स्पर्श हुआ होगा; इस भूमि की धूल में कहीं तो कृष्ण के पदचिह्न अंकित भी होंगे!” अक्रूर भावावेश में बोले जा रहे थे।

“तात अक्रूर!” उद्धव ने धीरे से कहा; पर वे कहीं और थे।

“उस धेनु की आँखें देखीं, उद्धव? उसके गले में बँधी घंटी की ध्वनि सुनी? उस वृक्ष के पत्तों में उभरी हलकी रेखाएँ देखीं? उनमें बालक कृष्ण का मनोहर रूप···”

“तात···तात···आप स्वस्थ हों; ब्राह्ममुहूर्त बीता जा रहा है। कालिंदी का प्रवाह प्रतीक्षा कर रहा है; चलें, स्नान करें हम···” उद्धव अक्रूर को उनकी भाव-समाधि से जाग्रत कर रहे थे।

अब प्रवाह एकदम सामने था। कहीं दूर से उठते यज्ञवेदी के धूम्र-वलय आकाश में विचित्र आकृतियाँ बना रहे थे। ठंडे पानी में पाँव उतरे नहीं कि जल-वलय तेजी से दौड़ पड़े; कुछ कछुओं में हलचल हुई, कुछ मछलियाँ भाग चलीं।

अक्रूर कमर तक पानी में खड़े हुए, अंजलि भर के पूर्व दिशा में अर्घ्यदान

किया और फिर अचानक उद्धव की ओर देखा। वे कुछ दूरी पर पूर्व दिशा में अर्घ्य दे रहे थे। "उद्धव!...वसुदेव मेरे साथी और समवयस्क थे; किंतु उनके जैसा सौभाग्य मुझे नहीं मिला!"

"कैसा सौभाग्य, तात? कृष्ण के पिता होने का?"

"नहीं, कृष्ण वसुदेव के पुत्र थे, यह तो नियति का परिणाम मात्र है! वैसे कृष्ण कोई एक वसुदेव के ही नहीं थे; वे तो समस्त सृष्टि के थे, उद्धव!"

"तो फिर?"

"कृष्णविहीन विश्व से वसुदेव मुक्त हो सके। उन्होंने साँस रोक ली; वे योगसमाधि में ब्रह्मलीन हो गए। जिस दिशा में कृष्ण के पदचिह्न अंकित हुए, उस दिशा में वसुदेव ने प्रयाण किया; वसुदेव जो कर सके, अक्रूर नहीं कर सका..." वे ऐसी तटस्थता से बोल रहे थे मानो किसी और की बातें कर रहे हों।

"मुक्ति-मार्ग सबके लिए भिन्न-भिन्न नियत होते हैं, इस प्रकृति-क्रम से तात अक्रूर अनजान तो नहीं!" उद्धव ने बहते जल में हाथ फैलाकर कहा, "प्रत्येक देह की मुक्ति उसके संचित कर्मों का फल है।"

"तुमने सच कहा, वत्स!" अक्रूर बोले, "मेरे संचित कर्म मुझे योगसमाधि के मार्ग से मुक्ति नहीं पाने देंगे। कृष्ण को जो यातना मैंने दी है, उस यातना का एक कोना भी कृष्ण ने मुझे नहीं छूने दिया! यज्ञों का पुण्य मुझे दिया, चोरी का आक्षेप ओठों को सीकर स्वयं ही स्वीकार लिया।" अक्रूर की आँखों से बहे दो अश्रुबिंदुओं ने यमुना में अचानक ही बाढ़ ला दी। कमर को छूता जल छाती तक पहुँच गया; शीतल प्रवाह अचानक उष्ण हो गया।

तट पर खड़ी कोई गाय रँभाने लगी।

"उस तरफ देखो, उद्धव, प्रवाह के उस वल्य पर दृष्टि स्थिर करो!" अक्रूर ने उद्धव का ध्यान खींचा, "उस गहरे जल की सतह पर बहती हवा कालिंदी में मानो एक आकृति बना रही है; तुम्हें वह आकृति दिखाई दे रही है, भाई?"

उद्धव स्थिर नजरों से देखते रहे। अक्रूर अब छाती तक पानी में खड़े थे। उनके लंबे बालों से पानी टपक रहा था। अक्रूर के दिखाए वे वलय।

उद्धव स्तब्ध हो गए।

यह क्या देखा उन्होंने?

"...यही, यही तो विश्वदेवों का निवास है, उद्धव!" अक्रूर बोले।

गहरे पानी के प्रवाह में एक अनोखी आकृति उभर रही थी।

"योगसमाधि का सौभाग्य तो मुझे नहीं मिला, उद्धव!" अक्रूर बुदबुदाए,

"अब देखो न, ये विश्वदेव स्वयं कालिंदी के प्रवाह में उतर आए हैं। अब मुझे बिदा दो, वत्स! कृष्ण ने ही तो कहा था—अक्रूर! आपका वास तो विश्वदेवों में होगा। वह घड़ी आ गई है! कालिंदी के नीर में जल-समाधि का सौभाग्य…"

उद्धव काँप गए। वैसा तीव्र रोमांच पहले कभी नहीं हुआ था। हिमालय की यात्रा के क्रम में अलकनंदा के हिमवत् जल में खड़े रहकर प्रातःवंदना करते समय उन्हें ऐसी ठंडक का अनुभव नहीं हुआ था। कालिंदी के प्रवाह में तो उद्धव ने असंख्य बार स्नान किया था। इस प्रवाह के एक-एक बिंदु से उनका परिचय था; किंतु आज इस क्षण कालिंदी के जल में जो आकृति उभर रही थी, वैसी तो उन्होंने कभी नहीं देखी थी। संजय ने महाराज धृतराष्ट्र को जिसका वर्णन सुनाया था, कहीं वह विश्वरूप दर्शन यही तो नहीं? उद्धव आँख फाड़कर देखने लगे—उनके कान खड़े हो गए।

—अनेक मुख और नेत्रोंवाले, अनेक अद्‍भुत दृश्योंवाले, अनेक दिव्य आभूषणोंवाले, अनेक आयुधोंवाले, दिव्यमाला और वस्त्र-परिधान धारण किए, दिव्य गंध-लेपित, प्रकाशमान्, अनंत अनादि और अनघ्य-आकाश से उतरे हजारों सूर्यों के तेज जैसे—उद्धव की आँखें स्थिर हो गईं।

क्या यही विश्वरूप दर्शन है? यही, क्या यही विश्वदेवों का वास है?

"अक्रूर! आपका वास विश्वदेवों में होगा…।" कृष्ण ने अक्रूर से जो कहा था, क्या वह घड़ी आ गई?

"कल्याण हो, वत्स!" अक्रूर धीरे से आगे बढ़े, "वलयों में उभरी आकृति लोप हो जाए, उससे पहले ही कृष्ण के वचनों की यथार्थता…"

उद्धव कुछ बोल न सके।

"और अक्रूर भी यादव ही है न, उद्धव!" अक्रूर बोले। अब उनकी देह कंधे तक पानी में थी, "जब तक मैं जीवित हूँ, माता गांधारी का वचन कैसे सिद्ध हो सकता है?"

उद्धव के स्मरण पर एक बिजली-सी कौंधी—अक्रूर सत्य ही कह रहे थे! माता गांधारी ने वृष्णिवंश के सर्वनाश का शाप दिया था। कृष्ण-बलराम सहित सब यादव प्रभासक्षेत्र में विलीन हो चुके थे। स्वयं पिता वसुदेव ने भी इस शाप की यथार्थता सिद्ध कर दी थी। अब बचे थे केवल अक्रूर; जब तक अक्रूर की पार्थिव देह अनंत में न समा जाए, वृष्णिवंश का विनाश अधूरा ही रहेगा।

"जिस प्रकार अर्जुन ने पिता वसुदेव को बिदा किया था, उसी प्रकार, वत्स उद्धव, तुम भी…सर्वकल्याण हेतु यहाँ अंजलि अर्पण करना, भाई…!" अक्रूर बोले।

उद्धव के मन में हलचल हुई, 'मैं अक्रूर को क्यों रोक नहीं पा रहा? अति जर्जर देहधारी अक्रूर का यह देहत्याग उसके मन को आंदोलित क्यों नहीं कर रहा? यह देहत्याग ही धर्म है, ऐसी परम शांतिमय भावना मन में क्यों जाग रही है?'

उद्धव सामने बनते वलयों को देखने लगे।

—आकाश, पृथ्वी तथा सर्व दिशाओं में व्याप्त रुद्र, मरुत, आदित्य, वारुत और सिद्ध सर्व को समेटते हुए—जिस प्रकार नदियों के प्रवाह सागर की ओर बहते हैं, उस प्रकार समग्र मनुष्यलोक को उस आकृति में एकरूप होते हुए···

उद्धव देखते रहे।

अक्रूर की मात्र दो आँखें ही अब पानी के ऊपर थीं। वलयों में कंपन हुआ। अक्रूर ने प्रवाह के बीच से दाहिना हाथ ऊँचा किया; एक ध्वनि प्रकट हुई—"कल्याणमस्तु···"

'जैसे वन में विचरती वायु प्रसन्न नहीं होती और अग्नि में रहकर खिन्न नहीं होती, जैसे आकाश सर्वव्यापक होकर भी असंग और असीम है, जैसे पृथ्वी सर्व प्राणियों को धारण करती है, फिर भी प्राणिमात्र उनके अपने कर्मों के अधीन हैं; जल पावक है और गतिशील भी, उसी प्रकार योगी पुरुष को आत्मा के सातत्य को स्वीकार करना चाहिए। अग्नि समग्र सृष्टि का भक्षण करने के बाद भी बुभुक्षु रहती है···'

यमुना के प्रवाह की ध्वनि मानो बदल गई। किनारे खड़ी गायों के गले की घंटियाँ गूँज उठीं। उद्धव ने हाथ जोड़े, मस्तक झुकाया; प्रवाह के वलय अब बदल गए थे···जल में क्षण-भर के लिए एक शून्य-सा उभरा और फिर प्रवाह पूर्ववत् हो गया। अक्रूर ने जल-समाधि ले ली।

"कृष्ण···कृष्ण···!" उद्धव ने आँखें मूँद लीं, "आपने जो कहा था, वही है यह पंच महाभूत!" और विकल होकर करसंपुट में जल भरकर अंजलि अर्पण की।

"तात अक्रूर! विश्वदेवों में आपका वास हो। सोमाय···अग्नये-यमाय-स्वधा नमः।"

पूर्व क्षितिज पर सूर्य किरणें फूट रही थीं। उद्धव ने मथुरा की दिशा में देखा। पिछली रात जब वे मथुरा में प्रविष्ट हुए थे, वह घड़ी उन्हें याद आई। मथुरा में

अब उन्हें पहचाननेवाला कोई नहीं रहा।

बस, अब तो एक ही कर्म शेष…

उद्धव ने गोकुल की दिशा में दृष्टि डाली; मार्ग की धूल को ताकने लगे। इस मार्ग से ही तो कृष्ण गोकुल से मथुरा आए थे; स्वयं अक्रूर उन्हें लाए थे, अब उसी मार्ग पर, उसी धूल में उद्धव के कदम आगे बढ़ेंगे।

गोकुल को घेरे हुए गोचर दूर से दीखने लगे। उद्धव की गति कुछ धीमी पड़ गई। व्रजभूमि का मार्ग भी यहीं से निकलता था। उद्धव मानो तिहरे मार्ग पर खड़े थे—मथुरा पीछे रह गई थी, दाहिने-बाएँ गोकुल, व्रज मानो उद्धव की दो आँखों की तरह चमक रहे थे।

सामने यमुना थी, जिसके प्रवाह में अभी कुछ ही देर पहले अक्रूर विलीन हुए थे।

तट की एक शिला पर उद्धव बैठ गए।

छोटे-छोटे वृक्षों और ऊँची घास के बीच कुछ हलचल-सी हुई। उद्धव ने उधर देखा—एक साँप तेजी से दूसरी दिशा में सरक गया। उद्धव की आँखें चमक उठीं। उन्हें अचानक कालिय नाग का स्मरण हुआ। यहीं, पास ही कहीं खड़े रहकर एक बार कृष्ण ने उद्धव से पूछा था—

"उद्धव! ग्रीष्म की इस जलती धूप में इतने निकट यमुना के इस जलाशय से पानी भरने के बदले गोप स्त्रियाँ इतनी दूर क्यों जाती हैं?"

उद्धव ने ही जवाब दिया था, "यमुना के प्रवाह को व्रजभूमि के पास कालिय नाग ने रोक रखा है। इस जलाशय पर उसका स्वामित्व है! दामोदर, वह बड़ा ही भयंकर है। गोकुल की गोप स्त्रियों को वह अपने जलाशय से एक बूँद पानी नहीं लेने देता…"

"यमुना पर भला किसीका स्वामित्व कैसे संभव है, उद्धव?" कृष्ण ने आश्चर्य से पूछा, "घर-गाँव के इतने निकट जल भंडार हो और तपती धूप में गोप स्त्रियों को इतना कष्ट उठाना पड़े, यह तो सरासर अन्याय है।"

"न्याय-अन्याय के बारे में तो मैं अधिक जानता नहीं, कृष्ण," उद्धव ने अपनी मर्यादा को जानकर कहा, "मैं तो इतना ही जानता हूँ कि गोकुल का यह जल भंडार गोकुलवासियों के लिए अस्पर्श्य है; क्योंकि कालिय नाग जैसे समर्थ स्वामी का अधिकार है उसपर।"

"हवा, जल, पृथ्वी, आकाश और सूर्य—ये पंच महाभूत हैं, उद्धव।"

कृष्ण जैसे कोई निर्णय सुना रहे थे, ''उनपर किसीका स्वामित्व कैसे हो सकता है। इनका रक्षण तो बहुजन हिताय, बहुजन सुखाय—पूरी समष्टि के लिए होना चाहिए। यह जलभंडार मुक्त होना ही चाहिए। हम सब कालिय को परास्त करेंगे!''

कृष्ण की आँखों में उभरी चमक देखकर उद्धव की आँखें चुँधिया-सी गईं।

और फिर जिस क्षण कालिय सच में परास्त हुआ, वह क्षण...

जैसे कोई विशेष बात ही न हुई हो, इस सहजता से कृष्ण ने मुसकराते हुए तट पर खड़े व्रजवासियों की ओर देखा था; हारा हुआ कालिय लज्जित, वहीं खड़ा था। एक हाथ से कृष्ण ने अभी भी उसका मस्तक पकड़ रखा था।

''कालिय!'' सभी सुन सकें, इस तरह कृष्ण ने कहा, ''पराजय तेरे सामर्थ्य की नहीं, तेरी भावना की हुई है। एक बार तू अपनी मलिन वृत्ति से मुक्त हो जाएगा तो भावना का परिवर्तन पराजय को विजय में बदल डालेगा। जा, फिर कभी इस जलप्रवाह को दूषित न करना; मैं तुझे मुक्त करता हूँ!''

कृष्ण की पकड़ से छूटे कालिय ने क्षण-भर के लिए एकत्र जन समुदाय को देखा, कृष्ण पर एक दृष्टि डाली, फिर उत्तर दिशा की ओर बढ़ चला।

''कृष्ण!'' बलराम सबके मन में बसी चिंता प्रकट कर रहे थे, ''उत्तर दिशा में गया कालिय तो अब खांडव वन में अपनों के बीच अधिक सुरक्षित हो जाएगा; सुरक्षित शत्रु समग्र खांडव वन को कहीं हमारा शत्रु न बना दे?''

कृष्ण हँस पड़े—वही निश्चिंत, निर्दोष हास्य! ''दाऊ! खांडव वन तो हमने देखा नहीं। कालिय यदि पुरानी शत्रुता को याद रखेगा तो फिर खांडव की भी वही दशा होगी, जो अभी कालिय के स्वामित्व की हुई... ।''

उद्धव ने अलिप्त भाव से चारों तरफ नजरें घुमाईं। बरसों पहले कृष्ण ने उसे गोकुल भेजा था, वह प्रसंग आँखों के सामने घूम गया—गोकुल छोड़कर कृष्ण गए तो मथुरा की राजनीति में ऐसे डूबे कि फिर इस दिशा में देखने की उन्हें फुरसत ही नहीं मिली। तब उद्धव कृष्ण के संदेशवाहक बनकर यहाँ आए थे, और आज, इतने वर्षों बाद वे फिर गोकुल में कदम रखेंगे...

उद्धव तनिक अस्वस्थ हो गए। अभी पिछली साँझ जब मथुरा में वे दाखिल हुए थे तो सबके लिए अपरिचित थे...गोकुल के गोप-स्त्री-पुरुषों की कितनी ही पीढ़ियाँ बीत चुकी होंगी...एक राधा, हाँ, राधा—राधा तो उन्हें जरूर पहचानेगी। राधा भी कदाचित्...

उद्धव अपने ही विचार पर लज्जित हो उठे। रासलीला की उस अविस्मरणीय रात को राधा ने ही तो उद्धव से कहा था—उद्धव! गोकुल के जनपद की हवा जिस पल मुक्त होगी, उस पल राधा का नाम भी हवा के संग होगा, यह भूलना नहीं…

उद्धव विकल हो उठे; वहीं, उसी धूल में लोट पड़ने की विह्वलता वे कठिनाई से सँभाल पाए। जहाँ कोई नहीं था, वहीं उन्हें अपना सबकुछ नजर आया।

उनका चित्त अतीत के गह्वर में गुम हो गया।

उन्नीस

गणतंत्र का विनाश कर मथुरा की गद्दी हड़पी, और फिर सम्राट् कंस की नजर में गोकुल का जनपद किरकिरी की भाँति खटकने लगा। अब तक गोकुल और मथुरा का रिश्ता एक समर्थ अग्रज और अनुज का था। गोकुल जनपद नंद बाबा के नेतृत्व में स्वतंत्र और सुखी था। किंतु कंस ने अपने पंजों में इसे जकड़ लिया। मगध का महाबलशाली साम्राज्य उसके साथ था। मगध-नरेश जरासंध की पुत्रियाँ कंस के अंत:पुर में थीं, इसलिए ससुर का पूरा सहारा कंस को उपलब्ध था। इसलिए भी गोकुल की स्वतंत्रता ज्यादा खटक रही थी। कंस ने नंद बाबा को संदेशा भिजवाया—मेरा स्वामित्व स्वीकार करो और नियमित रूप से घी, दूध, मक्खन मथुरा भेजो।

नंद बाबा घबरा गए। जिसने मथुरा की यादव सभा को निर्वीर्य कर डाला, उस शक्ति का सामना करना गोकुल जनपद के लिए दुष्कर था। मंत्रणा के पश्चात् निर्णय हुआ—गोकुल जनपद मथुरा का स्वामित्व स्वीकार करते हुए प्रतीक रूप में नियमित गोरस की भेंट भेजेगा और यह क्रम शुरू हो गया।

किशोर कृष्ण ने जब पहली बार गोरस-पात्रों को मथुरा की तरफ जाते देखा तो उसे आश्चर्य हुआ। गोकुल की यह अमूल्य समृद्धि मथुरा की दिशा में यों क्यों चली? उसकी प्रिय गायों का यह मधुर गोरस गोकुल के गोप बालक, गोप स्त्री-पुरुषों के बदले मथुरा के पुरजनों के लिए क्यों? जिन गायों का स्वास्थ्य, जिन गायों की रक्षा और जिन गायों की ममता के रखवाले गोकुलवासी थे, उन गायों की ममता के प्रसाद का ऐसा समर्पण! कैसा धर्म है? कैसा न्याय?

"दाऊ!" कृष्ण ने बलराम से अपने मन का प्रश्न पूछा, "गोकुल की गोप स्त्रियों ने जो गोरस तैयार किया है, उसका उपयोग हमारे बदले, श्रम की

एक बूँद गिराए बिना मथुरावासी करें, यह तो बड़ा अधर्म है!''

''पुत्र!'' बलराम के बदले नंद बाबा ने कृष्ण को समझाया, ''मथुरा का राज्य शक्तिशाली है और शक्तिशाली का हाथ तो सदैव ऊँचा ही रहता है। कंस की अवज्ञा का सामर्थ्य गोकुल में कहाँ है!''

बात कृष्ण के गले नहीं उतरी। बलराम, उद्धव और अन्य गोप-किशोरों के समक्ष उसने फिर यह प्रश्न उपस्थित किया।

''गोकुल जनपद हमारा है और गोरस ही यहाँ की समृद्धि है। इस समृद्धि को एक शक्तिशाली आदमी यों खसोटता रहे, तो क्या हम कायर नहीं कहलाएँगे; हमारी गायों का गोरस हमें ही मिलना चाहिए। हम इसे रोकेंगे।'' कृष्ण ने सबको समझाया।

''कृष्ण!'' एक सयाने साथी ने योजना की कमी बताई, ''हम सब एक हो भी जाएँ तब भी गोकुल की गोप स्त्रियों के सहयोग के बिना यह काम असंभव है। स्त्रियों के मन में तो पक्का डर बैठा है कि यदि कंस के महल में गोरस की भेंट पहुँचाने में गोकुलवासी तनिक भी गड़बड़ करेंगे तो नंद बाबा के साथ सारे गोप पुरुषों का वही हाल होगा जो मथुरा के यादवों का हुआ। उग्रसेन, वसुदेव आदि सब कारावास में सड़ रहे हैं।''

''तो फिर हम गोप स्त्रियों को निर्मम बनाएँ। उन्हें भी धर्म और न्याय का पक्ष समझाएँ!'' कृष्ण ने कहा।

''स्त्रियों को इस तरह समझाना, उन्हें एकत्रित करके इस संदेश का महत्त्व बताना कठिन है। इसके लिए तो कोई तेजस्वी गोप कन्या हमारे पक्ष में हो तो काम बने। इस गोप कन्या के माध्यम से हम सब स्त्रियों को एकत्रित करके धर्म और न्याय की बात समझा सकेंगे।''

''ऐसी तेजस्वी गोप कन्या तो...'' कृष्ण सोचने लगे।

''ब्रजपुरी के अग्रणी वृषभानु और कृतिका की पुत्री राधा...''

''राधा?'' कृष्ण की मुसकान खिल गई, ''वह तो वरिष्ठ गोप रायान की पत्नी...''

जिस दिन कृष्ण ने कालिय नाग को पराजित किया था, तब उसके चंगुल में तड़फड़ाती उस भयानक आकृति को देखकर आश्चर्यचकित, भयभीत और मुग्ध गोकुलवासियों के जमावड़े के बीच खड़ी राधा कृष्ण को याद आई। सबकी आँखों में मिश्रित भाव थे, एकमात्र राधा की आँख में, कृष्ण के इस

चमत्कार के प्रति श्रद्धा छलक रही थी। वे श्रद्धा-भरी आँखें कृष्ण को एकटक देख रही थीं। कृष्ण को वे आँखें याद आईं। वैसी भावविभोर आँखें; अंतर में सीधे उतरती आँखें कृष्ण ने पहले कभी देखी नहीं थीं। यदि राधा उसके इस कार्य में साथ दे तो···

—तो गोकुल के जनपद का ही नहीं, मथुरा के गणतंत्र का स्वातंत्र्य भी पुनर्स्थापित करना सरल होगा। राधा गोकुल की गोप स्त्रियों को एकत्रित करे और इन स्त्रियों को कृष्ण निर्भयता तथा धर्म का संदेश दे सकें तो सारा काम बन जाए। गोप पुरुषों के त्याग और धर्मप्रेरित संघर्ष से शायद तत्कालीन लाभ मिल भी जाए, किंतु समाज की दीर्घकालीन निर्भयता की पुनर्स्थापना तो गोप स्त्रियों द्वारा ही हो सकती है। स्त्रियों तक इस विचार को पहुँचाने के लिए राधा से बढ़कर कोई नहीं। जिस श्रद्धा से उस दिन वह कृष्ण को टकटकी लगाकर देख रही थी, वही श्रद्धा कृष्ण को इस संघर्ष में मदद कर सकती है।

कृष्ण को राधा के सहयोग की बात जँच गई। अपनी किसी योजना में कृष्ण देर तो करते नहीं थे। राधा से भेंट करके उसे पूरी बात समझाई उन्होंने।

"राधा!" कृष्ण अंत में बोले, "तुम्हारे साथ और सहयोग के बिना यह भगीरथ कार्य नहीं हो सकता।"

"कालिय जैसे महासमर्थ शत्रु को भी परास्त करनेवाले कृष्ण के लिए भी भला कोई काम भगीरथ है?" राधा हँस पड़ी। उसके हास्य में, उसकी आँखों में कृष्ण के लिए श्रद्धा और भावना का महासागर छलक रहा था।

"हाँ, राधा! अकेले-दुकेले शत्रु को हराना सरल है। समष्टि का कल्याण-कार्य अकेले कृष्ण से न होगा—उसके लिए कृष्ण को भी राधा की जरूरत है।"

"कृष्ण की बाँसुरी और कृष्ण का मयूरपंख तो सर्वव्यापक है, केशव! राधा निमित्त मात्र बन सके तो उसका अहोभाग्य!" आगे कुछ नहीं था, जिसे शब्द और सुर की जरूरत थी; कृष्ण ने ही बात पूरी की।

"गोप स्त्रियों को एकत्र करके अगली पूनम की रात कालिंदी के किनारे कृष्ण का संदेश पहुँचाने का काम···"

"राधा करेगी।" राधा कृष्ण के समक्ष नतमस्तक हो गई।

आधा नहीं, पूरा गोकुल तब कालिंदी के तट पर आ खड़ा था। कृष्ण की बाँसुरी ऐसा मधुर गाती है, इसका भान उस दिन सबको पहली बार हुआ। गोप स्त्रियाँ तो झूम रही थीं। आकाश से बहती शुभ्र ज्योत्स्ना मानो दो समांतर

सरिताओं का सर्जन कर रही थी। राधा ने सच ही कहा था कि कृष्ण की बाँसुरी और कृष्ण का मयूरपंख तो सर्वव्यापक है; और कृष्ण की बात भी उतनी ही सच थी कि उनके सुर और रंग राधा के सिवाय कोई अर्थ ही नहीं रखते। हर गोपकन्या कृष्ण के सुर में सुर मिला रही थी और इस सुर-संदेश की प्रतिध्वनि-सी बन गई थी।

उद्धव उस अद्‌भुत रासलीला के स्मरण में डूब ही गए और एक बोध कौंधा—ओह! कैसे महान् आर्षद्रष्टा थे कृष्ण! जनपद की स्त्रियों के हृदय में यदि धर्म और निर्भयता का स्वर उनकी बाँसुरी द्वारा न पहुँचा होता तो कृष्ण को अक्रूर के साथ मथुरा भेजने के लिए यशोदा कैसे राजी होतीं? और यदि कृष्ण मथुरा न गए होते तो···

उद्धव ने आँखें मूँद लीं—तो कालिंदी का प्रवाह शायद यों न बहता होता!···उन्नत मस्तक खड़ा वह व्रजवासी गोवर्धन शायद यों खड़ा न होता। यमलार्जुन के वे विशाल वृक्ष आज भी यों ही मार्ग रोके खड़े होते और अधर्म चक्र पात्रों में कैद गोरस रूप में गोकुल से मथुरा के मार्ग में घूमता रहता।

किंतु यदि राधा का साथ न मिला होता तो यह कैसे संभव होता? राधारहित कृष्ण क्या यह सब कर पाते?—उद्धव के मन में यह प्रश्न उठा; और इसके साथ ही कई दिनों से मन में उठते एक दूसरे प्रश्न का उत्तर उन्हें मिल गया। वह अंतकाल, पार्थिव देह का त्याग, और तब कृष्ण द्वारा राधा का स्मरण!···क्यों?···अचानक उद्धव को प्रश्न का उत्तर मिल गया। राधा—यह नाम ही उद्धव को कहीं-का-कहीं पहुँचा रहा था। कंस के यज्ञ में भाग लेने गोकुल से मथुरा गए जो कृष्ण, तो फिर कभी राधा से उनकी भेंट नहीं हुई, फिर कभी उन्होंने गोकुल की धरती पर कदम ही नहीं रखा; और आज उस कृष्ण के देहत्याग की खबर उस राधा को देनी है, जो लगातार इतने वर्षों से कृष्णमय बैठी है, जिसके जीवन में वह पन्ना खुला तो कभी बंद ही नहीं हुआ, जिसपर कृष्ण लिखा था।

उद्धव का मन विषाद से भर गया।

कृष्ण तो मथुरा गए; कंस की हत्या के बाद जरासंध के आक्रमण से मथुरा के संरक्षण में डूब गए। फिर द्वारका गए; हस्तिनापुर, इंद्रप्रस्थ, प्राग्ज्योतिषपुर—एक अनवरत यात्रा, खोज; जैसे वे सब जगह व्याप्त हो गए। किंतु राधा तो गोकुल की सीमा से बाहर गई ही नहीं। गोकुल की हवा में, यहाँ के वृक्षों के पर्णों में, गायों

के रँभाने में, बहती यमुना के कलकल निनाद में उसने सतत कृष्ण को ही निहारा। राधा शायद अभी भी प्रतीक्षा ही कर रही होगी कि…मथुरा के मार्ग से कभी कोई रथ कृष्ण को लेकर वापस गोकुल आएगा।

गोकुल से बिदाई!…इसके स्मरण के साथ ही उद्धव के सामने मथुरा छोड़ने की घड़ी आ खड़ी हुई; कृष्ण का गोकुल-त्याग तो समष्टि के कल्याण हेतु एक महत्त्वपूर्ण कदम था। किंतु कृष्ण का मथुरा-त्याग उसी समष्टि के स्वार्थ और नीचता का अध्याय था। जिस मथुरा को कृष्ण ने उसका स्वातंत्र्य लौटाया, जिस मथुरा के यादव श्रेष्ठियों को उन्होंने पुनः गणतंत्र के प्रमुख स्थानों पर स्थापित किया, उसी मथुरा ने, उन्हीं यादव श्रेष्ठियों ने कृष्ण से कह दिया था—कृष्ण! अब हमें तुम्हारी जरूरत नहीं। तुम यहाँ से चले जाओ!

उस समय भी उद्धव मथुरा की यादव सभा में उपस्थित थे। जनपद की स्त्रियों में निर्भयता और धर्म का संदेश फैलाने के लिए रासलीला को निमित्त बनानेवाले कृष्ण को उद्धव ने देखा था। सम्राट् कंस को निमिष मात्र में परास्त करके और मथुरा के गणतंत्र को पुनर्जीवित करनेवाले कृष्ण को भी उद्धव ने देखा था। और, और, अब उसी गणतंत्र और उन्हीं मथुरावासियों द्वारा निष्कासित, मथुरा छोड़कर जाते कृष्ण को भी उद्धव ने देखा था।

न्याय और धर्मरक्षा के लिए अविरत जूझनेवाले कृष्ण को स्वयं अपने जीवन में क्यों ऐसी अवहेलना मिली? न्याय के पक्ष में अपने लिए कुछ भी माँगे बिना चलने का जो रास्ता उन्होंने चुना, उसमें उन्हें अन्याय का जहर क्यों पीना पड़ा?

उद्धव के चित्त में हाहाकार उठा।

कंस की हत्या का वृत्तांत ज्यों ही मथुरा की सीमा पार कर मगध सम्राट् जरासंध के कानों तक पहुँचा, उसके तन-बदन में आग लग गई। उसने अपनी दोनों पुत्रियाँ कंस को ब्याही थीं और इस कंस के द्वारा जरासंध समस्त आर्यावर्त्त के गणतंत्रों का उच्छेदन करना चाहता था। अचानक इस सपने को कृष्ण ने चूर-चूर कर दिया। और फिर यह भी उसकी समझ में आया कि आज मथुरा में गणतंत्र वापस लानेवाला कृष्ण कल मगध और आर्यावर्त्त की प्रजाओं को भी यह मार्ग बताएगा। आज कंस की हत्या हुई, कल शिशुपाल, पौंड्रक या जरासंध की हत्या होगी। कृष्ण के रूप में जरासंध ने एक भयंकर शत्रु के उदय को पहचान लिया; कंस के हत्यारे इस कृष्ण को तो खत्म करना ही चाहिए। जरासंध ने सेना सज्जित की और संपूर्ण सामर्थ्य के साथ मथुरा पर

आक्रमण किया।

मथुरा की यादव सभा को जरासंध के हमले की आशंका थी ही। पुत्रियों के वैधव्य को जरासंध कैसे सहन कर लेता! कंस की हत्या से अभी तक अचेतन-सी पड़ी मथुरा की शक्ति संजीवित हो उठी। कृष्ण के सहारे जरासंध से लड़ने के लिए मथुरा मानो उतावली हो रही थी।

मथुरा का ऐसा जबरदस्त प्रतिकार जरासंध के लिए कल्पनातीत था। मथुरा को क्षणमात्र में छिन्न-भिन्न करके कृष्ण का नाश करने का उसका स्वप्न बिखर गया। कृष्ण के नेतृत्व में यादव, उग्रसेन के नेतृत्व में लड़नेवाले यादवों से बिलकुल भिन्न थे; जरासंध तुरंत समझ गया और उसने शत्रु के प्रतिकार की नई व्यूह-रचना बनाई।

सिंधुदेश का राजा कालयवन यादवों का विरोधी था। कालयवन के पिता महर्षि गार्ग्य का यादवों के पुरोहित शाल ने अपमान किया था। इस अपमान से रुष्ट गार्ग्य ने पुत्र कालयवन को आदेश दिया था—'पुत्र! तेरा पितृऋण तभी अदा होगा, जब तू यादवों के अहंकार को चूर करेगा।' जरासंध ने कालयवन से संपर्क किया। मथुरा के उत्तर से सिंधुदेश की सेना हमला करे और दक्षिण तथा पूर्व से मगध की सेना तो बस, मथुरा घिर जाएगी; असहाय कृष्ण का नाश हो जाएगा—जरासंध तथा कालयवन के बीच समझौता हो गया।

सिंधुदेश का कालयवन रयमंत पंचक का प्रदेश पार करके आर्यावर्त्त के मैदानों में दौड़ा चला आ रहा है, यह खबर जब मथुरा पहुँची तो यादव सभा अस्वस्थ हो उठी। स्वस्थ थे तो केवल कृष्ण! क्या शिशुपाल, पौंड्रक या भौमासुर जैसे समर्थ वीरों से टक्कर लेने में भी कृष्ण को कोई भय नहीं था? न्याय और धर्म का पक्ष तो मथुरा का था। संख्या या शक्ति की दृष्टि से यह पक्ष भले ही कुछ उन्नीस लगे, किंतु उसकी हार संभव नहीं—कृष्ण की पूरी श्रद्धा थी। कालिय नाग से लेकर कंस तक सभी समर्थ थे, फिर भी सभी परास्त हुए; क्योंकि धर्म और न्याय कृष्ण के पक्ष में थे।

किंतु कालयवन का आर्यावर्त्त पर उतर आना एक नई परिस्थिति थी। धर्म और न्याय अभी भी मथुरा के पक्ष में थे, किंतु...कालयवन का आगमन आर्यावर्त्त के आंतरिक संघर्ष में सिंधु के उस पार के एक परदेशी के हस्तक्षेप के बराबर था। यह विदेशी हस्तक्षेप यदि एक बार इस आंतरिक संघर्ष में घुस आया तो फिर मथुरा का गणतंत्र ही क्या, मगध के साम्राज्य का बचना भी मुश्किल होगा। स्वार्थ और क्रोध से अंधे जरासंध की नजर में केवल बदले की भावना थी, कृष्ण के

सामने आनेवाला अनंत काल था, कल का सवेरा था।

प्रचंड संकट घिर आया था। मथुरा की तीनों दिशाएँ बंद हो रही थीं। उग्रसेन, वसुदेव आदि की बुद्धि काम नहीं कर रही थी। विचार करने के लिए बैठी सभा में विकद्रु नामक एक वरिष्ठ यादव ऊँची आवाज में बोले, "कृष्ण! जरासंध के इस आक्रमण के समक्ष मथुरा का टिकना कठिन लगता है!"

"अपनी मर्यादा मैं जानता हूँ, तात!" कृष्ण स्वस्थ चित्त से गंभीरतापूर्वक बोले, "मैं आपसे आशीर्वाद और मार्गदर्शन चाहता हूँ..."

"कालयवन दुर्धर्ष है और जरासंध वैराग्नि में अंधा हो गया है," विकद्रु ने परिस्थिति को आँकते हुए कहा, "कंस के आधिपत्य से ग्रसित इस मथुरा को तुमने मुक्त किया, मृतप्राय गणतंत्र को पुनर्जीवित किया; तुम्हारे इस अनन्य योगदान के लिए मथुरा ही नहीं, समस्त आर्यावर्त्त तुम्हारा ऋणी रहेगा, कृष्ण; किंतु...किंतु..."

"किंतु क्या, तात? रुक क्यों गए? निस्संकोच कहिए!" कृष्ण ने आश्वस्त किया।

"कृष्ण!" विकद्रु रुक-रुककर बोले।

"जरासंध को वैर मथुरा से नहीं...कृष्ण से है।" कृष्ण ने बात पूरी कर दी।

"कृष्ण, तुमने एक बार मथुरा को उबारा—कंस की हत्या करके," विकद्रु ने अपनी बात आगे बढ़ाई, "फिर एक बार उसे तुम ही उबार सकते हो, कृष्ण..." विकद्रु की वाणी अटक गई।

"किस तरह, तात? मथुरा के गणतंत्र के लिए कोई भी बलिदान कृष्ण के लिए भारी नहीं पड़ेगा, आप कहें तो!"

"मथुरा छोड़कर यदि तुम आर्यावर्त्त की किसी अनजानी दिशा में चले जाओ, तो जरासंध और कालयवन मथुरा र आक्रमण करना छोड़कर तुम्हारा पीछा करेंगे; कृष्ण, उन्हें तो तुम्हारी चाह है, तुमसे वैर है।" विकद्रु ने बात पूरी की।

यादव सभा में सन्नाटा छा गया।

उद्धव की आँखों में आँसू छलक आए। सारा परिवेश स्थिर हो गया; आकाश भी मानो पलकें झपकाना भूल गया।

जिस मथुरा को कृष्ण ने पुनर्जीवित किया, वही मथुरा आज अपने बचाव के लिए कृष्ण को देशनिकाला दे रही थी।

"आप सच कहते हैं, तात!" कृष्ण ने समस्त यादव सभा के समक्ष हाथ जोड़ दिए और नतमस्तक होकर कहा, "मैंने ही तो कंस से कहा था कि व्यक्ति की अपेक्षा गणतंत्र सदैव महान् है! अपना यह कथन कर्म द्वारा मुझे इतनी जल्दी पुष्ट करना पड़ेगा, यह तो सोचा ही नहीं था। यह तो मेरा सौभाग्य है! मैं, दाऊ और कुछ यादव साथी प्रातःकाल ही मथुरा छोड़ देंगे; हम तीन दिशाओं से तो घिरे हैं, पर पश्चिम का मार्ग खुला है! मैं उस मार्ग से ऐसे निकलूँगा कि कालयवन तथा जरासंध की सेना मुझे भागता हुआ देख ले···"

कृष्ण ने अपनी बात पूरी करके सारे यादवों की ओर देखा। यादवों के चेहरों पर कालिख पुत गई थी; सबकी नजरें नीची थीं।

दूसरे दिन प्रातःकाल कृष्ण ने मथुरा के पश्चिम द्वार से नगर छोड़ा। भागते कृष्ण को देखकर जरासंध की सेना ने जयघोष किया। कालयवन ने कृष्ण के पीछे दौड़ लगाई। कृष्ण की मुसकान कुछ मुखरित हुई और गति त्वरित; मथुरा सर्वनाश से बच गई।

पश्चिमी आर्यावर्त्त का रोम-रोम एक अनजानी प्रसन्नता से खिल उठा; द्वारका की दिशा में प्रकाश ही प्रकाश फैल गया।

अतीत की उस विषम घड़ी के स्मरण से उद्धव विचलित हो उठे। कितनी ही देर उस शिला पर शून्यमस्तक बैठे रहे। बस, अब कुछ ही क्षणों में वे राधा से मिलेंगे; बस, एक काम बाकी रहा है—राधा को कृष्ण के देहविलय का समाचार सुनाना; वह सुनाकर वे स्वयं भी इस समग्र अतीत से अलिप्त हो जाएँगे। अब अतीत के साथ और कोई डोर जोड़ती नहीं है।

धीरे से उठकर उद्धव ने कालिंदी के प्रवाह में पाँव डुबोए। जल की ठंडक से उन्हें शांति मिली। प्रवाह के बीच खड़े होकर अपना मुख धोया; जल का आचमन किया; सूर्य-वंदना की और फिर कदम बढ़ाए—गोकुल की दिशा में।

"किसका घर ढूँढ़ रहे हैं, महाराज?"

उद्धव चौंक उठे। तो गोकुल में वे प्रवेश कर चुके हैं! गोधूलि का समय हो चुका था। घर लौटती गायों की घंटियों की आवाज और उनको पुकारने, बछड़ों की चीख-पुकार से गलियाँ गूँज रही थीं। एक के बाद एक तेजी से कदम बढ़ाते उद्धव की नजर इन सबको देखकर भी नहीं देख रही थी; बस, वे राधा का घर खोज रहे थे।

"किसका घर ढूँढ़ रहे हैं, महाराज?" प्रश्न फिर दोहराया गया। इस बार पूछनेवाला गोपालक सामने ही खड़ा था। उद्धव ने उसके चेहरे पर दृष्टि घुमाई। चेहरा नितांत अपरिचित लगा। आसपास खड़े दूसरे गोपालकों के चेहरों पर भी परिचय की कोई रेखा नहीं थी। गोकुल में उद्धव अजनबी थे। अब यहाँ वे मात्र 'महाराज' थे।

उद्धव के ओठ फड़के—"गोकुल में अजनबी आगंतुक नहीं हूँ, भाई! चिंता न करो, मैं अपना ही घर ढूँढ़ रहा हूँ; मिल जाएगा!"

गोपालकों ने आगे कुछ न कहा। एक-दूसरे को ताकते हुए सब अपने रास्ते चले गए। उद्धव धीरे-धीरे रायान के घर के पास आकर खड़े हो गए।

शाम ढल चुकी थी तब तक; कालिंदी के किनारे कहीं शंखनाद हुआ। घड़ियाल की ध्वनि उठी; हवा में कंपन जागे। उद्धव खुले दरवाजे के ऊँचे बरामदे को देखते रहे। एक विशाल वृक्ष की शाखाएँ इस तरह बरामदे पर फैली थीं मानो किसी माता ने बच्चे को गोद में सहेज रखा हो। कहीं से गायों को दोहते समय पात्रों में पड़ती दूध की धार की आवाज सुनाई दे रही थी; यह ध्वनि, यह वृक्ष...अरे! रायान के घर का यह बरामदा, वह शंखनाद—गोकुल में तो कुछ भी नहीं बदला। गायों का रँभाना, माता के थनों से लगकर दुग्धपान करते बछड़ों की मस्ती—सबकुछ वही; और फिर भी आज उद्धव आगंतुक थे। एक अजनबी।

"किससे मिलना है, महाराज?" रायान के घर के दरवाजे से बाहर आती एक प्रौढ़ स्त्री ने उद्धव को देखकर पूछा।

उद्धव फिर चौंक उठे। वह स्त्री धुँधले प्रकाश से निकलकर अब ठीक उद्धव के सामने खड़ी थी।

"रायान और राधा—" उद्धव बुदबुदाए।

"रायान..." उस स्त्री की आँखें आश्चर्य से फैल गईं—"आप?...आप कहाँ से आ रहे हैं, महाराज? रायान का स्वर्गवास हुए तो बहुत काल बीत गया!"

उद्धव ने आँखें मूँद लीं—वे भीतर से कहीं काँप गए। रायान की पार्थिव देह उनकी दृष्टि के सामने मानो सजीवन हो गई...अब यह रायान भी नहीं, नंद बाबा भी नहीं, माता यशोदा भी बिदा ले चुकी हैं; कृष्ण ने भी देह-त्याग कर दिया, संकर्षण बलराम भी गए...सब चले गए, एकमात्र मैं उद्धव...और वह

वृक्ष! दोनों एक-दूसरे को देखते रह गए हैं।

"लीजिए, राधा से कहने की जरूरत नहीं।" वह प्रौढ़ा हँस पड़ी, "देखिए, वह यह रही—यहीं चली आ रही है," कहकर उसने दाहिनी तरफ देखा। "देखिए, वह रही राधा; बूढ़ी हो गई है, पति गुजर गया है, फिर भी न तो फूलों का शृंगार छोड़ती है और न ही चंदन का लेप। देखिए, कैसी आभूषणों से सजी खड़ी है, देखिए तो!"

उद्धव ने देखा।

वह राधा ही थी। यह प्रौढ़ा कह रही थी वैसी वृद्ध या विधवा नहीं, बरसों पहले कालिंदी के किनारे रासलीला में जैसी देखी थी वैसी-की-वैसी; तनिक भी क्षीण नहीं। उसके वस्त्र, आभूषण, पुष्पमाला, चंदन लेप—सबकुछ वैसा ही ताजा था। चेहरे की मुसकान भी लुप्त नहीं हुई थी। आँखों में वही श्रद्धा, वही भक्ति झलक रही थी। कहीं प्रतीक्षा नहीं थी; कहीं कोई परेशानी नहीं। साक्षात् ऋजुता और नितांत सौम्यता।

उद्धव स्तब्ध हो गए।

बीच के वर्ष; एक पूरा महायुग क्या बीता ही नहीं? महाकाल क्या थम गया है? गोकुल, मथुरा, द्वारका, हस्तिनापुर—सब बदल चुके—पितामह भीष्म या पिता वसुदेव से लेकर स्वयं उद्धव तथा उधर उस अश्वत्थामा तक को काल ने कम-ज्यादा ग्रस लिया था; और इस काल ने राधा को छुआ तक नहीं? काल के प्रवाह से भी अस्पर्श रह गई यह राधा!

"राधा!" उद्धव के कंठ से अस्फुट स्वर निकला।

"कौन, उद्धव?" राधा का प्रतिप्रश्न सुनाई दिया। उद्धव तनिक अँधेरे में खड़े थे। राधा को तो उनके आने की कल्पना तक नहीं थी। उनके ओठों से निकले मात्र एक शब्द पर से राधा ने उन्हें कैसे पहचान लिया? उद्धव गद्‌गद हो गए।

अर्जुन के विषाद योग का साक्षात्कार मानो हो रहा हो, इस तरह उद्धव राधा को अनिमिष नयनों से देखते रहे। वर्षों पहले कृष्ण ने ही तो उद्धव को गोकुल भेजा था। कृष्ण का संदेश पहुँचाकर उन्होंने नंदजी, यशोदा, राधा तथा सब गोप स्त्री-पुरुषों को सांत्वना दी थी। कृष्णविहीन निस्तेज गोकुल की दीपशिखा में उद्धव के संदेश से नई स्नेहपूर्ति हुई हो, इस तरह वह जीवंत हो जगमगा उठा था।

उद्धव ने देखा—उस प्रौढ़ा को राधा की बात में कोई रस न था। वह वहाँ से चली गई।

"राधा!" उद्धव ने निकट खड़ी राधा को निरखते हुए पूछा, "तू कुशल तो है न?"

राधा हँस पड़ी—वैसा ही निष्पाप हास्य। इसकी तो हँसी भी जरा नहीं बदली थी। उसकी देह से चंदन और पुष्पों की सुगंध उठ रही थी।

"राधा की कुशल पूछ रहे हैं, उद्धव? अभी कल ही तो आप कृष्ण का संदेश लेकर मथुरा से आए थे तब…"

"कल ही?" उद्धव चकित हो गए। "क्या कह रही है तू राधा? एक पूरे महायुग के समय-सागर को भूल गई क्या?"

"क्यों भूल गए?" राधा फिर हँसी। इस बार उसकी हँसी अधिक मुखरित थी; मानो उद्धव की हँसी कर रही हो, "आपका बुढ़ापा आ गया लगता है, उद्धव; कहिए कृष्ण का क्या संदेश लाए हैं आप?"

"हाँ, राधा," उद्धव धीरे से बोले, "इस बार भी कृष्ण का संदेश तुझ तक पहुँचाने का ही काम करना है मुझे…कृष्ण का संदेश…"

"कहिए उद्धव, झट से कहिए!" राधा पहली बार तनिक अस्वस्थ हुई, "कृष्ण का संदेश देने में विलंब न करें!"

"राधा…" उद्धव ने अतिशय भावपूर्वक राधा के मस्तक पर हाथ रखा, "कृष्ण ने…कृष्ण ने कहा है…" पर शब्द तो फिर अटक गए।

"क्या कहा है, उद्धव, कृष्ण ने?" राधा अपलक उद्धव को ताकती रही।

"कृष्ण ने कहा है कि…कि…राधा…कृष्ण…कृष्ण अब नहीं हैं…" हिमालय की चढ़ाई में भी इतना श्रम नहीं पड़ता, जितना इस एक वाक्य को पूरा करने में पड़ा; उद्धव एकदम से थक गए।

"कृष्ण नहीं हैं?" राधा खिलखिलाकर हँस पड़ी, "यह आप क्या कह रहे हैं, उद्धव? स्वयं कृष्ण ने कहा कि अब कृष्ण नहीं; और इतनी-सी बात कहने के लिए उन्होंने आपको यहाँ भेजा? वाह! कैसा कौतुक! कृष्ण अब नहीं!" राधा मुक्त हास्य बिखेरती रही।

"राधा…तू…तू…कुछ समझती नहीं!" उद्धव उलझन में पड़ गए। राधा से जो बात कहनी है, उसे लेकर वे कई दिनों से बेहद परेशान थे और यहाँ तो उस बात की मानो कोई कीमत ही नहीं! "तू…तू…क्यों हँस रही है इतना?"

"हँसनेवाली बात ही तो आप कह रहे हैं, उद्धव!" राधा मुश्किल से हँसी रोककर बोली, "आपने यह आकाश देखा है, उद्धव?" उसने अचानक आँख ऊपर उठाकर आकाश दिखाया।

"आकाश!" उद्धव न आकाश की ओर नजर घुमाई। इक्के-दुक्के तारे निकल आए थे। राधा के मस्तक पर गूँथे हुए पुष्पों जैसे आकाश के ये तारे···

"और उधर आपको कालिंदी दिखाई देती है?" राधा ने आगे सवाल पूछा।

उद्धव ने गहराते अँधेरे में चाँदी की चमकती लकीर-सी कालिंदी देखी।

"और यह हवा···और उधर वृक्ष के पास वे मयूरपंख—इन सबको आप देख सकते हैं न? इनका अनुभव कर सकते हैं न?" राधा ने उद्धव के कान से मुँह सटाकर पूछा।

"राधा, यह सब तू क्या कह रही है?"

"यह सब आप नजरों से देख रहे हैं; और फिर भी कहते हैं कि कृष्ण नहीं! यह हँसनेवाली बात नहीं है, उद्धव! अवश्य ही जरावस्था ने आपको भ्रमित कर दिया है!" राधा बोली।

"राधा···राधा···अरे, तू समझती क्यों नहीं?" उद्धव अकुला गए, "कृष्ण की पार्थिव देह अब हमारे बीच नहीं···" आखिर उन्होंने वह कह ही डाला, जिसे कहते वे हिचक रहे थे।

राधा अचानक गंभीर हो उठी; अपलक उद्धव को ताकने लगी।

"कृष्ण की पार्थिव देह···?" राधा ने उद्धव का हाथ पकड़ लिया, "चलिए, उद्धव, चलिए, अभी-अभी तो कृष्ण यहीं थे; चलिए, मैं आपको उनके पास ले चलूँ;" कहते-कहते राधा ने उद्धव को खींचा। उद्धव के पाँव जरा लड़खड़ाए; तेज कदमों से चलती राधा के पीछे वे खिंचते गए।

"राधा, राधा, यह तू क्या कर रही है?" उद्धव ने उसे बहुतेरा रोका।

किंतु राधा ने तो जैसे कुछ सुना ही नहीं। वह तेजी से चलती ही रही। राधा का अनुसरण करने के सिवाय उद्धव के पास चारा भी क्या था! गोकुल की शांत गलियों में उनके पाँवों की प्रतिध्वनि उठती रही···उठती रही···

"अरे! ये तो वो महाराज!" कुछ आगे जाकर झुंड में से कोई उद्धव को देखकर बोला। उद्धव ने आवाज की दिशा में देखा—चेहरा नजर नहीं आया।

"और इस पगली राधा के साथ इस समय वे अजनबी महाराज किधर जा रहे हैं?" किसी ने प्रश्न पूछा।

पगली राधा?

उद्धव के पाँव थम गए।

गोकुल में वे 'अजनबी महाराज' से विशेष कुछ नहीं!

राधा ने तो जैसे कुछ सुना नहीं, किसीको देखा नहीं; स्वस्थ कदमों से आगे बढ़ती रही। उद्धव जरा पीछे रुक गए।

"भाई!" उद्धव ने उन गोपालकों के पास जाकर धीरे से पूछा, "आप राधा को पगली क्यों कहते हैं?"

"पगली नहीं तो और क्या, महाराज?" एक ने कहा, "इसके पति की मृत्यु हो गई है, फिर भी यह शृंगार छोड़ती नहीं! आप ही कहिए, विधवा स्त्री ऐसे वस्त्र, ऐसी सजधज करे तो वह पागलपन नहीं तो और क्या है?"

राधा विधवा थी।

बीस

क्षण-भर के लिए उद्धव विचार में डूब गए। उनकी नजर के सामने सौभाग्य-चिह्नरहित विधवा स्त्रियाँ खड़ी हो गईं। राधा भी उन जैसी विधवा कैसे हो सकती है? वैधव्य के साथ जुड़े हुए अन्य लक्षण—अवस्था, निराशा, प्रौढ़ता, बेचारापन—राधा में तो ऐसा कोई लक्षण नहीं। अरे, यहाँ तक कि राधा तो काल से भी अस्पर्श्य रही है। जैसी वर्षों पहले थी वैसी-की-वैसी स्वस्थ, जवान, चैतन्य से भरपूर और समर्पण में डूबी।

यह कैसे संभव हुआ?

महाकाल भी क्या कभी रुक जाता है?

"उद्धव..." अंधकार को चीरती हुई राधा की आवाज सुनाई दी। उद्धव ने कदम बढ़ाए।

कालिंदी-तट पर, खुले आकाश के नीच आकर राधा खड़ी हो गई।

"ये रहे कृष्ण, उद्धव, ये रहे," राधा उद्धव के अभिमुख होकर बोली, "आप यह आकाश देख रहे हैं न; बहती कालिंदी देख रहे हैं; हवा में लहराते उस तमाल वृक्ष के पत्ते देख रहे हैं—ये सब हैं, और आप कहते हैं कि कृष्ण नहीं? यह कैसे हो सकता है, उद्धव? क्या आप...आप कृष्ण को मात्र पार्थिव देह में ही देख सकते हैं?"

"हम सब देहधारी हैं, राधा!" उद्धव बोले।

"कृष्ण के संस्पर्श के बाद भी भिन्न देह का यह भान टिका रहा, यह तो बड़ा आश्चर्य है, उद्धव!" राधा फिर खिलखिलाकर हँस पड़ी।

उद्धव उस हास्य के प्रवाह में मानो पूरी तरह भीग गए। कालिंदी के प्रवाह से भी अधिक पवित्र, अधिक सौम्य था राधा का यह हास्य-प्रवाह।

उद्धव को लगा—राधा की ऊँचाई तो आकाश से भी ऊँची है।

"उधर देखिए, उद्धव!" राधा ने अचानक उद्धव का ध्यान खींचा। उद्धव ने देखा, एक अश्वत्थ वृक्ष तले, कालिंदी के प्रवाह के कारण चिकनी हुई एक शिला पड़ी थी।

"जिस दिन आप सब अक्रूरजी के साथ कंस के यज्ञ में मथुरा गए थे, उस दिन की अगली रात यहीं, इस वृक्ष के पर्णों की छाया में...इस शिला के सान्निध्य में सँजोई हुई है, उद्धव...! कृष्ण यहीं बैठे थे, इस तरह, यहाँ देखिए तो..." राधा उद्धव का हाथ पकड़कर फिर ले चली।

उद्धव विस्फारित नेत्रों से देखते रहे; चलते रहे।

अर्जुन कहता था—कृष्ण की देह को तो उसने प्रभासक्षेत्र में पंचमहाभूतों को सौंप दिया। स्वयं अर्जुन ने उद्धव से यह बात कही थी। पंचमहाभूत में विलीन देह क्या यों फिर दृश्यमान् हो सकती है! राधा सत्य ही कहती थी। क्या कृष्ण सच इस शिला पर बैठे हैं? उद्धव ने अपनी आँखें मलीं!

अक्रूरजी के साथ सम्राट् कंस के यज्ञ में जाने के लिए तत्पर कृष्ण गोकुल में सबसे बिदा ले चुके थे। कदंब वृक्ष से लेकर प्यारी धेनु तक सबको स्नेह और करुणा से भिगोते रहे—एकमात्र राधा के सिवा। दिन-भर राधा कहीं कृष्ण को नजर नहीं आई।

दूसरे दिन प्रातःकाल तो कृष्ण बिदा लेने वाले थे। देर रात गए गोकुल शांत हुआ और यमुना जल भी कुछ श्रमित-सा मंथर बहने लगा, तब कृष्ण राधा से बिदा लेने यहाँ, इस अश्वत्थ वृक्ष के तले, कालिंदी-प्रवाह के सम्मुख आए थे। दिन-भर सबकी नजरों से बचती राधा अश्रुपूरित आँखों से साँझ से ही यहीं कृष्ण की प्रतीक्षा कर रही थी। इस बिदा के लिए वह किसी भी तरह तैयार नहीं थी; जिस पल कृष्ण उससे कहेंगे—'राधा, मैं जा रहा हूँ!' वह पल समय का मात्र एक टुकड़ा नहीं, पूरे ब्रह्मांड के भार से काँपता एक विस्फोट होगा; वह खुद चिंदी-चिंदी हो जाएगी।

किंतु जिस विकट घड़ी को राधा टालना चाहती थी, वह आखिर आ ही गई! मध्य रात्रि में कृष्ण राधा से बिदा लेने, उसे ढूँढ़ते हुए यहाँ आ पहुँचे।

"राधा!" कृष्ण ने उसी स्वस्थता और वैसी ही प्रसन्नमुख मृदुता से कहा, "प्रातःकाल तो हम मथुरा के लिए प्रस्थान करेंगे; समस्त गोकुल ने मुझे बिदा दे दी है, अब तू भी...राधा, तू..."

"बिदा?" राधा कृष्ण को अपलक ताकने लगी।

"हाँ, राधा! जन्म के कर्मों के अधीन तो रहना ही पड़ेगा न!"

"कर्मों के चक्र के बारे में तो मुझे कुछ कहना नहीं है, कृष्ण!" राधा बोली, "किंतु क्या उसके लिए अनिवार्य है कि राधा कृष्ण को बिदा दे? राधा आपको कभी बिदा नहीं दे सकती। क्या यह आप नहीं जानते, जनार्दन?"

"जानता हूँ, राधा!...और यह भी जानता हूँ कि मेरा यह मथुरागमन कोई साधारण प्रसंग नहीं..."

"अर्थात्?"

"प्रत्येक संबंध कर्माधीन है, राधा! जीवंत-निर्जीव, शरीरी-अशरीरी, स्थूल-सूक्ष्म—ये सब काल के अधीन हैं। इन सबका अंत निश्चित है। स्थूल और सूक्ष्म सब समाप्त हो जाता है," कृष्ण बोलते गए, "इस समाप्ति को सहजता से स्वीकार करना—यही तो मनुष्य-धर्म है।"

"मनुष्य-धर्म के स्वीकार के बाद भी एक उदात्त धर्म का आचरण शेष रहता है, कृष्ण! वही शेष धर्म कृष्ण को बिदा देने से राधा को रोक रहा है।"

"राधा!" कृष्ण बोले, "मथुरागमन के पश्चात् गोकुल में मेरा पुनरागमन भविष्य की पोथी में नहीं लिखा है! यहाँ से बिदा होने के बाद ये सारे संबंध और यह सारी सृष्टि—ये सब कृष्ण के जीवन से विलग हो जाएँगे...!"

"कृष्ण!" राधा पहली ही बार जरा विचलित हुई, "स्वयं आपको, कृष्ण को भी गोकुल से विलग कर दे, ऐसा भविष्य—"

"हाँ, राधा, ऐसा भविष्य! भविष्य को भला कौन जीत सका है! राधा और कृष्ण के संबंध भी आज, अभी, इसी क्षण पूर्णविराम पा जाएँगे, राधा! अब कृष्ण कभी राधा को नहीं मिल सकेगा। युगकर्म के आरंभ का यही संकेत है, राधा! मुझे बिदा हो!" कृष्ण ने कहा।

"जिस भविष्य को कृष्ण भी पार नहीं कर सकते, उस भविष्य को जानना तो राधा के लिए भी असंभव है।" वह बोली, "किंतु...किंतु संबंधों के पूर्णविराम की इस स्थूल घड़ी में एक तीव्र इच्छा जागी है, कृष्ण; एक मानुषी वासना से मैं मुक्त नहीं हो सकती, कृष्ण..."

"ऐसी कौन-सी इच्छा है, राधा? ऐसी कौन-सी वासना तुम्हें पीड़ा दे रही है?"

"कृष्ण!" राधा अतिशय भावविभोर होकर बोली। उसकी आवाज तरल हो गई।

"आपको रोकूँ तो कैसे?…हाँ, भविष्य को कौन रोक सका है! पर मिलन की इस अंतिम घड़ी में एक ही इच्छा है, कृष्ण…! मुझे…मुझे…अपने चरणों में मस्तक रखकर कुछ आँसू बहा लेने दो; बस! फिर यह राधा अशरीरी बन जाएगी; कृष्ण से उसे कोई विलग नहीं कर सकेगा।"

कृष्ण के चेहरे पर मुसकान खिल उठी। राधा अपलक देखती रही।

मध्याकाश का चंद्र कालिंदी में प्रतिबिंबित हो रहा था। प्रातःकाल की ठंडक हवा में उतरने लगी थी।

बिना कुछ बोले कृष्ण शिला पर बैठ गए। राधा कृष्ण के चरणों में झुकी, यह पहला स्पर्श था…देहधारी कृष्ण और राधा…चरणों पर राधा का स्पर्श और अश्रु का सिंचन…मानुषी-स्नेह की पहली अभिव्यक्ति। कृष्ण के ओठों पर मुसकान खेलती रही; मयूरपंख हवा में डोलता रहा। वर्षों बाद काल के क्षितिज पर, हिरण-कपिला नदी के संगम तट पर उभरनेवाली सुबह का अंकन अभी-अभी कालिंदी तट पर हो चुका था; जरा को निमित्त बनाकर काल का बाण कृष्ण की देह में कहाँ घुसेगा, वह स्थान भी तय हो गया था।

"उद्धव!" राधा बोली, "जिस घड़ी कृष्ण ने मथुरा गमन किया, उसी घड़ी से कृष्ण राधा के समग्र अस्तित्व में, उसके रोम-रोम में व्याप्त हो गए! गोकुल के कृष्ण तो दर्शनीय थे; यह अदृश्य कृष्ण तो हर क्षण, हर स्थान पर विद्यमान हैं! बिदा की वेला में कृष्ण ने कहा था…"

"क्या कहा था, राधा?" उद्धव ने उत्कटता से पूछा।

"कृष्ण ने कहा था—'राधा! जब तक इस क्षण की सुगंध सँजोकर रखोगी, तब तक कृष्ण से कोई तुम्हें विलग नहीं कर सकेगा! महाकाल भी इस क्षण को स्मरण करके थम जाएगा, राधा!' " राधा बोली, "ये आभूषण, ये पुष्पमालाएँ, ये चंदन लेप और ये सुंदर वस्त्र; कृष्ण को ये सब प्रिय हैं, उद्धव—अतिप्रिय! उस क्षण मैं इसी रूप में थी और इसीलिए तो वही राधा, उसी कृष्ण के सम्मुख उसी क्षण को जीती हुई जी रही है; देखिए उद्धव, कृष्ण ने त्याग उन्हींका किया, जिन्होंने कृष्ण को बिदा दी थी!" इतना कहकर राधा अचानक हँस पड़ी, इतनी जोर से कि उद्धव अचकचा गए और राधा की आँखों में सागर उमड़ आया, अबाध!

कई दिनों से मन में घुमड़ते एक दूसरे प्रश्न का उत्तर भी उद्धव को अब मिल गया—अंतिम घड़ी में कृष्ण ने राधा को ही क्यों स्मरण किया…!

अब न कोई प्रश्न बचा था, न कोई उलझन!

"हे उद्धव! जिस सृष्टि का आरंभ शून्य से हुआ और जिसका अंत भी शून्य में ही है, ऐसी इस सृष्टि में हम क्या खोज रहे हैं? ...आदि और अंत की शून्यता के बीच मध्य में भी क्या शून्य के सिवाय और कुछ हो सकता है?"—अलकनंदा का तेजी से बहता नीर, हिमालय के प्रतिध्वनित होते पहाड़ और विशाल शिलाएँ—उस गूँजती गहराई में भी उद्धव के कान तो मानो सिर्फ कृष्ण की आवाज सुन रहे थे। यादवों को लेकर प्रभासक्षेत्र जाने की पूर्वसंध्या पर कृष्ण ने उद्धव को बुलाकर तीर्थयात्रा पर निकल पड़ने की सूचना दी थी। वह घड़ी उद्धव को याद आ गई। द्वारका की भूमि पर अब कृष्ण कभी नहीं लौटेंगे—उद्धव का मन तभी जान गया था; उस घड़ी के संवाद की प्रतिध्वनि मानो अभी भी अलकनंदा से प्रकट होकर, हिमालय की बर्फीली चोटियों से टकरा रही थी—उद्धव उसे सुन रहे थे।

कृष्ण के देहोत्सर्ग का संदेश राधा को देकर उद्धव हिमालयी राह चल पड़े थे। पृथ्वी पर अब कोई स्थान बचा नहीं था, कोई नाम शेष नहीं था; अरे, स्थान और नाम क्या, इस ब्रह्मांड में अब पृथ्वी भी कहाँ शेष थी? सब थे निराकार—अनाम! राधा पूर्णतः कृष्णमय थी—एकदम एकाकार! उसके लिए कृष्ण-बिदाई का संदेश अर्थहीन संवाद की तरह था...उद्धव चकित रह गए थे...अब एक-एक पल समय का पैमाना नहीं, महाकाल की पदध्वनि-सा था! इन स्मृतियों से उद्धव ने पीठ फेर ली।

यमुना, गंगा, मंदाकिनी—हिमालय की शीतलता को खींचकर ले जाती इन नदियों के जल में स्नान-ध्यान करते उद्धव अब अलकनंदा के मुख के पास बद्रीधाम आ पहुँचे थे। बद्रीधाम के पवित्र मंदिर के सामने, तप्तकुंड के पास खड़े होकर उन्होंने प्रकृति के इस विशाल आँचल पर निगाह दौड़ाई। कुछ ही दूर था वसुधारा का झरना, सामने पर्वतों से अवतरण करती ऋग्वेदधारा और यजुर्वेदधारा; और मीलों का फैला हुआ हरा-भरा वन प्रदेश! और इन सबको छूकर बह रहा था पवित्र एकांत का सोता...

'—शरीर को माध्यम मानकर कर्म करते रहो, उद्धव! शरीर का मोह नहीं, उसका त्याग भी नहीं! कभी एकांत में सोचोगे-देखोगे तो इस सत्य का साक्षात्कार अधिक तीव्रता से होगा!'

—जिस एकांत को कृष्ण ने सत्य का साक्षी माना था, क्या यही वह एकांत

है? क्या यही वह पल है? कृष्ण ने जो कुछ उद्धव से कहा था; उसकी प्रतीति इस पल में क्यों इतनी तीव्रता से हो रही है? उद्धव गद्‌गद हो गए। कृष्ण की वाणी मानो यहाँ रूप-रंग-गंध घटकर निनादित हो रही थी।

उद्धव की आँखें पर्वतों पर स्थिर हुईं।

श्वेत बर्फाच्छादित शिखरों से किसी ध्वनि के उठने का आभास हुआ। पिघलते हिम पर किसीके पदचिह्नों का आकार दीख पड़ा! क्या ये पदचिह्न कृष्ण के होंगे? या फिर···

उद्धव को वसुदेव की याद आई—माता देवकी का स्मरण हुआ। रुक्मिणी और सत्यभामा, अर्जुन, अश्वत्थामा—अक्रूर और···और राधा—हिमालय के भव्य शिखरों पर किसके चरणचिह्न अंकित हुए होंगे?

तप्तकुंड के जल में अपना चेहरा देखा। इस जल में अपना चेहरा देखने के बाद ही नारद मोहमुक्त हुए थे—इसीलिए यह कुंड नारदकुंड कहलाता है। नारदकुंड में अभी तो कहीं नारद का चेहरा नहीं दीख रहा; किंतु उद्धव को लगा—मोह यहाँ क्षण-भर भी कैसे टिक सकता है?

जिस घड़ी अर्जुन ने कृष्ण के देहोत्सर्ग का वृत्तांत उद्धव को सुनाया था, उस घड़ी से ही एक गहरी शून्यता ने उद्धव को घेर लिया था। गंगातट पर अर्जुन ने कृष्णविहीन युग के आरंभ की बात कही थी; उद्धव जैसे ज्ञानी ने भी कभी कृष्णविहीन युग की कल्पना नहीं की थी। जो अकल्पनीय था, वही वास्तविकता थी। एक महायुग अस्त हो चुका था और इस अस्ताचल को उद्धव मानो कई दिनों से आत्मसात् कर रहे थे। समग्र प्रकृति वही थी—सूर्य, चंद्र, तारे, हवा, आकाश, बहती नदियाँ और यह वन-जंगल—सबकुछ यथावत्; और फिर भी सब जगह एक शून्य का हाहाकार!···मयूरपंख के रंग या कभी कहीं से उठते बाँसुरी के सुर—ये सब भी पहले जैसे नहीं लगते थे। गाय की त्वचा का थरथराना और बछड़े का रँभाना भी जैसे बदल गए थे! उद्धव की आँखों के सामने अर्जुन की व्यग्रता, अश्वत्थामा का चीत्कार, अक्रूर की वेदना और···और···

व्रजभूमि में स्तब्ध खड़े तमाल वृक्ष, कदंब के पर्ण, गोवर्धन पर्वत की शिलाएँ—सभी काँप-काँपकर उभरते।

—'उद्धव! प्रेम और करुणा से अधिक मूल्यवान् और कोई धर्म नहीं! यही नीति है, यही धर्म है! स्नेह आसक्ति है और आसक्तिरहित प्रेम ही करुणा है···' कृष्ण ने कहा था और वह तो आर्षद्रष्टा थे। उद्धव का भविष्य उन्होंने पहले

ही जान लिया था। शून्यता और आसक्ति उद्धव को घेर ले, इससे पहले ही उन्होंने उद्धव को सावधान कर दिया था।

और फिर भी राधा से भेंट होने तक उद्धव इन सबसे मुक्त नहीं हो पाए थे। जिस पल का सामना करने की कल्पना ही उन्हें डगमगा रही थी, वह पल कितनी सहजता से राधा के संग खड़ा हुआ और बीत गया! उनकी व्यग्रता कितनी निरर्थक थी; उद्धव लज्जित हो उठे। राधा ने तो उस पल को स्वीकार ही नहीं किया; कृष्णरहित विश्व राधा के लिए न कभी था, न है और न होगा...।

राधा के इस कृष्णमय विश्व के संस्पर्श से उद्धव की शून्यता और आसक्ति दोनों साँप के केंचुल की तरह उतर गईं। उद्धव गोकुल छोड़कर बद्रीधाम की ओर चले तो वे हवा से भी हलके हो गए थे।

और यह बद्रीधाम—

धीरे-धीरे चलते हुए उद्धव मंदिर के गर्भद्वार में प्रस्थापित भगवान् बद्रीनाथ की प्रतिमा के सामने आकर खड़े हुए। उन्होंने मंदिर की घंटी हिलाई, हिमालय के शिखर गूँज उठे—उद्धव ने हाथ जोड़े और आँखें मूँद लीं। बंद आँखों के सामने एक तेजपुंज लकीर-सी अंकित हो गई। आँखें खुलीं तो सामने थे जगमगाते प्रकाशपुंज से भगवान् बद्रीनाथ!

उद्धव के ओठों पर मुसकान फैल गई।

बद्रीनाथ की यह प्रतिमा पारसमणि की थी। पारसमणि का स्पर्श पाकर कोई भी वस्तु सुवर्ण की हो जाती है। उद्धव को लगा, हिमालय के ये पतितपावन शीत शिखर, बर्फ से ढके नहीं थे वरन् सुवर्ण से मढ़े थे। पाँवों के पास बहती अलकनंदा का जल पिघला हुआ हिम नहीं, शिखरों के प्रवाही सुवर्ण की ही धारा थी।

रोमांचित हो गए उद्धव। उनका रोम-रोम प्रफुल्लित हो उठा! प्रतिमा से छिटकती पारसमणि की किरणें क्या उन्हें भी सुवर्ण-स्नान करवा रही थीं?

फिर क्या हुआ, जैसे कुछ कौंध गया। उद्धव की आँखें स्थिर हो गईं। बद्रीनाथ की प्रतिमा की जगह उन्हें कृष्ण दिखाई दिए। वही मयूरपंख, वही बाँसुरी, वही भुवनमोहिनी कालातीत करुणार्द्र मुसकान और वही विश्वव्यापी विराट् दर्शन!

"कृष्ण...!" उद्धव के ओठों से शब्द फूटे। उनकी आँखें आर्द्र हो गईं।

सामने की कृष्ण प्रतिमा आँसुओं के आवेग में धुंधलाती गई…और…फिर, क्या कृष्ण के ओठ फड़फड़ाए? यह ध्वनि कहाँ से आई? बद्रीनाथ की प्रतिमा कहाँ अलोप हो गई?

'—मौन तो वाणी का दंड है, उद्धव! निष्काम कर्म देह का दंड है! प्राणायाम चित्त का दंड है! इस त्रिविध दंड को जो धारण करे, वही सच्चा दंडी, सच्चा संन्यासी है! संन्यास ग्रहण करके तुम जिसकी अविरत इच्छा कर रहे हो, उस अमूर्त को प्राप्त कर सकोगे, महामना?'

द्वारका के महालय में कृष्ण की कही इस बात का विराट् बोध मानो अभी-अभी प्राप्त हुआ। उद्धव देर तक मौन खड़े रहे। जिस अमूर्त को पाने की तीव्र इच्छा आज तक सँजोई थी, वही अमूर्त अर्थात् अभी पल-भर पहले जो अनुभव किया था, वह सुवर्णस्नान—पारसमणि का स्पर्श…

उद्धव ने साँस को भीतर ही खींच लिया; आँखें मूँद लीं—फिर उन्होंने उन सबका स्मरण किया, जो कृष्णविहीन हो गए हैं…

'कृष्ण!' उन्होंने मन-ही-मन प्रार्थना की, 'जो संस्पर्श राधा को मिला, जिस स्पर्श की कृपा अभी तक इस शरीर पर हुई, वही संस्पर्श पिता वसुदेव से लेकर कंस तक—सबके अस्तित्व में व्याप्त हो जाए! अच्युत, यही है आपके महाप्रस्थान की सार्थकता!'

'उद्धव!' एक मधुर, मंद सुर कहीं से आकर उद्धव के कानों में पड़ा।

'मधुसूदन… !' रोमांचित हो उद्धव हिमालय के शिखरों को ताकने लगे। शिखरों पर फैला हुआ हिम मानो उद्धव को आवाज दे रहा था; बद्रीनाथ के नयनों में हलचल दीखी। अलकनंदा का प्रवाह, वसुधारा का जलप्रपात भी क्षण-भर के लिए स्तब्ध रह गया।

'हाँ, वत्स!' फिर वही आवाज! 'कृष्ण के मन कोई कंस नहीं…कोई वसुदेव नहीं…'

'यह…यह…आप क्या कह रहे हैं, तात?' उद्धव के रोम-रोम से प्रश्न जागा, 'पिता वसुदेव और कंस…एक ही कक्षा में…'

'हाँ, वत्स! कृष्ण के लिए तो हर प्राणी राधा ही है, उद्धव! राधा के आत्मविसर्जन और समर्पण का संस्पर्श ही तो है परममुक्ति!'

उद्धव ने समझा—जिस अमूर्त के लिए वह तरस रहा था, वही तो है यह परममुक्ति! राधा के स्पर्श से उस दिन यमुना किनारे गोकुल में उन्हें वह प्राप्त हुई थी। कृष्ण सत्य ही कहते थे—राधा के आत्मविसर्जन को उद्धव

उद्धव ने अनुभव किया—एक मधुर, घोर निद्रा उन्हें घेर रही है! गहरी साँस लेकर फिर एक बार उन्होंने आँखें मूँद लीं। बंद आँखों के सामने कितनी ही खिड़कियाँ खुल गईं—

कंस और शिशुपाल से लेकर राधा तक असंख्य चेहरे यहाँ कैसे प्रकट हुए? हिमालय की सनसनाती हवा में बाँसुरी के सुर कहाँ से जागे?…उद्धव ने चाहा—ऐसी मधुर निद्रा कभी न टूटे तो कितना अच्छा! बाँसुरी के सुर सतत सुनाई देते रहें।

'—उद्धव! भूल गए, वत्स!' फिर एक बार कृष्ण का स्वर कहाँ से आया?

'—जिस सुख की प्रतीति सुषुप्ति में होती है, वैसी प्रतीति चैतन्यावस्था में नहीं होती! इसका अर्थ यह नहीं है कि चैतन्यावस्था की अपेक्षा सुषुप्ति उत्तम है! यह भ्रम ही तो माया है! आत्मतत्त्व को जानने से माया का यह आवरण दूर होता है, वत्स! उठो, खड़े हो जाओ, महामना!'

उद्धव ने चौंककर आँखें खोलीं। उन्होंने अनुभव किया—विराट् में एक तिनके की तरह उनका अस्तित्व कहीं उड़ रहा है! आसपास समस्त ब्रह्मांड को ग्रसित करनेवाला एक विराट् एकांत, गहरी स्तब्धता; सामने भगवान् बद्रीनाथ की प्रतिमा थी! कुछ देर पहले किए हुए घंटानाद के ध्वनि-वलय मानो अभी भी हिमशिखरों पर अंकित थे! सबकुछ यथावत् था।

तो फिर पल-भर पहले उसने क्या देखा? क्या सुना?

उद्धव फिर मूर्ति के सामने हाथ जोड़कर नतमस्तक हुए। और धीरे-धीरे मंदिर से बाहर आए। मन बिलकुल हलका हो गया था—हवा का हलका-सा धक्का उन्हें अलकनंदा के प्रवाह की ओर ले गया—प्रचंड गति से शिलाओं से टकराती अलकनंदा बही जा रही थी।

उद्धव ने एक बार उस जलराशि को देखा; उसकी गति पर दृष्टि डाली। दक्षिण की ओर दौड़ते प्रवाह को देखा। अलकनंदा के तट पर उद्धव खड़े हों या स्वयं भगवान् बद्रीनाथ, अलकनंदा तो बस वैसी-की-वैसी बहती रही।

उद्धव ने प्रवाह में पाँव डुबोए। पिघलते हिम की ठंडक उनके अंग-अंग में छा गई। उद्धव बस उस शीतलता में डूब जाना चाहते थे। किनारे बैठते ही उन्होंने स्नान किया।

स्नान के बाद प्रवाह में से एक अंजुलि पानी लिया। कुछ देर उसे सँभाला और फिर अंजुलि अलकनंदा में खोल दी। अंजुलि का जल प्रवाह को समर्पित हो गया। क्षण-भर पहले जिस जल का भिन्न अस्तित्व था, वह फिर महाप्रवाह की इकाई बनकर अनंत की ओर दौड़ चला।

उद्धव ने माथा नवाया।

उनके झुके मस्तक पर मानो उत्तुंग हिमशिखरों ने हिमबाणों की वर्षा की···उद्धव खड़े रहे···और उनकी आँखों से जैसे अलकनंदा की धार फूट पड़ी; हिमालय जैसे फूल जैसा हो गया।

□□□